Herausgeberin: Pam Stagg
Aktualisierung: Neville Walker
Aktualisierung unter der Leitung von Bookwork Creative Associates
Redaktion: Karen Rigden
Design: Catherine Murray

Übersetzung: Joachim Nagel
Lektorat: Dagmar Lutz
Deutsche Bearbeitung: Wigel, München

© MAIRDUMONT GmbH & Co. KG, Ostfildern, **1. Auflage 2009**

"NATIONAL GEOGRAPHIC" ist eine eingetragene Marke der
National Geographic Society. Deutsche Ausgabe lizenziert durch
NATIONAL GEOGRAPHIC DEUTSCHLAND
(G+J/RBA GmbH & Co. KG), Hamburg 2009
www.nationalgeographic.de

Unsere Autoren haben nach bestem Wissen recherchiert.
Trotzdem schleichen sich manchmal Fehler ein,
für die der Verlag keine Haftung übernehmen kann. Hinweise,
Verbesserungsvorschläge und Korrekturen
sind jederzeit willkommen. Einsendungen an:
E-Mail: spirallo@nationalgeographic.de oder
NATIONAL GEOGRAPHIC SPIRALLO-Reiseführer
MAIRDUMONT GmbH & Co. KG,
Postfach 3151, D-73751 Ostfildern

Original 2nd English Edition
© Automobile Association Developments Limited
Kartografie: © Automobile Association Developments Limited 2009
Maps produced under license from: © MAIRDUMONT/Falk Verlag 2009
Transport map: © Communicarta Ltd., UK
Covergestaltung und Art der Bindung
mit freundlicher Genehmigung von AA Publishing

Herausgegeben von AA Publishing, einem Unternehmen der
Automobile Association Developments Limited, Fanum House,
Basing View, Basingstoke, Hampshire, RG21 4EA, UK.
Handelsregister Nr. 1878835.

Farbauszug: Keenes, Andover
Druck und Bindung: Leo Paper Products, China

A04008

NATIONAL
GEOGRAPHIC

PROVENCE

Inhalt

Das Magazin

Zu einem tollen Urlaub gehört mehr als genüss-
liches Faulenzen am Strand oder Shoppen bis
zum Umfallen – damit die Reise sich wirklich
lohnt, muss man das Besondere seines Zieles
kennen und schätzen. Im Magazin erfahren Sie
kurz und unterhaltsam alles über Land, Leute
und Kultur, was den unverwechselbaren Charme
dieser Gegend ausmacht.

PROVENZALISCHE
Kultur

Die Provence ist berühmt für ihre schöne Landschaft, das milde Klima, gute Küche und edles Parfüm, aber auch für eine eigene Tradition in Sprache, Literatur und Brauchtum.

Frankreich durchzog einst eine Sprachgrenze: Im Norden sprach man *Langue d'Oil* (Französisch), im Süden *Langue d'Oc* (Okzitanisch), wozu auch das Provenzalische gehört. Seine literarische Blüte erlebte das südliche Idiom im 11. bis 13. Jahrhundert mit der altokzitanischen Troubadour-Dichtung. Danach schwand ihre Bedeutung zusehends, weshalb der Dichter Frédéric Mistral 1854 die literarische Gesellschaft »Félibrige« gründete, um Sprache und kulturelle Identität seiner provenzalischen Heimat zu bewahren. Echtes Provenzalisch hört man heute am ehesten im Département Bouches-du-Rhône, um Arles, Glanum und Baux,

Links: Daudets Mühle nahe Fontvieille

sowie – als Monégasque, Mentonnais und Nissart – in Monaco, Menton und Nizza.

Frédéric Mistral wurde für sein bekanntestes Werk, das auf Provenzalisch verfasste Versepos *Mirèio*, 1904 mit dem Literaturnobelpreis ausgezeichnet. Aus der Provence stammen auch seine berühmten Autorenkollegen Henri Bosco, Alphonse Daudet, Jean Giono und Marcel Pagnol. Pagnol wurde in Deutschland bekannt durch seine Autobiografie *Marcel. Eine Kindheit in der Provence* (1961). In seinem Heimatort Aubagne ist eine Erinnerungsstätte eingerichtet, deren Besuch ebenso lohnt wie der des ehemaligen Wohnhauses von Giono (*Der Husar auf dem Dach*, 1955) in Manosque. In Fontvieille kann man die Mühle besichtigen, wo Daudet angeblich seine berühmten *Lettres de mon Moulin* (*Briefe aus meiner Mühle*, 1866) niederschrieb.

TRACHTENTREIBEN

Das Leben in der Provence ist intensiv altem Brauchtum verbunden, besonders in der Adventszeit, mit *santons*, (Krippenfiguren, ► 105, 129), *pastorales* (weihnachtlichen Singspielen auf Provenzalisch), Volkstänzen und Noëls (provenzalischen Weihnachtsliedern). Das ganze Jahr über findet man allerorten Märkte und Veranstaltungen rund um das Kunstgewerbe, wo oft traditionelle Tracht getragen wird. Die schönste ist die der Frauen von Arles: herrlich

Arlesianer Trachten bei einer Prozession

gearbeitete Spitzenblusen und -Überkragen, reich bestickte, *fichus* genannte Samtkappen und opulenter Schmuck, oft kombiniert mit Kleidern aus bunt gemusterten Stoffen.

Das 1896 von Mistral gegründete Muséon Arlaten (▶ 121) birgt einen reichen Fundus alter Trachten, und das alljährlich im Juli in Arles stattfindende Trachten-Festival präsentiert sich als ein höchst farbenfreudiges Spektakel.

PROVENZALISCH HEUTE

Das Provenzalische erlebt heutzutage ein Comeback: Es wird wieder an Schulen und Universitäten unterrichtet, und es gibt Überlegungen, es neben Französisch als zweite Amtssprache einzuführen. Straßen- und Hinweisschilder in der Provence sind schon oft in beiden Sprachen gehalten, und ein TV-Sender in Nizza strahlt sein Programm in Nissart (der örtlichen Dialekt-Variante des Provenzalischen) aus, mit französischen Untertiteln.

Ungebrochen ist die regionale Tradition ohnehin auf kulinarischer Ebene, mit typischen Gerichten wie Bouillabaisse, *tapenade* und Ratatouille, die auf keiner Wirtshaustafel fehlen, und in Arles und der benachbarten Camargue frönt man seit einiger Zeit wieder dem *cours camarguais*, der hiesigen Form des Stierkampfes.

Auch Mode aus der Provence macht von sich reden auf den Laufstegen dieser Welt, dank des aus Arles stammenden Designers Christian Lacroix: Manches an seinen kühnen Kreationen ist nämlich inspiriert von der Tracht seiner Heimatstadt.

Christian Lacroix mit zwei Models

So spielt man
PÉTANQUE

Das heute als Boule allgemein mit Frankreich assoziierte Spiel wurde 1910 in La Ciotat nahe Marseille erfunden, unter dem Namen Pétanque. Ein gerüttelt Maß an Strategie und Präzision ist erforderlich, um die schweren Metallkugeln so nah wie möglich bei dem *cochonnet* genannten kleinen Holzball zu platzieren. Die Bezeichnung Pétanque ist abgeleitet von *pieds tanqués* (fixierte Füße), denn die Füße eines Spielers müssen innerhalb eines Kreises verharren, wenn er seine Kugel wirft. Gespielt wird auf planiertem Sand oder Kies, und die Mehrzahl der Gemeinden verfügt über ein *terrain de pétanque* oder Boulodrome – gewöhnlich auf dem Hauptplatz oder vor einem Café.

Pétanque folgt strengen Regeln: Abwechselnd werfen die Spieler ihre *boules*, entweder um die beste Position nahe dem *cochonnet* zu erobern oder gegnerische Kugeln aus dem Feld zu schießen. Wessen Kugel nach einem Durchgang dem Holzbällchen am nächsten ist, gewinnt einen Punkt. Ein komplettes Spiel geht meist bis zu 13 Punkten.

Boule bzw. Pétanque ist Frankreichs beliebteste Sportart, und neben 17 Millionen Franzosen begeistert es inzwischen Menschen in über 50 Ländern. Wenn Sie mehr darüber wissen möchten, schauen Sie doch mal auf www.petanque-dpv.de oder www.petanque.fr.

PANORAMABLICKE

Die Landschaft der Provence ist von großer Attraktivität und Vielfalt, von den unberührten Sümpfen der Camargue über die anmutigen Buchten der Riviera bis zu den schneebedeckten Gipfeln der Alpes-Maritimes.

Frühestes, bis heute beliebtestes Reiseziel in der Provence war die Riviera. Von der mondänen Côte d'Azur mit ihren Bars und Restaurants bis zu den versteckten kleinen Buchten bei Esterel entfaltet sich hier eine abwechslungsreiche Meeresküste vor dem Panorama wildromantischer Klippen und dem Grün von Fichten, Pinien und Buschwerk. Mit die schönste Aussicht auf diese grandiose, teils noch recht unberührte Landschaft »erfährt« man auf den kühnen Serpentinen der Corniche de l'Esterel (▶ 77) zwischen St-Raphaël und Théoule-sur-Mer.

WILDER WESTEN

Weiter im Westen locken die fjordartigen Calanques (▶ 97) mit weißen Felsen, die schwindelerregend steil aus dem türkisfarbenen Wasser emporsteigen – am besten lassen sie sich per Schiffchen erkunden, etwa von Cassis (▶ 97) aus, oder auf schmalen Fußpfaden über die Klippen. Die Camargue (▶ 116ff) zählt zu Europas bedeutendsten Feuchtgebieten – ein wildes Ensemble brackiger Lagunen, endloser Reisfelder, Sanddünen und Salzmarschen, wo sich weiße Wildpferde, schwarze Rinder, rosa Flamingos und exotische Wasservögel tummeln.

LANDEINWÄRTS

Angesichts jener überwältigenden Vielfalt kommen manche Urlauber gar nicht auf die Idee, der Küste einmal den Rücken zu kehren und sich landeinwärts zu bewegen, obwohl das Hinterland mit seinen Hügeln, Wäldern, Bergen und Schluchten wunderschön ist. Jenseits ausgetretener Pfade stößt man hier auf sonnenüberglänzte kleine Weingärten, mit rotem Mohn gesprenkelte Wiesen, Olivenhaine und Lavendelfelder, die sich wie Bahnen hellvioletten Cordsamts zum Horizont erstrecken – eben den echten Zauber der Provence. Streift man durch die Garrigue, das weitläufige Buschland, begegnet man zugleich der Küche der Region, mit dem Duft all der Wildkräuter, der Herbes de Provence: Basilikum, Rosmarin, Majoran, Estragon und Thymian. Ein Paradies für Wanderer sind die Wege durch die hellen Kalkfelsen der Châine des Alpilles.

NATIONALPARKS

Zu den beliebtesten Ausflugszielen der Provence gehört der zwischen Cavaillon und Manosque gelegene Parc Naturel Régional du Lubéron (► 152ff): Dichte Zedern- und Pinienwälder wechseln mit Oliven- und Mandelplantagen, Weingärten und Lavendelfeldern, über denen auf Bergkuppen idyllische Dörfchen thronen. Dramatischer entfaltet sich die Szenerie östlich hiervon in den Gorges du Verdon (► 74ff) – dem tiefsten, längsten und wildesten Canyon Europas, einem der Naturwunder der Provence.

   Nicht weit von hier erstrecken sich die majestätischen Gipfel der Alpes-Maritimes mit dem schönen Parc National du Mercantour (► 52f) und dem ursprünglicheren Parc Régional de Quayras.

Abenteuerlich winden sich die Straßen durch das provenzalische Hügelland

Maler
in der Provence

Die facettenreiche Landschaft der Provence mit ihrem magischen Lichtschimmer schlug Generationen von Künstlern in ihren Bann. Vor allem im späten 19. und frühen 20. Jahrhundert kamen viele französische und manch ausländischer Maler, von denen einige sich sogar dauerhaft hier niederließen.

PAUL CÉZANNE (1839–1906)

Der Bankierssohn aus Aix-en-Provence verbrachte fast sein ganzes Leben in dieser Gegend mit ihrer zerklüfteten Kalksteinlandschaft, die er in unzähligen Bildern festhielt. Das Lieblingsmotiv des Freilichtmalers war die Montagne Ste-Victoire (▶ 98f), die er mehr als sechzig Mal aus allen Perspektiven und zu allen Tageszeiten auf die Leinwand bannte, so auf den berühmten Gemälden *Montagne Sainte-Victoire* und *Die Landschaft von Aix.* Seine Heimatstadt hat ihm zu Ehren einen Parcours angelegt, markiert durch kleine Bronzeplaketten im Pflaster. Dieser Weg führt auch zu dem Haus, wo er die letzten sieben Jahre wohnte und arbeitete (9, avenue Paul-Cézanne, Tel. 04 42 21 06 53, ▶ 101) – angesichts der unvollendeten

Cézanne, *La Montagne Sainte-Victoire* (links); van Gogh, *Nachtcafé in Arles* (oben)

Bilder, der Paletten und seines alten schwarzen Hutes wirkt es, als habe der Maler das Atelier eben erst verlassen.

PIERRE AUGUSTE RENOIR (1841–1919)

Der Faszination des provenzalischen Lichts erlag auch der Impressionist Renoir, der ab 1903 zunächst in Haut-de-Cagnes lebte und sich 1907 in Cagnes-sur-mer das großzügige Altersdomizil »Les Colettes« erbaute. Dort saß er stundenlang im Rollstuhl vor der Staffelei, im Schatten hundertjähriger Olivenbäume, die Pinsel an die arthritischen Finger gebunden. Seine ehemalige Villa beherbergt heute das Musée Renoir (▶ 56), dessen Einrichtung im Original erhalten ist. Neben Gemälden, Zeichnungen und Skulpturen finden sich hier auch Paletten und andere Erinnerungsstücke.

VINCENT VAN GOGH (1853–1890)

Der Niederländer zog 1888 nach Arles, weil »alle Zukunft der Kunst im Süden« liege. Dort wohnte er zunächst mit Paul Gauguin in dem *Gelben Haus*, das später auf der Leinwand Unsterblichkeit erlangte. Die intensiven Farben und das Licht der Gegend regten ihn zu Hunderten von Gemälden an, darunter die berühmten *Sonnenblumen* (▶ 15) und das *Nachtcafé*. Nach einem Streit mit Gauguin – bis heute ist ungeklärt, ob van Gogh sich selbst ins Ohr schnitt oder von seinem Freund verletzt wurde – zog er sich 1889 in das örtliche Sanatorium zurück (▶ 120), dessen Innenhof wieder so bepflanzt ist, wie er ihn damals malte. Ironischerweise findet sich heute kein einziges Gemälde des Künstlers in Arles.

HENRI MATISSE
(1869–1954)

Matisse, der ab 1917 in und bei Nizza wohnte, vermachte der Stadt seine gesamte Sammlung eigener Kunstwerke (heute im Musée Matisse, ▶ 43) – von frühen Kopien Alter Meister über seine fauvistische Phase und die farbintensiven Werke der Reifezeit bis hin zu den Scherenschnitten des Alters. Kein anderer Maler fing so sinnlich und subtil die mediterrane Heiterkeit seiner Umgebung ein. Einen Höhepunkt der Spätzeit bildet die Chapelle du Rosaire in Vence (▶ 54) mit ihren schönen Bleiglasfenstern und glasierten Wandkeramiken (Detail oben), für den Künstler selbst »das letzte Ziel eines arbeitsamen Lebens und Gipfelpunkt eines großen, aufrichtigen und schwierigen Strebens«.

PABLO RUIZ Y PICASSO (1881–1973)

Nach dem Zweiten Weltkrieg kehrte der Spanier aus Paris zurück in den geliebten Süden, wo ihm der Bürgermeister von Antibes im Château Grimaldi ein Atelier zur Verfügung stellte. Als Dank hinterließ der Künstler dort alle hier entstandenen Werke, einschließlich der Keramiken, die er im nahe gelegenen Vallauris schuf (heute Musée Picasso, ▶ 55). Nach den Schrecken des Krieges genoss der alternde Picasso die entspannte, sonnenverwöhnte mediterrane Atmosphäre der Provence und schlug ab 1961 seine Zelte endgültig in Mougins auf.

RAOUL DUFY (1877–1953)

Der aus Le Havre gebürtige Raoul Dufy schloss sich eine Zeit lang den Fauvisten an und entwickelte später einen markanten eigenen Stil. Schon vor dem Ersten Weltkrieg lernte er bei einem Aufenthalt in Martigues bei Marseille die französische Riviera kennen, die er fortan in heiteren, far-

DIE NEUE SCHULE VON NIZZA

Die »Schule von Nizza« um Louis Bréa (nach 1480) erhielt nach 1950 eine avantgardistische Neuauflage in einer Gruppe abstrakter Maler und Objekt-Künstler, mit Martial Raysse, César, Arman, Jean Tinguely und Yves Klein. Als spöttischer Kommentar zu Konsumgesellschaft und akademischer Kunst arbeiteten manche, wie Arman, mit demolierten Alltagsgegenständen (MAMAC, ▶ 43).

benfrohen Ölgemälden und Aquarellen schilderte. Mehrere seiner Werke besitzt das Musée Cantini in Marseille (➤ 95f).

PAUL SIGNAC (1863–1935)

Aus wohlhabender Pariser Familie stammend, wollte Signac ursprünglich Architekt werden, wandte sich dann jedoch schon früh der Malerei zu und wurde ein Weggefährte des Pointillisten Georges Seurat. Er gilt als Entdecker von St-Tropez, das seinerzeit noch ein verschlafenes Fischernest war. Einige Ansichten Signacs von St-Tropez befinden sich im dortigen Musée de l'Annonciade (➤ 68, 70).

Eine Version der berühmten *Sonnenblumen* van Goghs

Provence für
Gourmets

Die provenzalische Küche schwelgt unter südlicher Sonne in fruchtbarem Überfluss, mit Olivenöl, Tomaten, Knoblauch und aromatischen Herbes de Provence als typisch mediterranen Akzenten.

Weit über die Grenzen Frankreichs bekannt sind Spezialitäten wie der Marseiller Fischeintopf Bouillabaisse oder *salade niçoise*, ein delikates Ensemble aus grünem Salat, schwarzen Oliven, Tomaten, Thunfisch, Sardellen und hart gekochten Eiern. Die Küstenregion lockt mit schmackhaften Fischgerichten, wie *telines camarguais* (Schalentiere mit Aïoli) oder *oursins* (Seeigel), sehr beliebt sind auch *loup de mer* (Wolfsbarsch) und *rouget* (Meeräsche). Feinschmecker fragen im Restaurant gerne nach *beignets de courgettes* (frittierten Zucchiniblüten), *pain bagnat* (Salat Niçoise in Brotteig) und *mesclun* (einer Mischung herzhafter Blattsalate) – alles in bester Qualität erhältlich bei Lou Pilha Leva in der Altstadt von Nizza. Probieren Sie außerdem an einem der Stände auf dem nahen Markt am Cours Saleya eine *pissaladière*

Frische Ware von gut sortierten Märkten: Grundpfeiler provenzalischer Esskultur

(Zwiebelkuchen mit Sardellen und Oliven) oder *socca* (Pfannkuchen aus Kichererbsenmehl). Frische Ware von gut sortierten Märkten ist ein Grundpfeiler der Esskultur, deren exzellenter Ruf vorwiegend in kleinen, oft unscheinbaren Bistros gepflegt wird, mit bodenständiger Küche auf hohem Niveau.

GOURMET-TEMPEL

Auch Gourmet-Restaurants hat die Provence nicht wenige zu bieten – wohl kein Zufall, war sie doch Heimat von Auguste Escoffier, dem »Koch der Könige und König der Köche«, der hier inzwischen viele würdige Nachfolger fand. Der sicherlich berühmteste ist Alain Ducasse, dessen Restaurant Le

Louis XV in Monte Carlo mit drei Michelin-Sternen prunkt (im Hôtel de Paris, Tel. 03 77 98 06 88 64). Wahre Zauberer am Herd sind aber auch Christian Sinicropi mit seinem Restaurant La Palme d'Or im Hôtel Martinez in Cannes (Tel. 04 92 98 74 14) und Alain Llorca im Le Moulin de Mougins (Tel. 04 93 75 78 24). Hier erleben Sie wirklich provenzalische Küche vom Allerfeinsten, die ihr (teures) Geld allemal wert ist.

WEINE DER PROVENCE

Die Provence zählt zu den größten und ältesten Weinanbaugebieten Frankreichs – schon vor 2600 Jahren pflanzten hier griechische Siedler die ersten Rebstöcke. Die ausgedehntesten Kulturen erstrecken sich heute an den Felsabhängen (*côtes*) des Südwestens, mit Grenache, Cinsault, Carignan, Syrah und Sémillon als dominierenden Rebsorten. Berühmt für seine intensiven, kräftigen Rot- und reiche, vollmundige Weißweine ist das Rhône-Tal, während weiter südlich leichtere, fruchtige Weiß- und Roséweine gedeihen.

Bekannte *Appellationen* sind Côtes-de-Provence, Côtes-du-Ventoux, Les Coteaux d'Aix-en-Provence oder Les Coteaux-des-Baux. 75 Prozent des provenzalischen Weines macht der Rosé aus (die Hälfte der französischen Gesamtproduktion), als beste Rosés gelten diejenigen aus Bandol, wo auch hervorragende Rote gemacht werden. Als Geheimtipp werden die Weine von Bellet gehandelt, einem winzigen Anbaugebiet bei Nizza, und die nach Myrte schmeckenden Weißen von Cassis, der ältesten *Appellation* der Provence.

SCHLEMMEN UND SCHLUMMERN

Was gibt es Schöneres, als entspannt ein leckeres Mahl zu genießen und anschließend einfach ins Bett zu fallen? Diesen Wunschtraum erfüllen in der Region immer mehr Gourmet-Restaurants, indem sie neben exquisiter Küche auch Übernachtungsmöglichkeiten bieten, wie Edouard Loubet im Landhaus La Bastide de Capelongue in Bonnieux, wo neben einem Zwei-Sterne-Restaurant (Spezialitäten des Lubéron, www.capelongue.com) 17 komfortable Zimmer zur Verfügung stehen. Ähnlich gut aufgehoben ist man bei seiner prominenten Kollegin Reine Sammut in der Auberge La Fenière (Lourmarin, Tel. 04 90 68 11 79, www.reinesammut.com), mit aparten Gartenzimmern und zwei Zigeunerwagen, in denen man sein Haupt zur Ruhe betten kann. Vergleichsweise schlicht, doch nicht minder charmant gibt sich die Bastide de Moustiers (Moustiers Ste-Marie, Tel. 04 92 70 47 47, www.bastide-moustiers.com): Das Olivenöl ist vom Nachbarn, die Käseplatte ausschließlich mit einheimischem *chèvre* bestückt und der Gemüsegarten gleich hinterm Haus. »Das Produkt ist der Star«, lautet die Devise. Schließlich ist es die »rustikale« Adresse des hiesigen Superstars unter den Köchen: Alain Ducasse!

Weltruf genießen die Tropfen aus dem Rhône-Tal, wie Châteauneuf-du-Pape, Vacqueyras, Gigondas und Beaume-de-Venise (exquisiter süßer Muskateller!). Viele Weingüter und Kellereien bieten Verkostungen *(dégustations)* an – hier wird erwartet, dass Sie wenigstens eine Flasche erwerben …

PASTIS-PARADIES

Ein paar Eiswürfel, dann Pastis, ein Schuss Wasser – und schon hat man den magischen Dreiklang im Glas für einen typisch provenzalischen Aperitif. Denn der Anis-Schnaps wird zwar in ganz Frankreich konsumiert, stammt aber ursprünglich aus Marseille. Santé!

BOUILLABAISSE

Es ist nicht so leicht, in der Provence eine authentische Bouillabaisse zu bekommen, weil viele Restaurants nur einen müden Abklatsch dieser köstlichen Spezialität aus Marseille servieren. Bis zu 12 Sorten Fisch und Meeresfrüchte geben sich ein Stelldichein bei der rostroten Fischsuppe, basierend auf einem mit Safran, Fenchel und Kräutern gewürzten Fond. Empfehlenswerte Marseiller Adressen: Fonfon (140, rue Vallon des Auffes, Tel. 04 91 52 14 38) und Le Miramar (Quai du Port, Tel. 04 91 91 10 40) am alten Hafen. Bon appetit!

Seite 17: Markt am Cours Saleya in Nizza. Unten: *La Bastide de Capelongue* in Bonnieux

Spielwiese der
SCHÖNEN & REICHEN

Die Provence – vor allem die Riviera – ist ein Paradies für Paparazzi, vom Film-Festival in Cannes bis zum dekadenten St-Tropez, wo Stars and Millionäre verlässlich für den nötigen Glamour sorgen.

Ohne hochkarätige Besucher aus dem Ausland wäre die Provence vielleicht heute noch eine bescheidene, abgeschiedene Idylle! Als Erste kamen Ende des 18. Jahrhunderts Engländer in die Küstenorte, um im Klima eines milden Winters ihre Malaisen auszukurieren, später gefolgt von reichen Exilanten aus ganz Europa, die die französische Riviera zur Nobel-Adresse machten. Von Esterel bis zur italienischen Grenze hinterließen sie ihre teils exotisch wirkenden Domizile, wie die Villa Ephrussi de Rothschild (▶ 56f). Ein Abglanz jener aristokratischen Atmosphäre lässt sich heute noch erahnen entlang der Corniches (▶ 44ff) am Cap d'Antibes und Cap Ferrat oder in den Villenvororten von Cannes, Menton und Nizza. Dort residieren hinter dicken Mauern Superreiche wie der Popstar Elton John oder der russische Oligarch Roman Abramovich, dessen schlossartiges Anwesen in Cap d'Antibes einst dem Herzog von Windsor gehörte.

   Das Bild der Provence wurde nicht unwesentlich vom Film in die Welt getragen.

Legendär: Brigitte Bardot am Strand von St-Tropez *(Und immer lockt das Weib)* oder Grace Kelly in rasanter Fahrt über die Corniche *(Über den Dächern von Nizza)*. Nicht minder mythenumwoben sind die Internationalen Filmfestspiele von Cannes (► 55), die alljährlich im Mai Leinwandstars auf dem roten Teppich versammeln. Ende Mai folgt der Grand Prix der Formel Eins, der Monaco (► 48ff) in eine Rennstrecke verwandelt.

Wer die Extravaganz der Riviera hautnah mitbekommen möchte, ist am besten mit St-Tropez (► 68ff) beraten, in der Hauptsaison. Dann wimmelt es dort von schnittigen Yachten, auf denen heiße Partys steigen. Tagsüber kann man am Nikki Beach (► 71) Schulter an Schulter mit Paris Hilton Sonne tanken, abends braucht man Beziehungen, ein wohl gefülltes Portemonnaie und topmodische Garderobe, um im *Les Caves du Roy* oder *VIP Room* (► 88) auf Tuchfühlung mitzumischen.

HIGHLIGHTS AUF EINEN BLICK

BERGDÖRFER

1 Èze (► 45)
2 Gordes (► 150f)
3 Grimaud (► 78f)
4 Moustiers-Ste-Marie (► 80f)
5 St-Paul-de-Vence (► 51)

SPORT

1 Kanufahren in der Verdon-Schlucht (► 74ff)
2 Reiten in der Camargue (► 116ff)
3 Gleitschirmfliegen vom Mont Ventoux (Association Vaucluse Parapente, Tel. 04 90 85 67 82)
4 Hubschrauberflug von Nizza nach Monte-Carlo (Héli Inter Riviera, Tel. 04 93 21 46 46)
5 Skilaufen in Serre-Chevalier (Touristeninformation, Tel. 04 92 24 98 98)

STRÄNDE

1 Cannes – Stars im Sand
2 Cassis (Calanques) – landschaftlich reizvoll
3 Îles d'Hyères (Plage de la Palud, Port-Cros) – bester Inselstrand
4 Marseille – ideal für Wassersport
5 St-Tropez (La Voile Rouge) – absolut trendy

FÜR KINDER

1 Musée Océanographique, Monaco (► 49)
2 Marineland, Antibes (► 57) – tolle Wasserwelt
3 Visiobulle, Juan-les-Pins – Ausflüge mit Glasbodenbooten
4 Grottes de St-Cézaire – verwunschene Höhlen
5 Massalia Théâtre, Marseille – Marionetten-Theater

CAFÉS

1 *Café de la Place* (St-Paul-de-Vence) – Tisch an Tisch mit Einheimischen
2 *Café Excelsior* (St-Raphaël) – Frankreichs erstes Live-Musik-Café
3 *Sénéquier* (St-Tropez) – eine Top-Adresse der Riviera. Nougat vom Feinsten!
4 *Café de France* (Isle-sur-la-Sorgue) – Treffpunkt von Poeten, Philosophen und Künstlern
5 *Les Deux Garçons* (Aix-en-Provence) – bestes Café der Stadt, wo schon Cézanne, Piaf, Picasso und Sartre weilten

MÄRKTE

1 Aix-en-Provence (Di, Do, Sa vorm.) – Obst, Gemüse, Käse und Blumen
2 Arles (Sa vorm.) – Obst, Gemüse, Seifen und Stoffe
3 Marseille (tägl. vorm.) – Fisch frisch vom Fangboot
4 Nizza, Cours Saleya (tägl. vorm.) – Farben und Düfte
5 Rognes (Dez.) – Trüffel- und Gastronomiemarkt.

Erster Überblick

Ankunft

Die Verbindungen von Deutschland, Österreich und der Schweiz nach Frankreich sind durchweg gut, selbst in die Provence, also den tiefen Süden! Am schnellsten ist man natürlich mit dem Flieger. Doch wer die Provence mit dem eigenen Auto erkunden möchte oder gerne den Zug nimmt, kommt auch problemlos ans Ziel.

Mit dem Flugzeug

■ Von Deutschland, Österreich und der Schweiz gibt es von vielen Großstädten aus tägliche Linienflugverbindungen zu den beiden bedeutendsten Flughäfen der Provence: Marseille im Westen und Nizza im Osten. Auch die kleineren Airports in Toulon und Nîmes werden mehrmals wöchentlich von vielen Gesellschaften direkt angeflogen und sind täglich via Paris erreichbar.

Mit dem Auto

■ Frankreich ist, wie seine deutschsprachigen Nachbarländer, durch ein gutes System von Autobahnen und anderen Fernstraßen erschlossen. Der schnellste (oder schönste) Weg in die Provence ist jeweils abhängig von Ihrem Heimatort – Nordlichter mögen die Route über Paris bevorzugen (immer interessant als Zwischenstopp), aus dem Süden bietet sich oft der Weg via Strasbourg an. Eine Rolle spielt natürlich auch das Ziel in der Provence: Deren Osten (d. h. Nizza und Umgebung) ist bestens über Norditalien »erfahrbar«. Konkrete Tipps für die Anreise erhält man beim ADAC (www.adac.de).

Mit dem Zug

■ Für Bahnreisende, die nördlich des Mains beheimatet sind, führt der beste Weg über Paris (teilweise via Brüssel per Thalys oder andere Hochgeschwindigkeitszüge). In Paris besteht dann vom Gare de Lyon beinahe stündlich Anschluss nach Süden per TGV. Einziger Nachteil: Die Züge aus Deutschland enden am Gare du Nord oder Gare de L'Est, sodass man einen Transfer bewältigen muss (am besten mit einer entspannten viertelstündigen Taxifahrt). Die »Nord-Tour« lohnt sich oft sogar von Stuttgart aus, da der TGV nur drei Stunden etwa von Paris nach Aix-en-Provence braucht. Für Bahnreisende aus südlichen Gefilden gilt dasselbe wie für Autofahrer: nach Nizza via Mailand und San Remo.

Ankunft in Nizza

Mit dem Flugzeug

■ Viele internationale Linien bedienen den **Flughafen Nice-Côte d'Azur** (Tel. 08 20 423 333; www.nice.aeroport.fr) 6 km westlich von Nizza (ideal auch als Sprungbrett nach Antibes, Cannes und Monaco). Es gibt zwei Terminals, mit Informationsschaltern, Läden, Restaurants, Bankfilialen, Wechselstuben und Autoverleih.

■ Ein **Taxi** nach Nizza kostet 20–28 Euro bei etwa 20 Minuten Fahrtzeit. Eine Bahnverbindung existiert nicht, doch alle 20 Minuten fahren Busse ins Zentrum (4 Euro): Nr. 23 oder 98 zum **Omnibusbahnhof** *(Gare routière)* nahe der Altstadt, Nr. 99 zum **Hauptbahnhof** *(Gare SNCF* **Nice Ville***)*.

Parte

■ **Touristeninformation in Nizza**
✉ 5, promenade des Anglais ☎ 08 92 70 74 07;
www.nicetourisme.biz ⏰ Juni–Sept. Mo–Sa 8–20, So 9–19, Okt.–Mai
Mo–Sa 9–18 Uhr
✉ Flughafen Nice-Côte d'Azur, Terminal 1 ⏰ Mo–Sa 8–21 Uhr
✉ Bahnhof SNCF Nice Ville, Avenue Thiers ⏰ Juni–Sept. Mo–Sa 8–20,
So 9–19 Uhr; Okt.–Mai Mo–Sa 8–19, So 10–17 Uhr

Ankunft in Marseille

Mit dem Flugzeug
■ Der Flughafen **Marseille-Provence** (auch **Marseille-Marignane**, Tel. 04 42
14 14 14; www.mrsairport.fr) liegt 30 km nordwestlich der Stadt und wird
von internationalen und einheimischen Linien angeflogen. Es gibt drei
Terminals mit Läden, Restaurants und Wechselstuben.
■ Die **Taxifahrt** ins Zentrum dauert 45 Minuten und kostet rund 40 Euro
(nachts 50 Euro). Etwa alle 20 Minuten fahren **Busse** zum Hauptbahnhof
Gare SNCF Marseille St-Charles (8,50 Euro, Fahrtzeit 25 Minuten).

■ **Touristeninformation in Marseille**
✉ 4, La Canebière, Marseille ☎ 04 91 13 89 00; www.marseille-
tourisme.com ⏰ Mo–Sa 9–19, So 10–17 Uhr (in der Hauptsaison längere
Öffnungszeiten)

Ankunft in Toulon

Mit dem Flugzeug
■ Auf dem Flughafen **Toulon-Hyères** (Tel. 08 25 01 83 87; www.toulon-
hyeres.aeroport.fr), 23km östlich der Stadt, landen täglich Flüge aus Paris.
Es gibt nur ein Terminal mit Café / Bar.
■ Die **Taxifahrt** nach Toulon dauert 40 Minuten und kostet rund 45 Euro.
Auch **Busse** fahren mehrmals täglich, sind aber nicht immer abgestimmt
auf die Ankunftszeiten der Flüge.

■ **Touristeninformation in Toulon**
✉ 334, avenue de la République ☎ 04 94 18 53 00; www.toulontourisme.
com ⏰ Juli–Aug. Mo, Mi–Sa 9–20, Di 10–20, So 10–12 Uhr; Sept.–Juni
Mo, Mi–Sa 9–18, Di 10–18, So 10–12 Uhr

Ankunft in Nîmes

Mit dem Flugzeug
■ **Nîmes-Arles-Camargue** (Tel. 04 66 70 49 49; www.nimes-aeroport.fr) ist
ein kleiner Flughafen 12 km südöstlich von Nîmes mit Autoverleih.
■ Ein **Taxi** nach Nîmes kostet rund 20 Euro, der (auf die Ankunftszeiten der
Flüge abgestimmte) **Bus** 5 Euro. Fahrtzeit ca. 25 Minuten.

■ **Touristeninformation in Nîmes**
✉ 6, rue Auguste ☎ 04 66 58 38 00; www.ot-nimes.fr
⏰ Juli–Aug. Mo–Fr 8.30–20, Sa 9–19, So 10–18 Uhr; April–Mai, Sept.
Mo–Fr 8.30–19, Sa 9–19, So 10–18 Uhr; Okt.–März Mo–Fr 8.30–18.30,
Sa 9–18.30, So 10–17 Uhr

Unterwegs in der Provence

Mit dem Auto

■ **Mit dem Auto** lassen sich die ländlichen Bezirke der Provence am besten erkunden. Die Straßen sind meist bestens in Schuss und gut ausgeschildert. An der Küste müssen Sie öfter mal mit einem Stau rechnen, auch während der Nebensaison.

■ Wer mit dem **eigenen Auto** nach Frankreich reist, muss (außer Pass oder Personalausweis) folgende Dokumente mit sich führen: gültiger nationaler Führerschein, Kfz-Haftpflichtversicherung- und Fahrzeugschein (bei Führung eines Fremdfahrzeuges auch einen Letter of Authorisation des Eigentümers). Eine Kfz-Haftpflichtversicherung gilt zwar als Mindeststandard, dringend empfohlen wird jedoch eine Vollkasko- und Personeninsassenversicherung. Achten Sie dabei auf die Höhe der Deckungssumme. Eventuell lohnt sich der Abschluss einer sog. »Mallorca Police« (Informationen beim ADAC oder den einzelnen Versicherungsunternehmen). Obligatorisch ist auch ein **Nationalitäten-Kennzeichen**.

■ Wer ein **Auto mieten** möchte, muss mindestens 21 Jahre alt sein und seit wenigstens einem Jahr im Besitz eines Führerscheins.

■ **Autoverleihfirmen** sind überall an Flughäfen, Bahnhöfen und in den Zentren größerer Städte vertreten. In der Hauptsaison besser vorab buchen.

■ Stellen Sie sicher, dass Ihnen unterwegs eine **Pannenhilfe** zur Verfügung steht. Im Schadensfall beziehen Sie sich auf die relevanten Unterlagen (oft im Handschuhfach oder hinter den Blendklappen).

■ Bleiben Sie auf einer **Autobahn** *(autoroute)* liegen, benutzen Sie am besten die Notruftelefone, die dort alle 2 km installiert sind.

Verkehrsregeln

■ **Geschwindigkeitsbegrenzungen:** 50 km/h in Städten, 90 km/h außerhalb von Ortschaften (bei Regen 80 km/h), auf Schnellstraßen mit Mittelstreifen und mautfreien Autobahnen 110 km/h (bei Regen 100 km/h), 130 km/h auf Maut-Autobahnen (bei Regen 110 km/h). Wer weniger als zwei Jahre Führerscheinbesitzer ist, unterliegt auch bei trockener Witterung den Vorschriften für Regen. Fahrer aus der EU, die eine Geschwindigkeitsbegrenzung um mehr als 40 km/h überschreiten, riskieren den umgehenden Einzug ihres Führerscheins durch die Polizei.

■ In **Ortschaften** gilt bei der Vorfahrt prinzipiell **Rechts vor Links** *(priorité à droite)*. Bei einem **Kreisverkehr** mit dem Hinweis *Cédez le passage* (Vorfahrt beachten) oder *Vous n'avez pas la priorité* (Sie haben hier keine Vorfahrt) haben die Teilnehmer im Kreisel Vorfahrt. Ohne diese Beschilderung hat der einfließende Verkehr Vorfahrt.

■ **Überholverbot** gilt bei durchgehendem Mitteltrennstrich auf der Fahrbahn.

■ Bei **Unfall** oder **Motorschaden** muss hinter dem Wagen in angemessener Entfernung ein **Warndreieck** aufgestellt werden. Vorgeschrieben ist auch das Mitführen einer reflektierenden Warnweste im Auto.

■ Der zulässige **Blutalkoholspiegel** beträgt 0,5 Promille. Wenn Sie etwas getrunken haben, lassen Sie das Auto lieber stehen.

■ **Tanken:** Benzin ist erhältlich bleifrei *(sans plombe)* Normal, Super oder Super Plus (95 und 98 Oktan) bzw. Diesel *(gasoil* oder *gazole)*. Viele Tankstellen sind ab 18 Uhr und Sonntags geschlossen. An vielen **Selbstbedienungszapfsäulen** kann man mit EC- / Kreditkarte zahlen, manche akzeptieren allerdings keine Karten, die außerhalb Frankreichs ausgestellt wurden.

■ Informationen über die Bedeutung von **Verkehrsschildern** und die französische Straßenverkehrsordnung finden Sie unter www.permisenligne.com.

Mit dem Zug

■ Die Züge der staatlichen Eisenbahngesellschaft Société Nationale des Chemins de Fer (**SNCF** www.sncf.com) sind in der Regel schnell, komfortabel und zuverlässig.

■ Mit bis zu 300 km/h verbindet der Hochgeschwindigkeitszug **TGV** *(Train à Grande Vitesse)* große und mittlere Städte. **TER**-Züge *(Transport Express Régional;* Tel. 08 91 70 30 00) werden im Regionalverkehr eingesetzt *(Lignes Régionales).* Von Paris (Gare de Lyon) fahren fast stündlich TGVs nach Marseille (über Avignon und Aix-en-Provence), alle vier Stunden nach Nizza (über Avignon, Toulon, Cannes und Antibes), Fahrtzeit jeweils 3 Stunden. Auch die Küstenstädte an der Riviera haben Verbindung mit TGV (alle zwei Stunden Marseille – Nizza) und Regionalzügen, gleichfalls die Städte im Rhône-Tal (Avignon, Orange, Arles, Nîmes). Von Nizza gehen auch Züge ins Roya-Tal und die Ausläufer der Alpes-Maritimes. Weitere Informationen unter www.ter-sncf.com und in der Broschüre *Guide régional des transports* für die Provence.

■ **Fahrkarten** erhält man am Bahnhof. Sie müssen vor Fahrtantritt an den Automaten auf dem Bahnsteig entwertet werden. Nur falls es keinen Schalter gibt oder dieser geschlossen ist, kann man den Fahrschein auch im Zug beim Schaffner erwerben. Manche TER-Stationen haben keine Entwerter: In diesem Fall erledigt das der Schaffner im Zug.

■ **Fahrradmitnahme** ist fast in allen Zügen möglich, ausgenommen zu den Stoßzeiten Mo–Fr 7–9 und 16.30–18.30 Uhr.

■ Unter 26 erhält man 25 Prozent **Fahrpreisermäßigung** mit der *Carte 12–25,* weitere Ermäßigungen gibt es für Senioren und Frühbucher *(Carte Escapades J30).* Sinnvoll ist unter Umständen auch ein **Rail Pass** für Frankreich oder ganz Europa (EuroRail). Er muss vor der Ankunft in Frankreich erworben werden und ist bei den meisten Reisebüros erhältlich.

■ Mit dem Service Bagages à Domicile der SNCF kann man sein Gepäck ans Reiseziel liefern lassen – Buchung erfolgt gemeinsam mit der Fahrkarte.

Überlandbusse

■ **Überlandbusse** sind in Frankreich meist preiswerter als der Zug, allerdings auch langsamer. Der **Busbahnhof** *(Gare routière)* befindet sich gewöhnlich in der Nähe der Bahnstation *(Gare SNCF)* der jeweiligen Stadt. **Eurolines** (Tel. 08 92 89 90 91; www.eurolines.fr) unterhält Verbindungen zwischen den größeren Städten Frankreichs und in die Nachbarländer. Auch die **SNCF** (Tel. 36 35) betreibt verschiedene Buslinien als Anschluss zum Eisenbahnverkehr.

Örtliche und regionale Busse

■ Größere Städte in der Provence sind durch **Omnibuslinien** miteinander verbunden. Zentrale Haltestelle ist entweder der **Busbahnhof** oder Hauptplatz der betreffenden Stadt. Dort und im Büro der Verkehrsgesellschaft hängen Fahrpläne aus. Vorne auf den Bussen stehen **Nummer** und **Endziel**. **Fahrkarten** kann man auch direkt im Bus, oft sogar an Kiosken *(tabacs)* erwerben. Sie müssen bei Fahrtantritt im Bus entwertet werden.

■ In **Aix-en-Provence** gibt es einen Shuttle-Bus zum 15 km außerhalb gelegenen TGV-Bahnhof (von 4.40 bis 23.25 Uhr alle 15 Minuten zu Stoßzeiten, sonst alle 30 Minuten). Aix en Bus (Tel. 04 42 26 37 28) sorgt mit mehr als 20 Linien für die Verbindungen innerhalb der Stadt. Der zentrale **Busbahnhof** befindet sich auf der Avenue de l'Europe. Die Einzelfahrkarte kostet 1,10 Euro (Zehnerkarte 7,70 Euro). Beim Kauf im Bus müssen Sie das Geld passend bereithalten.

- In **Arles** fahren die Busse vom **Busbahnhof** (24, boulevard Clemenceau).
  Die Société des Transports d'Arles unterhält vier innerstädtische Linien.
  Nach Ste-Maries de la Mer, Tarascon und Marseille fahren die Busse
  von Cartreize (www.lepilote.com). Die Einzelfahrkarte kostet 0,80 Euro
  (Zehnerkarte 6,50 Euro). Information: Tel. 08 10 00 08 16.
- In **Avignon** fahren die 31 Linien der TCRA (Transports en Commun de la
  Region d'Avignon) von der Avenue de Lattre de Tassigny (Tel. 04 32 74
  18 32; www.tcra.fr) auch in Orte der Umgebung (von 7 bis 20 Uhr).
  Innerhalb der Stadtmauern von Avignon dürfen keine Busse fahren!
  Die Einzelfahrkarte kostet 1,10 Euro (Zehnerkarte 9,40 Euro). Busse
  der STDGard fahren auch nach Nîmes und Tarascon.
- In **Cannes** bringen Sie die 20 Linien von Bus Azur (www.busazur.com) an
  Ihr Ziel in Stadt und Umgebung (von 7 bis 21 Uhr). Abfahrt ist an der
  Place Cornut Gentille beim Rathaus (Tel. 08 25 82 55 99). Sillages un-
  terhält auch Verbindungen in das nördlich von Cannes gelegene Umland
  von Grasse (Tel. 04 92 42 33 80; www.sillages.eu).
- Eine Straßenkarte mit allen Busverbindungen in und um **Vaucluse** kann
  man herunterladen unter www.provenceguide.com.
- Busse und Straßenbahnen in und um **Nizza** werden betrieben von Ligne
  d'Azur, 3, place Masséna (Tel. 08 10 06 10 06, www.lignedazur.com).
  Die Einzelfahrkarte kostet 1 Euro (Tageskarte 4 Euro). Die Firma Rapides
  Côte d'Azur bietet Busverbindungen (TAM) entlang der Riviera an
  (www.rca.tm.fr), der Nachtservice NocTAM'bus verbindet die Küstenstädte mit Grasse.
- Allgemeine Verkehrsgesellschaft für Bus, Tram und Métro in **Marseille**
  ist RTM, 6, rue des Fabres (Tel. 04 91 91 92 10, www.rtm.fr). Die
  Einzelfahrkarte kostet 1,70 Euro (Tageskarte 4 Euro). Nachtbusse ver-
  kehren vom Alten Hafen (Vieux Port), die U-Bahn fährt am Wochende
  auch nach Mitternacht.
- SODETRAV (www.sodetrav.fr) unterhält Buslinien im **Var**, mit Verbindungen nach Hyères, Toulon und St-Raphaël.

Taxis

- **Taxis** bekommt man hier eigentlich überall, doch sie sind nicht gerade
  billig.
- Außer Grundgebühr und Kilometertarif zahlt man extra für die Mitnahme von Gepäck, an Sonntagen wird ein Aufschlag fällig. Alle Taxis
  sind mit **Taxameter** *(compteur)* versehen. Immer aufpassen, dass es
  vor Fahrtbeginn zurückgesetzt wird! Sonst zahlen Sie eventuell auch
  noch die Anfahrt.
- Manche Taxi-Unternehmen bieten auch Tagestouren mit **Chauffeur**
  an, was für kleine Rundfahrten durch die Provence keine schlechte
  Lösung ist.
- Am besten nimmt man ein Taxi direkt am **Taxistand** (blaues Taxi-Schild).
  Bei telefonischer Bestellung wird das Taxameter nämlich gleich zu Beginn
  der Anfahrt angestellt.
- In manchen Taxis werden Kreditkarten akzeptiert, besser aber sollte man
  mit **Bargeld** zahlen und 10 Prozent **Trinkgeld** geben.

Eintrittspreise
Im Text erwähnte Sehenswürdigkeiten und Museen sind preislich in
folgenden Kategorien erfasst:
preiswert unter 5 Euro   **mittel** 5–8 Euro   **teuer** über 8 Euro

Übernachten

Besucher der Provence erwartet ein breit gefächertes Angebot an Übernachtungsmöglichkeiten, vom exquisiten Grand Hotel an der Riviera bis zum kleinen Häuschen auf dem Land. Wer Frankreich besonders authentisch erleben möchte,
macht am besten Camping, mietet eine *gîte* oder geht in eine Familienpension.
In manchen Städten, wie Aix-en- Provence und Avignon, gibt es preiswerte
Wochenend-Specials: Aktuelle Angebote finden Sie in der Rubrik Tourismus auf
den entsprechenden Websites.

Hotels

- Bei Hotels gibt es **sechs offizielle Kategorien**, von den einfachsten ohne
Stern bis zu jenen mit vier Sternen und Vier-Sterne-Luxushotels. Die jeweilige Kategorie muss außen am Hotel und im Innenbereich klar ausgewiesen sein. **Übernachtungspreise** verstehen sich gewöhnlich pro Zimmer,
nicht pro Person, für das Frühstück wird meist ein Aufschlag erhoben.
- Wer von weither mit dem Auto nach Südfrankreich reist, ist bei einem
Zwischenaufenthalt oft dankbar um Übernachtungsmöglichkeiten zu passablen Preisen: Dies bieten in der Regel Billighotels, wie sie an Auto-
bahnkreuzen und in Außenbezirken größerer Städte anzutreffen sind. Die
Häuser der Kette Formule 1 (www.hotelformule1.com) beispielsweise verfügen über ordentliche Zimmer (ohne Bad / Toilette) für rund 50 Euro pro
Nacht. Etwas gediegener geht es in den Hotels von Etap (www.etaphotel.
com) und Première Classe (www.premiereclasse.com) zu, die geringfügig
teurer sind. Manche dieser Adressen sind im Navigationssystem erfasst,
und bei Etap und Formule 1 kann man, bei später Anreise ohne Reservierung, am Eingang per Kreditkarte einchecken.
- Wer auch beim Übernachten etwas auf den Geldbeutel achten will, ist
gut beraten mit den Familienpensionen und kleinen Hotels der **Logis de
France.** Durchweg recht komfortabel und oft sehr hübsch gelegen, verfügen die meisten über ein Restaurant mit regionalen Spezialitäten,
manche bieten auch Halbpension an. Fuß- und Radwanderer können
einen **Gepäcktransportservice** zum nächsten Etappen-Logis in Anspruch
nehmen. Wie die Sterne-Hotels haben auch die Logis ein Klassifikations-
system (ein bis drei Kaminsymbole, deutschsprachige Informationen auf
www.logis-de-france.com). Listen der Logis sind bei den Touristeninformationen erhältlich.
- Am anderen Ende der Skala rangieren teils fantastische **Luxushotels**. Wenn
Sie sich etwas gönnen möchten, steigen Sie doch in einem der Belle-
Époque-Paläste an der Riviera ab, wie dem legendären Hôtel Négresco
(► 59), in Nizza – da bleiben buchstäblich keine Wünsche offen.
- Soll es moderner sein, halten Sie Ausschau nach Design-Hotels. Ist Ihnen
hingegen nach exklusiver Schlossatmosphäre zumute, kontaktieren Sie
am besten die Edelkette Relais & Châteaux (Tel. 08 25 32 32 32;
www.relaischateaux.com).

Privatzimmer

- **Chambres d'hôte** (private Gästezimmer) vermitteln Ihnen das Lebensgefühl
eines echten französischen Haushalts, sei es auf dem Bauernhof oder
einem Schloss. Am besten bei der örtlichen Touristeninformation nach-
fragen. Viele anspruchsvollere Vermieter sind in den **Gîtes de France** organisiert und dort, je nach Komfort und Ausstattung, nach einer bis vier
Kornähren (*épis*) klassifiziert und zertifiziert (www.gites-de-france.com).

Ferienhäuser und -wohnungen (Gîtes)

■ Ferienhäuser und -wohnungen *(gîtes)* bieten überall in der Provence, in der Stadt wie auf dem Land, interessante Unterbringungsmöglichkeiten vor allem für Familien: Man hat die Auswahl unter allen Kategorien, vom einfachen Domizil (bei dem man selbst die Bettwäsche mitbringen muss) bis zu großzügigen Anwesen mit Swimmingpool und allen Schikanen. Gewöhnlich werden sie wöchentlich oder vierzehntägig vermietet. Viele werden ebenfalls von **Gîtes de France** betreut (Information ➤ 29).

Jugendherbergen

■ In Frankreich gibt es rund 160 Jugendherbergen *(auberges de jeunesse)*, die auch Mitgliedern anderer Nationalität offen stehen (Mitgliedsausweis mit Lichtbild erforderlich). Eine Liste der Herbergen in der Provence ist erhältlich bei der **Fédération Unie des Auberges de Jeunesse**, 27, rue Pajol, 75018 Paris (Tel. 01 44 89 87 27; www.fuaj.org).

Camping

■ Das warme, trockene Klima der Provence ist ideal für Camping. Über 9000 voll ausgerüstete **Campingplätze** stehen zur Verfügung, außerdem 2300 Bauernhöfe, wo man campen kann. Auch hier gibt es eine **Klassifizierung** von einfach (Elektrizität, Duschen und Toiletten) bis luxuriös, mit Swimmingpools, Sporteinrichtungen, Restaurants, Bars und Kinderbetreuung. Man muss nicht einmal unbedingt sein eigenes Dach über dem Kopf mitbringen, da viele Plätze verfügen über Zelte und Wohnwagen, komplett eingerichtet mit Kochecke, Kühlschrank und Betten.

■ Es empfiehlt sich, rechtzeitig zu reservieren, vor allem in der Hauptsaison von April bis September. Auskünfte erteilen die **Fédération Française de Camping** (Tel. 01 42 72 84 08; www.campingfrance.com) und entsprechende deutsche Organisationen.

■ Das **Parken** von Caravans und Wohnmobilen am Strand oder Straßenrand über Nacht ist nicht gestattet. Auf der Suche nach dem nächsten Campingplatz ist Ihnen die örtliche Touristeninformation behilflich, notfalls auch die Polizei, die auf dem Revier entsprechende Listen bereithält. Möchten Sie unbedingt **außerhalb der offiziellen Plätze** campen, vergewissern Sie sich am besten auf dem zuständigen Rathaus, wo es nicht erlaubt ist – oft zum Beispiel in brandgefährdeten Waldgebieten.

Allgemeine Hinweise

■ Falls Sie kein Zimmer reserviert haben, wenden Sie sich am besten an die zuständige **Touristeninformation**, die eine Übersicht mit Preisliste aller Unterkünfte hat.

■ Beim **Einchecken** müssen Sie gewöhnlich ein Meldeformular ausfüllen und Pass oder Personalausweis vorlegen. Besonders bei preiswerten Unterkünften sollten Sie erst einmal das Zimmer in Augenschein zu nehmen, bevor Sie es buchen. **Auschecken** muss man in der Regel um 10 oder 11 Uhr.

Saisonale Tarife

■ Saisonabhängig differieren die Zimmerpreise erheblich, vor allem in den Feriengebieten der Provence zahlt man von April bis September oft deutlich mehr.

Preise
Pro Nacht im Doppelzimmer:
€   unter 100 Euro   €€   100–200 Euro   €€€   über 200 Euro

Essen und Trinken

Kaum eine andere Nation gibt sich mit so viel Stolz und Behagen dem Kochen und Speisen hin wie die Franzosen. Gutes Essen gehört daher auch zu den Highlights eines Provence-Urlaubs. Die Qualität und Vielfalt der einheimischen Küche genießen Sie am verlässlichsten und angenehmsten in den zahlreichen Bistros.

Regionale Küche

■ In der **Küstenregion** spielt natürlich Fisch die Hauptrolle – allem voran die Bouillabaisse. Delikat sind auch *moules frîtes* (überbackene Muscheln mit Pommes frites) oder *telines camarguais:* Meeresfrüchte mit aïoli (Knoblauch-Mayonnaise). Im Landesinnern dominieren Fleischgerichte, wie das Sisteron-Lamm mit seinem Geschmack nach wildem Thymian, Wildzubereitungen oder *bœuf gardian* (herzhafter Rindfleischeintopf mit Oliven).
■ In und um **Nizza** weist die Küche schon einen deutlichen italienischen Einschlag auf: Pizza, Pasta und *gelati* munden hier so gut wie jenseits der Grenze. Probieren Sie unbedingt *pissaladière* (Pizza mit Oliven und Zwiebeln), *petits farcis* (gefüllte Artischockenherzen, Zucchini und Tomaten), *beignets* (frittierte Auberginen oder Zucchini) und *socca* (Pfannküchlein aus Kichererbsenmehl).

Provenzalischer Wein

■ Rund ein Zehntel aller in Frankreich produzierten **Weine** kommt aus der Provence. Gute Kalkböden und das warme, trockene mediterrane Klima bringen geschmeidige, süffige Tropfen hervor, wie Côtes du Ventoux und Côtes du Lubéron, auch weltbekannte Edelgewächse wie Châteauneuf du Pape.
■ Einen hervorragenden Ruf unter den hiesigen Weinen genießen die fruchtigmarkanten Rosés, besonders Côtes de Provence und Bandol. Sehr aparte Tropfen sind die grünlich schimmernden, nach Myrthe schmeckenden Weißweine der kleinen Appellation Cassis und die ungemein fruchtigen aus Bellet.

Wohin zum Essen?

■ Man geht selten fehl mit **Restaurants**, die auch Einheimische bei festlichen Anlässen aufsuchen. Sie sollten jedoch rechtzeitig einen Tisch reservieren, in angemessener Garderobe erscheinen und sich Zeit nehmen. Und wenn Ihr Geldbeutel teure Experimente ausschließt, keine Bange: Überall gibt es kleine Restaurants mit schmackhaften, relativ preiswerten Drei-Gänge-Menüs! Eine gute Idee ist auch ein **Degustations-Menü**, das Sie zum Festpreis mit typischen Gerichten eines Restaurants bekannt macht.
■ In **Brasserien** geht es weniger förmlich zu, und man kann dort noch zu später Stunde speisen.
■ Bei **Bistros** handelt es sich in der Regel um kleinere, ungezwungene Lokale, selten opulenter Speisekarte, aber doch einer passablen Auswahl und ebensolchen Weinen. (Immer auf die Tafel mit den Tagesgerichten achten!)
■ Ein preiswertes **Tagesmenü** *(menu du jour)* bieten viele Lokale zur Mittagszeit, wo dann oft sogar ein Glas Wein weniger kostet als abends. Selbst Drei- oder Vier-Gang-Menüs zum Festpreis *(prix fixe)* rentieren sich dann.
■ Der **Service** ist normalerweise im Rechnungsbetrag enthalten *(service compris,* s. c.). Trinkgeld (5–10 Prozent) je nach Zufriedenheit.

Preise
Für ein Drei-Gänge-Menü ohne Getränke und Trinkgeld:
€ unter 25 Euro   €€ 25–50 Euro   €€€ über 50 Euro

Einkaufen

Einkaufen gehen kann in der Provence pures Vergnügen sein, ob man nun auf einem quirligen Markt Schatzsuche nach einheimischen Spezialitäten betreibt, in Boutiquen nach chicer Riviera-Mode stöbert oder im Käselädchen mit dem Inhaber fachsimpelt. Die Provence ist ein relativ teures Pflaster, doch man bekommt gewöhnlich für sein Geld auch gute Qualität. Schöne Souvenirs sind etwa Töpferwaren, Parfüm, Seife und Kosmetik, Olivenöl und Wein.

Öffnungszeiten

■ Wie lange **Geschäfte** offen sind, ist abhängig von Ladentyp, Ort und Saison – feste Regeln gibt es eigentlich nicht. Manche Läden schließen über Mittag (➤ 178).

■ **Tages- und Wochenmärkte** gibt es fast in jedem Ort, meist von 7 Uhr bis mittags. Oft sind es die Erzeuger selbst, die dort ihre Waren anbieten und Sie daher fachkundig beraten können.

Bezahlung

■ Läden in der Stadt oder größeren Touristenzentren akzeptieren in der Regel Zahlung mit Bank- oder Kreditkarte. Auf Märkten oder in kleineren Geschäften sieht man lieber Bargeld.

Einkaufstipps

■ **Lebensmittel** sind in Frankreich eine immens wichtige Angelegenheit. Vor allem kleine Läden beschränken sich häufig in klassischer Weise auf einen einzigen Warentyp – wie *boulangerie* (Bäckerei), *pâtisserie* (Feinbäckerei), *fromagerie* (Käseladen), *boucherie* (Fleischerei), *charcuterie* (Metzgerei) und *poissonnerie* (Fischgeschäft). Wichtigste kulinarische Mitbringsel aus der Provence sind Küchenkräuter und Olivenöl, für Süßmäuler außerdem kandierte Früchte aus Apt, *berlingots* (gestreifte Bonbons) aus Carpentras, weißer Nougat aus Montélimar, *marrons glacés* (glasierte Maronen) aus Collobrières und natürlich die Marzipanspezialität *calissons*. Schöne Souvenirs sind auch ein Sträußchen oder Säckchen Lavendel und Lavendel-Honig, sowie handgemachte Konfitüren.

■ Auf **Märkten** finden man neben frischem Obst und Gemüse oder Käse auch Handwerk und Kunstgewerbe von Korbwaren bis Keramik oder bunte provenzalische Textilien. In größeren Städten ist täglich irgendwo Markt, in kleineren wenigstens einmal wöchentlich. Halten Sie in Herbst und Winter Ausschau nach Steinpilzen und Trüffeln!

■ **Wein** aus der Provence und anderen Anbaugebieten Frankreichs wird allerorten in Läden unterschiedlichen Niveaus angeboten. Mehr Spaß macht es, direkt auf den Weingütern *(domaines)* einzukaufen – an der Rhône und im Lubéron gibt es richtige Weinstraßen. Achtung: Bei einer Verkostung wird erwartet, dass Sie mindestens eine Flasche erwerben!

■ **Grasse** und Umgebung sind berühmt für ihr **Parfüm**, Marseille für die hohe Qualität seiner – oft auf Olivenölbasis gefertigten – **Seifen**. Terrakotta und farbige Keramik gibt es überall zu kaufen, besonders feine **Fayencen** findet man in Moustiers-Ste-Marie, ebenso wie in Biot sehr schöne **Glasartikel**.

■ Frankreich ist Synonym für **exquisite Mode**, und so trifft man, vor allem in den Boutiquen der noblen Küstenorte, auf Konfektion sämtlicher gängigen Designer. Wer es bodenständiger mag, kauft farbenfreudige provenzalische Stoffe oder daraus gefertigte Schals, Tops und Blusen. Gute Adressen hierfür sind die Läden von Souleïado und Les Olivades.

Ausgehen

Ein außergewöhnliches Kulturerlebnis in der Provence ist sicherlich der Besuch einer Opern-, Theater- oder Konzertaufführung in den Amphitheatern von Arles und Orange. Einen besonderen Höhepunkt bildet jedes Jahr auch das quirlige Festival von Avignon. Wer es beschaulicher mag, besucht Kleinkunstbühnen in Cafés oder einen der verräucherten alten Jazz-Clubs. Informieren Sie sich anhand der Broschüren, die in Hotel-Foyers und Touristeninformationen ausliegen – darin findet man alle aktuellen Events, bis hin zu Sportveranstaltungen.

Kulturveranstaltungen

- In jeder größeren Stadt gibt es ein **Theater**, die Spielzeit läuft gewöhnlich von Oktober bis ins Frühjahr. Freie Bühnen, die oft Stücke hiesiger Dramatiker der Gegenwart auf dem Programm haben, spielen meist rund ums Jahr.
- Das Internationale **Theater-Festival von Avignon** ist jeden Juli ein Großereignis, mit ganz unterschiedlichen Spielstätten, vom Papstpalast (Palais des Papes) bis zum kleinen Café.
- Nicht minder auf seine Kosten kommt man auf **Festivals**, wie den seit 1869 stattfindenden Chorégies als ältestem Musikfestival der Provence in Orange, dessen Amphitheater dann Schauplatz opulenter Inszenierungen von Carmen oder La Traviata ist. In Aix-en-Provence findet seit 1948 jeden Sommer das Festival international d'Art Lyrique statt, mit Opernaufführungen und klassischen Konzerten im Hof des Erzbischöflichen Palais.
- Während bei den Musikfestivals in Aix und Orange vorwiegend Weltliches auf dem Programm steht, gibt es sommers in Nizza auch Konzerte mit **geistlicher Musik**, in verschiedenen Kirchen und der Abtei von Cimiez.
- Die Crème des internationalen **Jazz** trifft sich im Sommer gleichfalls in Cimiez zum Nizza Jazz Festival und zum Festival Jazz à Juan im nahe gelegen Juan les Pins (mit dem legendären Spielort La Pinède).
- Aix und Marseille richten jeden Sommer auch Festivals zum Modernen **Tanz** aus, und in Aix tritt das ganze Jahr über im Pavillon Noir das Ballet Preljocaj auf (www.preljocaj.org). Informationen zum Ballet National de Marseille unter www.ballet-de-marseille.com.

Nachtleben

- **Café-Bars**, auf dem Land eher Treffpunkt der Einheimischen auf ein Gläschen und eine Runde Billard, sind in Touristenzentren oft anspruchsvollere Adressen für den Drink nach dem Abendessen. Die im Sommer gewöhnlich bestuhlte Terrasse ist ideal zum Abhängen und Schauen. Bars in der Stadt sind meist schon um 7 Uhr morgens zum Frühstück geöffnet und schließen oft erst nach Mitternacht (in der Nebensaison eventuell schon um 21 Uhr). Jugendlichen unter 16 Jahren sind Zutritt und Alkoholkonsum (ab 14) nur in Begleitung Erwachsener gestattet.
- In größeren Städten und Touristenzentren existieren in der Regel interessante **Clubs**, deren Info-Flyer bei der Touristeninformation, in Musikläden und Cafés ausliegen. Manche haben ab 22 Uhr geöffnet, doch die Post geht erst nach Mitternacht ab. Elegante Kleidung ist obligatorisch. Falls ein Club Eintritt verlangt (oft an Wochenenden), ist der erste Drink meist inklusive.
- Beim Besuch eines **Casinos** ist Abendgarderobe unabdingbar, häufig muss man Eintritt entrichten. Die Spieltische sind meist von 22 bis 4 Uhr morgens in Betrieb. Das exklusivste Casino ist das von Monte-Carlo, wo nur ausländische Besucher über 18 Zutritt haben, vergessen Sie Ihren Ausweis nicht. Im mondänen Casino Ruhl in Nizza genießt man, neben dem Kitzel an Spieltisch oder -automaten, spektakuläres Cabaret zum Dinner.

Sport und Freizeit

- In den meisten Touristeninformation erhalten Sie Spezial-Broschüren zu Freizeitaktivitäten *(loisirs)*, von Pétanque *(Boule)* bis zu Schwimmbädern *(piscines)*, Tennis- und Golfplätzen.

- Das Kalksteingebirge des Lubéron und der Grand Canyon du Verdon sind Anziehungspunkt für **Bergsteiger** und **Kletterer** aus aller Welt. Informationen zu Training, Führungen und Ausrüstungsverleih (für Geübte) erteilt der Club Alpin de Français (www.clubalpin.com).

- **Radfahren** ist in Frankreich eine beliebte Freizeitbeschäftigung und höchst wichtige Sportart. Räder kann man in allen größeren Orten und Bahnhöfen mieten, und bei den Touristeninformationen bekommt man Tourenvorschläge, auch für Ausflüge mit dem Mountainbike *(vélo tous terrains – VTT)*. **Die Tour de France**, das nationale Sportereignis (www.letour.fr), führt während ihrer drei Wochen im Juli oft durch die Provence. Zuschauer, die sich einen guten Platz am Straßenrand sichern wollen, sollten frühzeitig aufbrechen: Schon geraume Zeit bevor das Feld eintrifft, werden die betreffenden Straßenabschnitte gesperrt. (Dafür kostet es keinen Eintritt.)

- Viele Flüsse hier, inklusive des spektakulären Grand Canyon du Verdon, eignen sich bestens zum **Kajak-** und **Kanufahren.** Boote und Ausrüstung kann man stundenweise, aber auch für einen oder mehrere Tage mieten. Auskunft, auch zu geführten Bootsausflügen, erteilt die Fédération Française de Canoë-Kayak (www.ffck.org).

- Die hiesigen Gewässer bieten reichlich Gelegenheit zum **Angeln** und **Fliegenfischen**. Eine entsprechende Lizenz erhält man in den Anglerläden.

- **Golfplätze** gibt es eine ganze Reihe, besonders an der Küste. Auskunft über Gebühren etc. erteilen die Touristeninformationen und die Fédération Française de Golf (www.ffg.org).

- **Fußball** spielt in Frankreich eine große Rolle. Die beiden bedeutendsten provenzalischen Clubs, Olympique (de) Marseille (erfolgreichster französischer Fußballverein!) und AS Monaco, sind auch international mit von der Partie. Der AS Monaco spielt im Stade Louis II (Tel. 377 92 05 74 73; www.asm-fc.com), Olympique de Marseille im Stade Vélodrome am Boulevard Michelet (Tel. 32 29; www.om.net). Die jeweilige Saison beginnt im August und endet im Mai.

- **Pferderennen** erfreuen sich ebenfalls großer Beliebtheit. Sie finden Rennbahnen *(hippodromes)* in Cagnes-sur-Mer (www.hippodrome-cotedazur. com) und Marseille (www.hippodrome-borely.com). **Reitausflüge** sind ideal zur Erkundung der faszinierenden Landschaft der Camargue. Reitclubs gibt es in den meisten größeren Städten, etwa in Les Milles bei Aix. Informationen bei der Fédération Française d'Équitation (www.ffe.com).

- Freunde des **Motorsports** streichen natürlich den Lauf zur Formel 1-Weltmeisterschaft in Monte-Carlo rot im Kalender an, der die Stadt jedes Jahr in eine exklusive Rennstrecke verwandelt (www.mcm.mc).

- **Segelschulen** und Bootsverleih haben fast alle Yacht- und anderen Häfen der Provence zu bieten (www.voilecotedazur.com). Auch auf den Bergseen der Alpes-de-Haute-Provence, wie dem Lac de Quinson und dem Lac du Castillon, wird fleißig Segel- und anderer Wassersport betrieben.

- **Windsurfing**-Schulen findet man an der gesamten Küste, Treffpunkt der Profis sind Stes-Maries-de-la-Mer und l'Almanarre bei Hyères.

- Die Provence ist durchzogen von einem Netz aus Spazier- und **Wanderwegen**. Fernwanderwege *(sentiers de grandes randonnées)* und kürzere Routen *(petites randonnées)* sind jeweils auf Landkarten eingezeichnet. Bei den Touristeninformation erhält man ausführliche Informationen zu Wanderungen in der jeweiligen Umgebung, inklusive markierter Wege. Kostenlose Wanderkarten einer Gegend gibt es oft auch im Rathaus.

Alpes-Maritimes

Erste Orientierung

Der Name dieser Region birgt bereits das Geheimnis ihrer Attraktivität: Alpes-Maritimes (Seealpen) – ideale Kombination von Meer und Gebirge. Kein Wunder, dass hier jedes Jahr Millionen Touristen einfallen – Seite an Seite mit den Millionären, die sich an der Französischen Riviera tummeln, in den Nobelorten Cannes, Antibes, Nizza und Monaco mit ihren Luxushotels, Sterne-Restaurants, Boutiquen und Häfen, auf deren glitzerndem Wasser schnittige Yachten schaukeln.

Man ist aber auch schnell all dem Betrieb an der Küste entflohen, wenn man ein paar Kilometer landeinwärts fährt, um dort gemächlich durch die von würzig duftendem Buschwerk (*garrique*) bestandene Landschaft zu streifen. Äußerst lohnend ist auch ein Besuch des Parc National du Mercantour mit seinen zerklüfteten Felsen und stillen Wäldern oder eine Fahrt zu pittoresken Bergdörfern wie Èze, St-Paul-de-Vence und dem noch küstennahen Kleinod Biot.

Als traditionelle Heimat der Künste brilliert die Provence heute mit einer Reihe ausgezeichneter Museen: Musée Matisse, Musée Chagall und MAMAC (Musée d'Art Moderne et d'Art Contemporain) in Nizza, Musée Picasso in Antibes, sowie dem Musée Renoir nahe Cagnes-sur-Mer. Einmalig sind auch Ambiente und Bestände der Fondation Maeght in St-Paul-de-Vence, eines der international führenden Museen moderner Kunst.

Die Region Alpes-Maritimes lässt mit ihrer bunten Vielfalt an landschaftlichen Reizen, verträumten Dörfchen, chicen Resorts und edlen Kunsttempeln eigentlich keine Wünsche offen – weshalb viele, die einmal hier waren, immer wieder kommen.

Seite 35: Palais Masséna in Nizza (Musée d'Art et d'Histoire)

Links: Karneval in Nizza – ein Blumenmeer!

★ Nicht verpassen!

Nach Lust und Laune!

3031 ▲
Mont Ténibre
enne-
Tinée
D2205

0   20 km

8
e de Pal   Isola

2241 ▲
Cime de l'Evêque

**Parc National
du Mercantour** 5

Guillaumes   St-Sauveur-
D28   Beuil   sur-Tinée

3143 ▲
Cime du Gélas

St-Martin-
Vésubie

E74 N204 Tende

2873 ▲
Mont Bégo

Roya

2137 ▲
Dôme de Barrot

2085 ▲
Mont Tournairet

Saorge

ALPES-MARITIMES   Lantosque

D2565

Breil-
sur-Roya

Puget-Théniers   N202

Var   Villars-
sur-Var

D2205

D2565

1504 ▲
Cime de
Rocca Seira

D2566

Roquesteron

Esteron   L'Escarène

SS20

Sospel

Montagne du Cheiron

▲ 1777
Cime du Cheiron

D2566

1264 ▲
Pic de Baudoin

Gréolières

Menton 13

Vence 6
D2201

Die Corniches 2 3 **Monaco**
E80 A8

Cap Martin

Nizza 1

12 **Villa Ephrussi
de Rothschild**

Fondation Maeght 4

N85

N202 N2085

11

N202

Cap Ferrat

7 **Grasse**

Cagnes-sur-Mer

N85   E80 A8

10 **Biot**

Siagne

N7

9 **Antibes**

8 **Cannes**

Cap d'Antibes

Mandelieu-la-Napoule

N7

Îles de Lérins

Miramar

In drei Tagen

Wer sich nicht schlüssig ist, auf welchen Wegen er die Region erkunden soll, findet hier Anregungen für eine entspannte dreitägige Tour durch die Alpes-Maritimes. Die einzelnen Stationen sind auch auf der Karte auf der vorhergehenden Seite eingezeichnet, und falls Sie mehr über ein bestimmtes Ziel wissen möchten, blättern Sie einfach weiter zu den Seiten, wo es ausführlich beschrieben ist.

Erster Tag

Vormittag
Ein schöner Tagesbeginn wäre der bunte Trubel am Cours Saleya (► 42) in ❶ Nizza (► 40ff), einem der schönsten Straßenmärkte Frankreichs für Blumen, Obst und Gemüse: Hier baden Sie förmlich in Düften und Farben der Provence (unten). Danach können Sie sich in einem benachbarten Café niederlassen und das Treiben ringsum beobachten. Anschließend bietet sich ein Bummel durch die schattigen Gässchen der Altstadt an (► 42), mit aparten Boutiquen, Kunstgalerien und Restaurants zum Mittagessen.

Mittag
Mit etwas Glück erwischen Sie einen freien Tisch im La Mérenda (4, rue Raoul Bosio, kein Tel.), einem winzigen Restaurant mit Nizzaer Spezialitäten nahe Cours Saleya.

Nachmittag
Idyllisch in Olivenhainen liegt eines der schönsten Museen oberhalb von Nizza: das Musée Matisse (► 43). Sehenswert ist auch die Sammlung französischer und amerikanischer Kunst ab den 1960er-Jahren, die das Musée d'Art Moderne et d'Art Contemporain (MAMAC) beherbergt (► 43).

Abend

Vor dem Besuch der Opéra von Nizza (► 62) ein Bummel über die palmengesäumte Promenade des Anglais, als Ausklang des Tages ein Diner im La Petite Maison (11, rue St-François-de-Paule, Tel. 04 93 92 59 59).

Zweiter Tag

Vormittag

Nicht nur die Kunstsammlung der **4** **Fondation Maeght** (► 51) bei St-Paul-de-Vence, auch der charmante Ort selbst (links) ist einen Ausflug wert. In steilen Kopfsteinpflaster-Gassen wechseln sich Kunstgalerien mit chicen Lädchen ab.

Mittag

Ein leichtes Mittagsmahl auf der Terrasse des Café de la Place (Place Général de Gaulle, St-Paul-de-Vence, Tel. 04 93 32 80 03) mit Blick auf die Einheimischem beim Pétanque?

Nachmittag

Von den kühnen Serpentinen der **2** **Moyenne Corniche** (► 44ff) zwischen Nizza und Monaco genießt man einen atemberaubenden Panoramablick. Als Zwischenstopp bietet sich das postkartenidyllische Bergdörfchen Èze (► 45) an. In **3** **Monaco** (► 48ff) lockt das weltberühmte Musée Océanographique (► 49) mit Attraktionen für alle Altersgruppen.

Abend

Die Straßen von Monaco-Ville mit brunnenbestandenen Plätzen und Fassaden in italienischem Stil sind besonders stimmungsvoll im Abendlicht. Im Le Castelroc (Place du Palais, Tel. 03 77 93 30 36 68) gegenüber dem Palais Princier (► 48) kann man sich mit monegassischer Küche verwöhnen lassen, um anschließend im Casino (Place du Casino, Monte Carlo, ► 49f, 62) sein Glück zu versuchen.

Dritter Tag

Packen Sie Ihren Picknickkorb zu einem Tag im **5** **Parc National du Mercantour** (rechts, ► 52f). Seine Bergwelt, mit klaren Seen, dunklen Wäldern und grünen Matten, versetzt jeden Naturliebhaber in Entzücken.

❶ Nizza

Nizza, Verwaltungssitz des Départements Alpes-Maritimes, ist auch sonst eine Art Hauptstadt der Riviera mit deutlich italienischen Zügen. Hier tobt vor Beginn der Fastenzeit das Leben beim Karneval (*Mardi Gras*), dem bedeutendsten Ereignis an der Riviera während der Wintersaison. Weil die rebenbepflanzten Ausläufer der Seealpen Nizza so malerisch umfangen, zog es hierhin stets zahlreiche Künstler – mit dem Ergebnis, dass es heute nach Paris die französische Stadt mit den meisten Museen und Kunstgalerien ist.

Seit seiner Gründung im 4. Jahrhundert v. Chr. hatte Nizza
unterschiedlichste Herren, unter ihnen Griechen, Römer und
Savoyer. Mit Savoyen fiel es auch 1860 im Vertrag von Turin
an Frankreich und erlebte danach seine erste touristische Blüte als Winterresidenz Erholung suchender Engländer.

Nizza-Highlights

Die damals angelegte **Promenade des Anglais** rings um
die Baie des Anges (Bucht der
Engel) ist im Norden gesäumt
von einer Schnellstraße und
den opulenten Fassaden von
Luxushotels der Belle-Époque,
darunter das weltbekannte
Négresco. Nizzas kilometer-
lange Strandpromenade ist
bei schönem Wetter voller
Flaneure, Skater und Sonnen-

**Links: Boote
im Hafen von
Nizza**

**Oben: Panora-
mablick von
der Colline du
Château**

anbeter und endet an der **Colline du Château** zwischen
Strand und Hafen. Von dem mittelalterlichen Fort, das einst
hier stand, ist nichts mehr zu sehen, doch genießt man auf
der luftigen Höhe des Hügels schattige Gärten und einen
wunderbaren Blick auf den betriebsamen alten Hafen, die
Stadt und das Meer.

An der begrünten Promenade Paillon, die Alt- und Neustadt
trennt, residiert das MAMAC (➤ 43), und rings um Nizzas
großen Hauptplatz, die **Place Masséna**, findet man Pracht-

HÔTEL NÉGRESCO

Das Gästebuch des 1912 eröffneten Hotels (➤ 59) liest sich wie ein Who-is-
who internationaler Prominenz, von Winston Churchill über Charlie Chaplin,
Edith Piaf, Elizabeth Taylor und Richard Burton bis zu Pablo Picasso und
den Beatles. Die Inneneinrichtung ist inspiriert von Versailles, außen erinnert das Gebäude mit seinen verspielten Formen in Weiß und Rosa an eine
Hochzeitstorte. Tipp: Der Haupteingang ist an der Rückseite!

boulevards und Designer-
Shops. In den schmalen
Sträßchen der Fußgängerzone
gibt es zahlreiche Spezialitä-
tengeschäfte und preiswerte
Restaurants. Am Ostende der
Bucht wartet die Altstadt
(*Vieux Nice*) mit einem Gewirr
dunkler Gassen, wo neben
Blumenschmuck auch Wäsche
auf der Leine flattert, über

Cafés, quirligen Märkten und stillen Plätzen. Dies ist das tren-
digste und lebendigste Viertel der Stadt, vor allem um den
Cours Saleya herum, wo täglich einer der schönsten Obst-
und Gemüsemärkte Frankreichs aufgebaut wird, der mit seinem
Reichtum an Farben, Düften und Aromen schier überwältigt.
Abends ist der Platz, als Zentrum des Nachtlebens von Nizza,
nun voll belegt mit Tischen der Cafés und Restaurants.

Im Norden der Stadt, auf dem Berg **Cimiez**, ist ihr wohl
schönstes Wohnviertel, mit wahrhaft palastartigen Anwesen.
In einer jener alten Villen verbrachte der Maler Henri Matisse
seine letzten Lebensjahre (heute **Musée Matisse**, ► 43). In der
Nähe kann man die Ruinen einer **Römersiedlung** erkunden,

**Oben: Sommer-
liche Abend-
mahlzeit auf
dem Cours
Saleya**

mit Amphitheater, gepflasterten
Straßen und öffentlichen Bädern: *Les Arènes*, wo es auch ein
Museum mit Ausgrabungsfun-
den gibt. Hier in Cimiez steigt
jährlich im Juli das renommier-
teste Jazz-Festival Europas.

Von weitem schon sieht man
im Viertel St-Etiénne die grünen Kuppeln der **Russisch-
Orthodoxen Kirche St-Nicolas**
schimmern. Der im Innern mit
kostbaren Ikonen, Fresken und
Kultgegenständen ausgestattete
Bau entstand 1912 auf Veranlas-
sung Nikolaus' II., des letzten
russischen Zaren, und ist noch
heute ein architektonisches
Highlight der Stadt.

**Enger Treppen-
weg in der
Altstadt**

NIZZA: INSIDER-INFO

Top-Tipps: Mit der **Carte Musées Ville de Nice** (7 Euro für 7 Tage, erhältlich
bei der Touristeninformation) hat man freien Zutritt zu vielen Museen
der Stadt.
■ Der Eintritt in städtische Museen ist frei am 1. und 3. So im Monat.

Geheimtipp: Weniger bekannt, aber durchaus sehenswert sind das **Museum
für Asiatische Kunst** (Musée des Arts Asiatiques de Nice, 405, pomenade des
Anglais) und das **Musée International d'Art Naif Anatole Jakovsky** an der Avenue de
Fabron, mit naiver Kunst aus aller Welt.

TOP-MUSEEN AUF EINEN BLICK

Musée d'Art Moderne et d'Art Contemporain

➕ 196 D2
✉ Promenade des Arts
☎ 04 97 13 42 01; www.mamac-nice.org
🕐 Di–So 10–18 Uhr
💶 preiswert, Eintritt frei am 1. und 3. So im Monat

Der imposante Bau mit vier weißen Türmen, verbunden durch einen kühnen Glas-und-Stahl-Bau, beherbergt eine hochkarätige Sammmlung moderner und zeitgenössischer Kunst: darunter amerikanische Pop-Art der 1960er-Jahre (Lichtenstein, Warhol) und französischen Nouveau Réalisme (► 14). Von der Dachterrasse hat man einen phantastischen Blick auf die Stadt.

Musée Matisse

➕ 196 bei C3
✉ 164, avenue des Arènes de Cimiez
☎ 04 93 81 08 08; www.musee-matisse-nice.org
🕐 Mi–Mo 10–18 Uhr
💶 preiswert

Henri Matisse (► 14), Kopf der Fauvisten und einer der angesehensten Künstler Frankreichs, lebte ab 1917 in Nizza. Das Museum in der alten Villa in Cimiez, seinem letzten Wohnsitz, vermittelt durch Gemälde, Gouachen, Zeichnungen und Skulpturen einen repräsentativen Überblick seines Schaffens.

Musée National Message Biblique Marc Chagall

➕ 196 C3
✉ Avenue de Dr Ménard, Boulevard du Cimiez
☎ 04 93 53 87 20; www.musee-chagall.fr
🕐 Mi–Mo 10–17 oder 18 Uhr
💶 mittel

In einem Park am Fuße des Cimiez widmet sich seit 1973 dieses Museum der Auseinandersetzung Chagalls mit der Bibel, in Gemälden, Mosaiken und Glasarbeiten. Der 1897 in Russland geborene Künstler verbrachte die letzten vier Lebensjahrzehnte in der Provence und starb 1985 in St-Paul-de-Vence.

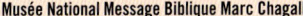

KLEINE PAUSE

Zelebrieren Sie ein fischfröhliches Mahl zu moderatem Preis im L'Âne Rouge, mit Blick auf den Hafen (7, quai des Deux-Emmanuel, Tel. 04 93 89 49 63).

Touristeninformation
➕ 196 B1 ✉ 5, promenade des Anglais
☎ 08 92 70 74 07; www.nicetourisme.com
🕐 Sommer Mo–Sa 8–20, So 9–19 Uhr; Winter Mo–Sa 9–18 Uhr

Musée Archéologique de Cimiez
➕ 196 bei C3 ✉ 160, avenue des Arènes ☎ 04 93 81 59 57
🕐 Mi–Mo 10–18 Uhr. Führungen auf Anfrage 💶 mittel

Cathédrale Orthodoxe Russe St-Nicolas
➕ 196 A2 ✉ Avenue Nicolas-II ☎ 04 93 96 88 02 🕐 Mo–Sa 9.15–12,
14.30–18 Uhr (Winter 17 oder 17.30 Uhr) 💶 preiswert

2 Die Corniches

Drei berühmte Küstenstraßen führen an der Riviera über die wild zerklüftete Steilküste zwischen Nizza und Menton: Grande, Moyenne und Basse Corniche schlängeln sich in teils gewagten Kurven hier entlang, mit einmaligem Panoramablick.

Die **Grande Corniche**, am höchsten gelegen und einst von Napoléon auf Spuren der antiken Via Julia Augusta gebaut, durchquert eine Reihe malerischer Bergdörfer – ideal für Picknick und Naturgenuss. Großzügig modern gibt sich darunter die **Moyenne Corniche**, die unmittelbar an den Klippen entlangführt – mit Haarnadelkurven, Tunneln und atemberaubenden Fernblicken nach wie vor eine perfekte Kulisse für Autoreklame und Verfolgungsjagden in bewegten Bildern. Die im

Traumhafter Blick vom Kakteengarten in Èze

La Turbie, überragt vom Tropaeum Alpium

18. Jahrhundert vom Prinzen von Monaco angelegte **Corniche Inférieure** wiederum verbindet direkt an der Küste die anderen Nobelorte der Riviera mit Monaco.

Zu sehen gibt es an diesem Küstenstreifen jedenfalls wirklich genug, angefangen mit **Èze**, dem Musterfall eines provenzalischen Bergdorfes, abenteuerlich auf einer Felsspitze thronend. Kommt man an einem klaren Tag dorthin (nach zehnminütiger Fahrt von Nizza oder Monaco über die Moyenne Corniche), genießt man von diesem *Nid d'Aigle* (Adlerhorst) einen phantastischen Blick bis nach Korsika. An ockerfarbenen Feldsteinhäusern vorbei und über ein Labyrinth steiler Pfade gelangt man zur über 429 m hoch gelegenen Burgruine, umgeben von einem exotischen Kakteengarten (Jardin Exotique, links).

Skulpturendetail an der Westfassade des Tropaeum Alpium

Lohnend ist auch ein Gang durch die Kunstgewerbelädchen in den Felshöhlen – kleine Schatzkisten voll Antiquitäten und Objekten aus Keramik, Zinn oder Olivenholz. Am Fuße des Hügels unterhalten die Parfümhersteller Galimard und Fragonard höchst interessante Museen.

Etwas weiter östlich, an der Grande Corniche, liegt das Dorf **La Turbie**, schon von fern erkennbar an einem hoch aufragenden römischen Monument (*La Trophée des Alpes*, lat. *Tropaeum Alpium*) zu Ehren des Kaisers Augustus, der vor der Zeitenwende die Region eroberte. Es gibt ein kleines Museum, das die Restaurierung des Denkmals dokumentiert, und von der Terrasse auf der Rückseite hat man einen wunderbaren Fernblick auf die Felsküste.

An der Corniche Inférieure (wie die Basse Corniche auch genannt wird) lockt in der Nähe von Nizza das mittelalterliche Städtchen **Villefranche-sur-Mer**, einst als Freihafen gegründet und heute ein pittoreskes, vergleichsweise noch natürliches Seebad mit italienischer Prägung: rote und orangefarbene Fassaden, nette kleine Bars, Cafés und Restaurants am Wasser. Lassen Sie sich nicht schrecken vom beschwerlichen Aufstieg in die Altstadt, über steile Treppen und mäandernde schmale Gässchen: Allein die wuchtige Zitadelle aus dem 16. Jahrhundert ist es wert, auch wegen ihrer Galerie mit Werken einheimischer Künstler, darunter Picasso und Miró.

Tief ins blaue Mittelmeer erstreckt sich die Halbinsel **Cap Ferrat** mit luxuriösen Anwesen hinter dicken Mauern und Hecken – wenigstens deren schönstes, die Villa Ephrussi de Rothschild (▶ 56f), kann man besichtigen. An diesem Kap gaben sich schon immer die Reichen und Berühmten ein Stelldichein, von Schriftstellern wie William Somerset Maugham und Sängerinnen wie Edith Piaf bis zu Filmstars wie Charlie Chaplin und David Niven. Wer sich Appetit zum Mittagessen im ehemaligen Fischerdorf St-Jean-Cap Ferrat anlaufen möchte, kann auf einem Küstenpfad die Halbinsel umrunden, vorbei an verschwiegenen kleinen Buchten.

An der Ostseite des Cap Ferrat liegt **Beaulieu-sur-Mer** von Hügeln umgeben wie in einem natürlichen Amphitheater. Hierdurch von ausgesprochen mildem Klima, hat es außer einer eleganten Strandpromenade auch ein vornehmes Casino zu bieten sowie als architektonische Sehenswürdigkeiten die Belle-Époque-Villa Rotonde und die ausgefallene Villa Kérylos des

Blick auf Villefranche-sur-Mer und seinen Hafen

Althistorikers Théodore Reinach – exakter Nachbau eines altgriechischen Wohnhauses.

Zwischen Monaco und Menton stößt man wieder auf einen zweigeteilten Ort: **Roquebrune-Cap Martin**. Oben am Kliff schmiegt sich das mittelalterliche Roquebrune (»brauner Fels«) mit blumengeschmückten Gässchen um die Burg aus dem 10. Jahrhundert, unten am Wasser liegt der Küstenort Cap Martin mit der Promenade Le Corbusier – einem Rundweg um das ganze Kap, vorbei an schmucken Villen in üppig grünenden Gärten.

 KLEINE PAUSE

Am Ortseingang von Roquebrune liegt das beliebte Höhlen-Restaurant **La Grotte** (Place des Deux-Frères, Tel. 04 93 35 00 04, Di/Mi geschl.). Genießen Sie dort das Tagesgericht *(plat du jour)*! In Èze gibt es leckere Crêpes bei **Le Cactus** im alten Torbogen (Tel. 04 93 41 19 02, Feb.–Okt).

Touristeninformationen

➕ 189 D2 ✉ Jardin François-Binon, Villefranche-sur-Mer ☎ 04 93 01 73 68

➕ 189 E2 ✉ 59, avenue Denis Semeria, Cap Ferrat ☎ 04 93 76 08 90

➕ 189 E2 ✉ Place de Gaulle, Èze ☎ 04 93 41 26 00

➕ 189 E2 ✉ Place Clemenceau, Beaulieu-sur-Mer ☎ 04 93 01 02 21

➕ 189 E2 ✉ 218, avenue Aristide Briand, Roquebrune-Cap Martin ☎ 04 93 35 62 87

3 Monaco

Monaco ist der nach dem Vatikan kleinste souveräne Staat der Erde – zwei mit Wolkenkratzern bestandene Quadratkilometer zwischen Gebirge und Meer, zugleich im doppelten Sinne ein exklusiver Hafen für reiche Weltbürger, die gerne Steuern sparen.

Das Fürstentum Monaco umfasst neben den engen Gassen und pastellfarbenen Häusern der Altstadt das moderne **Monte Carlo** mit dem berühmten Casino und sündhaft teuren Läden. Angesichts jenes unbekümmert protzenden Reichtums vermag man sich kaum noch vorzustellen, welch bewegtes Schicksal die Halbinsel einst hatte, als ewiger Zankapfel zwischen Frankreich, Spanien und Savoyen. Immerhin seit 700 Jahren herrscht hier nun die Familie Grimaldi als älteste »diensthabende« Monarchie der Welt.

Die hoch gelegene Altstadt **Monaco-Ville** erreicht man entweder über einen steilen Anstieg von der Place d'Armes oder per Aufzug vom Parking des Pêcheurs am Wasser. Das Gewirr kleiner Kopfsteinpflastergassen auf dem »Roque«, einer gerade mal 800 m langen Landzunge, ist ein schöner Flanierkurs mit seinen charmanten kleinen Plätze, plätschernden Brunnen und Häusern im italienischen Stil.

Am westlichen Ende der Altstadt erhebt sich, inmitten opulenter Gärten, das **Palais Princier**. Im Sommer, wenn der Regent Albert II. anderswo weilt, gibt es Führungen durch die fürstlichen Gemächer und das kleine Musée Napoléon im Südflügel des Palastes. Ist der Fürst anwesend (dann flattern die Farben der Dynastie auf dem Turm), muss man sich mit dem Spektakel des Wachwechsels (täglich gegen 12 Uhr)

Wohntürme im Millionärsrefugium Monte Carlo

Das berühmte Casino

genügen. Die nahe Kathedrale **Notre Dame Immaculée**, 1875 aus Einnahmen des Casinos erbaut, beherbergt ein kostbares Retabel von Louis Bréa, dem wichtigsten Repräsentanten der um 1500 tätigen Schule von Nizza (▶ 14). In der Kirche befindet sich außerdem die Grablege der Grimaldi, wo auch Fürstin Gracia Patricia (1929–82) bestattet ist.

Hoch auf einer Klippe prangt der grandiose Bau des renommierten **Musée Océanographique**, ein spektakuläres Aquarium und meereskundliches Museum. Hier unterhielt auch sein ehemaliger Direktor Jacques Cousteau ein Forschungszentrum – seine bemerkenswerten Filme laufen regelmäßig im Kino des Museums. Faszinierend sind die raffiniert beleuchteten Aquarien mit Tausenden seltener Fische und lebenden Korallen. Sogar eine Lagune mit Haien fehlt nicht …

Im Westen der Stadt erstreckt sich das quirlige Geschäftsviertel **La Condamine** mit dem Hafen. Es ist vergnüglich, hier entlang zu wandern und die schnittigen Millionärs-Yachten zu bestaunen, aber auch ein Erkundungsgang durch die Sträßchen lohnt sich, mit all den tollen Läden und guten Restaurants. Neulandgewinnung aus dem Meer war die Basis für den Stadtteil **Fontvieille** mit modernen Wohn- und Geschäftsvierteln,

Der Prachtbau des Musée Océanographique

Hafen, Sportstadion und dem Rosengarten Princesse Grace, wo 4000 Rosen um die Wette duften. Mit einer üppigen Pflanzenwelt lockt auch der im Stadtteil Les Moneghetti unweit der Moyenne Corniche gelegene **Jardin Exotique** (Abb. ▶ 50).

Das weltberühmte, mondäne **Casino** ist in jedem Fall einen Besuch wert, auch wenn man nicht spielen möchte. Das Innere prunkt à la Belle-Époque in Rosa, Grün und Gold, mit Marmorböden und Bronzeskulpturen. Zur Linken befinden sich das Café de Paris und die Salons Américains mit ratternden Poker-Automaten (Eintritt frei). Zehn Euro kostet der Eintritt in das Herz des Casinos,

die Salons Européens mit Blackjack-, Würfel- und Roulette-Tischen; weitere zehn Euro sind der Schlüssel zu den prachtvollen Salons Privés. Das hübsche kleine Opernhaus beim Casino sieht regelmäßig die besten Sänger der Welt auf der Bühne, und was man unbedingt erlebt haben muss: die abendlich verschwenderisch beleuchtete Place du Casino.

KLEINE PAUSE

Schulter an Schulter mit »Beautiful people« sitzt man in Monte-Carlo auf der Sonnenterrasse des **Zebra Square**, eines chicen Restaurants (10, avenue Princesse-Grace, Tel. 377 99 99 25 50), oder bei **Stars 'n' Bars** (6, quai Antoine I in La Condamine, Tel. 377 97 97 95 95, Winter Mo geschl.), einem beliebten Bar-Restaurant im amerikanischen Stil.

Touristeninformation
✚ 197 C3
✉ 2a, boulevard des Moulins
☎ 377 92 16 61 16;
www.visitmonaco.com;
www.monaco-tourisme.com
🕐 Mo–Sa 9–19, So 10–12 Uhr

Palais Princier
✚ 197 A2 ✉ Place du Palais☎ 377 93 25 18 31
🕐 April tägl. 10.30–18, Mai–Sept. 9.30–18.30, Okt. 10–17.30 Uhr. Nov.–März geschl. 🖐 mittel

Casino
✚ 197 C3 ✉ Place du Casino ☎ 377 98 06 21 21
🕐 Salons Européens ab 14 Uhr; Salons Privés ab 16 Uhr 🖐 teuer

Musée Océanographique
✚ 197 B1 ✉ Avenue St-Martin ☎ 377 93 15 36 00
🕐 Okt.–März tägl. 10–18 Uhr; Apr.–Juni, Sept. 9.30–19 Uhr; Juli–Aug. 9.30–19.30 Uhr 🖐 teuer

Jardin Exotique de Moneghetti
✚ 197 bei A3
✉ Nähe Moyenne Corniche
🕐 15. Mai–15. Sept. tägl. 9–19 Uhr (Winter bis 18 Uhr bzw. Einbruch der Dunkelheit) 🖐 mittel

Oben: Der Jardin Exotique de Moneghetti

MONACO: INSIDER-INFO

Top-Tipps: Gültige Währung in Monaco ist der Euro.
- Nicht während des **Grand Prix** im Mai kommen (nur absolute Formel-1-Freaks): Dann ist die Stadt total überlaufen und viele Straßen sind gesperrt.
- Zutritt zum **Casino** hat man erst ab 18. Also Ausweis nicht vergessen (sowie Jackett und Krawatte)!
- Quer durch Monaco fahren **Busse** (7–21.30 Uhr).
- Schön ist zur Abwechslung ein Blick auf die Stadt vom **Schiff** aus (vom Quai des États-Unis, Port d'Hercule, Tel. 377 92 16 15 15).

Geheimtipp: Eine Oase der Stille ist der **Japanische Garten** (Jardin Japonais) nahe der Larvotto-Bucht.

4 Fondation Maeght

Der 1964 eröffnete Bau ist eines der international bedeutends-
ten Museen für moderne Kunst. Die Stiftung ist benannt nach
Aimé und Marguerite Maeght, die mit großen Künstlern ihrer
Zeit befreundet waren. Daher bilden Werke von Matisse, Miró,
Braque, Bonnard und Chagall den Grundstock der Sammlung.

**Skulptur Mirós
auf dem
Gelände des
Museums**

Das Museum steht malerisch in einem Schirm-
pinienhain unweit des Bergdorfes St-Paul-
de-Vence, umgeben von einem Park voller
Skulpturen, Mosaiken und Wandgemälde.
Architektonisch harmoniert das Gebäude –
durch markante Fenster, Oberlichte im
Dach mit außergewöhnlichen zylindrischen
»Segeln« darauf – perfekt mit der Natur
ringsum.

Die beständige Sammlung von Kunst des
20. Jahrhunderts glänzt mit Werken beinahe
aller renommierten Künstler der vergange-
nen fünf Jahrzehnte. Zu den Höhepunkten
gehören die Cour Giacometti (ein gefliester
Innenhof mit den typischen überlängten
Figuren des Bildhauers), Chagalls Riesen-
gemälde *Das Leben* (*La Vie*) und das Miró-
Labyrinth, ein phantastisches Ensemble von Brunnen, Bäumen,
Mosaiken und Skulpturen.

Das nahe gelegene Hügeldorf **St-Paul-de-Vence** wurde in
den 1920er-Jahren von einer Gruppe brotloser junger Künstler
als Refugium entdeckt, darunter Paul Signac, Pierre Bonnard,
Amedeo Modigliani und Chaim Soutine – sie logierten in der
Auberge de la Colombe d'Or und zahlten die Miete einfach
mit Gemälden. Auch Marc Chagall, der hier begraben liegt,
zog es wie viele andere Maler in den pittoresken Ort (wohl
einer der schönsten der ganzen Provence), dessen Gassen heute
reichlich von Kunstgalerien gesäumt sind.

KLEINE PAUSE

Das **Café** des Museums ist ein schöner Platz zum Mittagessen.

🞧 189 D2
✉ St-Paul-de-Vence
☎ 04 93 32 81 63; www.fondation-maeght.com
🕐 Juli–Sept. tägl. 10–19, Okt.–Juni 10–18 Uhr 💶 teuer

FONDATION MAEGHT: INSIDER-INFO

Geheimtipp: Unbedingt besichtigen: die **Kapelle** (Erinnerungsstätte an den
im Kindesalter an Leukämie verstorbenen Sohn der Maeghts) mit Glasfenstern
von Braque, Ubec und Marq.

5 Parc National du Mercantour

Frankreichs einziger Nationalpark erstreckt sich rund 130 km durch die Seealpen, entlang der Grenze zu Italien. Auf seinem Gebiet liegen Naturschönheiten wie die Täler von L'Ubaye, Tinée, Var, Vésubie und Roya, und einige seiner majestätischen Berggipfel sind veritable Dreitausender, darunter der Cime du Gélas und der Mont Clapier. In den Tälern um den Mont Bégos im Osten finden sich bronzezeitliche Felsritzungen, doch allein die abwechslungsreiche Flora und Fauna und das milde Klima machen einen Besuch zum Vergnügen.

Das Städtchen **Tende** an der Roya ist Hauptausgangspunkt von rund 600 km markierter Wanderpfade im Park. Man startet in einer mittleren Höhe von etwa 500 m, wo noch grünes Weideland die Szene beherrscht, und steigt dann allmählich hinauf zur Baumgrenze, wo man Kiefern und Lärchen hinter sich lässt zugunsten von Bergwiesen, tiefen Schluchten, steilen Gipfeln, eisigen Gletschern und klaren Bergseen, deren größter der über 2 km hoch gelegene **Lac d'Allos** ist.

Für Wanderer wie Bergsteiger ist der Park gut erschlossen. Er bietet ein dichtes Wegenetz, durch das auch mehrere europäische Fernwanderwege führen (z. B. GR5 und GR52), großenteils mit Übernachtungsmöglichkeiten (Reservierung erforderlich!). Auch die Betreuung durch Bergführer und Parkranger ist gut organisiert. Die höher gelegenen Regionen sind etwa von Mitte Oktober bis Mitte Juni nicht zugänglich wegen des Schnees.

Flora und Fauna

Die Artenvielfalt im Park ist enorm und umfasst teils bedrohte Tierarten wie Wildschwein, Murmeltier,

PARC NATIONAL DU MERCANTOUR: INSIDER-INFO

Top-Tipps: Im Park **verboten** sind: Blumenpflücken, Camping, Lagerfeuer, Haustiere und Abfallbeseitigung.

- Nach aktuellen Wetterverhältnissen und Zustand der Wege fragen Sie am besten bei den **Maisons du Parc** in Barcelonette, Valberg, St-Etienne de Tinée, St-Martin Vésubie oder Tende, wo man auch Unterkünfte buchen kann (www.parc-mercantour.eu).
- Das topmoderne **Musée des Merveilles** in Tende informiert anschaulich über Flora, Fauna, archäologische Funde, Kultur und Lebensstil des Vallée des Merveilles.

Ein Muss! Eine der aufregendsten Exkursionen im Park ist eine **Trekking-Tour zum Vallée des Merveilles**, einem Tal im Oberlauf der Roya (links), wo es an den Felswänden Tausende frühgeschichtlicher Zeichnungen zu bewundern gibt (ebenso im **Vallée de Fontanalbe**). Sie entstanden um 1800–1500 v. Chr. in der Bronzezeit und stellen – stark abstrahiert – Hände, Waffen, Werkzeuge und Hörner dar. Führungen ab Refuge des Merveilles im Juli und Aug. tgl. 7.30, 11 und 15 Uhr. Parkplatz an der D91 beim Lac des Mesches, von wo ein Pfad zum Refuge des Merveilles führt (3 Std. Fußweg).

Trekking im Vallée des Merveilles (Tal der Wunder) Gämse, Alpensteinbock und Mufflon. Im Frühling, wenn auch bunte Schmetterlinge über die Wiesen taumeln, blühen Glockenblumen und blauer Enzian. Die ausgefallenste, nur hier heimische Pflanze ist eine Steinbrech-Art (*Saxifraga florulenta*), die in 30 Jahren ein einziges Mal blüht. Der Himmel über den Gipfeln ist bevölkert von Steinadler, Bartgeier und Falke, in niedrigeren Regionen von Alpenschneehuhn, Buntspecht, Wiedehopf, Bergfink, Ortolan (Gartenammer) und Felsammer.

KLEINE PAUSE
Mahlzeiten in den **Schutzhütten** muss man vorbestellen.

✚ 189 D4

Mercantour Information
✚ 188 B4 ✉ Parc National du Mercantour, Centre Accueil Valberg, 1, rue St-Jean, 06470 Valberg ☎ 04 93 02 58 23; www.parc-mercantour.eu ⏰ tägl. 10–13, 15–19 Uhr im Sommer; im Winter unregelmäßige Öffnungszeiten

Musée Départemental des Merveilles
✉ Avenue du 16 Septembre 1947, 06430 Tende ☎ 04 93 04 32 50; www.museedesmerveilles.com ⏰ Juli–Aug. tägl. 10–18.30 Uhr; Mai–Juni und Sept. bis Mitte Okt. Mi–Mo 10–18.30 Uhr; Mitte Okt.–April Mi–Mo 10–17 Uhr. Geschl. Mitte März und Mitte Nov. 🎟 Eintritt frei

HINTERGRUND
Der Park gehörte ursprünglich zu Italien und war ein königliches Jagdrevier. Nach dem Zweiten Weltkrieg blieb der größte Teil bei Frankreich, das das Areal immer mehr ausweitete und 1979 zum Nationalpark machte. 1993 wurde er vom Europarat offiziell als geschütztes Gebiet deklariert.

Nach Lust und Laune!

6 Vence

Ein Magnet für Künstler war das wenige Kilometer von Cannes und Antibes landeinwärts gelegene Vence: Hauptsehenswürdigkeit ist die **Chapelle du Rosaire** (► 14) in einem ihrer nördlichen Vororte mit Ausschmückung von Henri Matisse, als Dank für die Hilfe von Dominikaner-Schwestern während einer ernsthaften Erkrankung. Mit kraftvollem schwarzem Strich entstand eine Darstellung der Passion Christi, in farbiges Licht getaucht durch das Buntglas der Fenster.

Lauschiger Winkel in Vence

Auf der Place du Frêne und Place du Peyra in der hübschen Altstadt sprudeln Brunnen mit bestem Mineralwasser. Von hier aus kann man einen schönen Bummel machen: die von ausgezeichneten Delikatessläden gesäumte Rue du Marché hinab zur Place Clemenceau. Dort erhebt sich die **Kathedrale**, erbaut im 10. Jahrhundert auf den Trümmern eines antiken Tempels. In die Mauern ließ man römische Grabsteine ein, im Baptisterium schuf Marc Chagall ein Mosaik.
✚ 188 C2

Touristeninformation
✉ Place du Grand-Jardin
☎ 04 93 58 06 38; www.vence.fr

Chapelle du Rosaire
✉ Avenue Henri-Matisse ☎ 04 93 58 03 26 🕑 Mo, Mi, Sa 14–17.30, Do 10–11.30, 14–17.30 Uhr (Fr 14–17.30 Uhr während der Schulferien), Messe So 10 Uhr. Geschl. Mitte Nov. bis Ende Dez. 💰 Preiswert

7 Grasse

Weite Felder mit Lavendel gehören zu den markantesten Eindrücken der Provence, und die Blüten sind unentbehrlicher Grundstoff für die **Parfümindustrie** von Grasse. Dort residieren bekannte Hersteller, wie Molinard, Galimard und Fragonard, deren Fabriken man besichtigen kann. Zu den Abnehmern der Essenzen gehören auch Nobel-Häuser wie Chanel und Dior. Rosen und Jasmin, die wichtigsten Ingredienzien aller Parfüms, sind im Mai und August Feste gewidmet. Einen Besuch lohnt die **Kathedrale** an der Place Godeau mit drei frühen Gemälden von Peter Paul Rubens von 1601.
✚ 188 B1

Touristeninformation
✉ Place du cours Honoré Cresp
☎ 04 93 36 03 56; www.grasse-riviera.com 🕑 Juli–Sept. Mo–Sa 9–19, So 9–13, 14–18 Uhr; Okt.–Juni Mo–Sa 9–12.30, 14–18 Uhr.

8 Cannes

Cannes ist ein chices Einkaufsparadies, wo man sich bestens amüsieren kann, aber auch eine Stadt internationaler Wirtschafts- und Kulturveranstaltungen, wo im Mai die **Internationalen Filmfestspiele** stattfinden.

Cannes hat zwei Gesichter: im Westen den alten Hafen mit der Esplanade und schmalen Sträßchen, die sich in die Altstadt Suquet hochwinden, im Osten die modernen Viertel rings um die elegante Strandpromenade **Croisette**. Hier reihen sich die Edel-Boutiquen aneinander, man geht hin, um zu sehen und gesehen zu werden (was auch nachts durch das Flutlicht garantiert ist). Wer mag, kann seine Hände in die Abdrücke der Stars vor dem Palais des Festivals legen.

Der lange Sandstrand ist leider vorwiegend nur gegen Eintritt zugänglich, bis auf seine beiderseitigen Ausläufer.
➕ 188 C1

Touristeninformation
✉ Palais des Festivals, 1, boulevard de la Croisette ☎ 04 92 99 84 22; www.cannes.fr; www.cannes.com ⏱ tägl. Juli–Aug. 9–20, Sept.–Juni 9–19 Uhr

9 Antibes

Der Reiz von Antibes beruht nicht zuletzt auf dem Luxus, der im Yachthafen Port Vauban zur Schau gestellt wird. Attraktiv ist aber auch seine Altstadt mit Häusern im italienischem Stil und den Ruinen der Stadtbefestigung aus dem 17. Jahrhundert, errichtet vom großen Festungsbaumeister Sébastien le Prestre de Vauban (1633–1707). Die Kopfsteinpflastergassen und betriebsamen Plätze quellen über mit Läden, Restaurants und Bars.

Einen Besuch ist Antibes aber allein schon durch das **Musée Picasso** im Château Grimaldi wert, mit seiner

Sammlung von Gemälden, Zeichnungen, Keramiken und Skulpturen des Genies (▶ 14), die vorwiegend während seines Aufenthaltes auf dem Schloss im Jahre 1946 entstanden.
➕ 189 D1

Touristeninformation
✉ 11, place Général de Gaulle ☎ 04 97 23 11 11 ⏱ tägl. Juli–Aug. 9–19; Sept.–Juni Mo–Fr, 9–12.30, 13.30–18, Sa 9–12, 14–18 Uhr

Musée Picasso
✉ Château Grimaldi ☎ 04 92 90 54 20 ⏱ Mitte Juni bis Mitte Sept. Di–So 10–18 Uhr; Mitte Sept. bis Mitte Juni 10–12, 14–18 Uhr 💰 mittel

10 Biot

Auf einer Anhöhe zwischen Antibes und Nizza liegt das charmante Örtchen Biot, wo ein Labyrinth von Gässchen zum berühmten Hauptplatz mit seinen Arkaden hinaufführt. Seit der Römerzeit werden hier Töpferwaren, heute auch hochwertige Gold- und

Unten links: Schalen mit Duftproben in Grasse
Unten: Fröhlich bunter Markt am Cours Masséna in Antibes

Silberarbeiten sowie Artikel aus Oli-venholz hergestellt. Einen exzellenten Ruf genießt die heimische Glaspro-duktion – man kann den Glasbläsern zusehen in der **Verrerie de Biot**, zu deren Spezialitäten *verre bullé* (Glas mit Lufteinschlüssen) gehört.

Eindrucksvoll ist das nahe gele-gene **Musée National Fernand Léger** mit seiner gewaltigen Mosaikfassade und riesigen farbigen Glasfenstern, gegründet 1959 zu Ehren des Malers Fernand Léger (1881–1955). Er lebte kurz in Biot und sorgte für einen Auf-schwung des hiesigen Kunsthand-werks. Im Museum sind fast 400 seiner Werke zu sehen, darunter Keramiken, Wandteppiche, Buntglasarbeiten und Mosaiken.

Bergdorf Haut-de-Cagnes, gekrönt von einer Burg aus dem 14. Jahrhundert. Dort sind mehrere Dauerausstellungen zu sehen, unter anderem Porträts der Cabaret-Sängerin Suzy Solidor. Renoir verbrachte sein letztes Lebensjahr-zehnt bei Cagnes, auf seinem Land-sitz »Les Collettes«, der heute das **Musée Renoir** beherbergt (► 13).
✚ 189 D2

Touristeninformation
✉ 6, boulevard Maréchal-Juin
☎ 04 93 20 61 64; www.cagnes-tourisme.com

Musée Renoir
✉ 19, chemin des Collettes ☎ 04 93 20 61 07
🕐 Mai–Sept. Mi–Mo 10–12, 14–18, Okt.–April Mi–So 10–12, 14–17 Uhr. Nov. geschl. 💶 mittel

✚ 188 C1

Touristeninformation
✉ 46, rue St-Sébastien ☎ 04 93 65 78 00

Musée National Fernand Léger
✉ Chemin du Val de Pôme ☎ 04 92 91 50 30
🕐 Juli–Sept. Mi–Mo 10.30–18 Uhr; Okt.–Juni Mi–Mo 10–12.30, 14–17.30 Uhr
💶 Preiswert, Eintritt frei unter 18

🔟 Cagnes-sur-Mer
Cagnes-sur-Mer umfasst neben dem alten Fischerort und Seebad Cros-de-Cagnes das moderne Geschäftsviertel Cagnes-Ville (mit Hippodrom am Meer), und oben auf dem Fels liegt das

🔢 Villa Ephrussi de Rothschild
Dieses bonbonfarbene Belle-Époque-Palais gehörte der Baroness Béatrice Ephrussi de Rothschild (1864–1934), einer schillernden Persönlichkeit mit schier unbegrenzten finanziellen Mit-teln. In der im Stil des 18. Jahrhun-derts gehaltenen Inneneinrichtung mit kostbaren Teppichen und Wand-behängen finden sich Möbel aus dem Besitz von Marie Antoinette, und die Sammlung von Porzellan aus Sèvres und Vincennes sucht ihresgleichen. Im Erdgeschoss, dem Patio und den sieben Gärten kann man nach Gusto flanieren. Die Sammlungen im ersten Stock kann

FÜR KINDER

- **Antibes** Legen Sie einen Familientag in **Marineland** ein, wo Delfine, Seelöwen, Haie und andere Sensationen warten: eine Farm mit Abenteuerspielplatz, Schmetterlings-Dschungel, Wasserpark und Abenteuer-Minigolf (Route N7, gegenüber Antibes Land, tägl. geöffnet; www.marineland.fr).
- **Grasse** Einen Superspaß haben die Kids bei einigen Runden **Fun Kart**, Bar-sur-Loup (Route de Gourdon, tägl. geöffnet; www.fun-karting.com).
- **Cagnes-sur-Mer** Etwas für die ganze Familie ist auch ein **Pferderennen** im Hippodrome (Tel. 04 93 22 51 00; Mo, Mi, Fr ab 20.30 Uhr, Anfang Juli bis Aug.).
- **Monaco** Jacques Cousteaus weltbekanntes **Musée Océanographique** ist für Kinder aller Altersstufen ein Erlebnis (► 49). In **Fontvieille** gibt es mehrere Museen, darunter tolle Sammlungen von Schiffs- und Automodellen, sowie einen Zoo (Meeresmuseum, Tel. 377 92 05 28 48; Oldtimer-Ausstellung, Tel. 377 92 05 28 56; Zoo, Tel. 377 50 40 30). Das **Musée National** verfügt über eine stattliche Sammlung von Puppen, vom 18. Jahrhundert bis zur Barbie (17, avenue Princesse-Grace; tägl. geöffnet).

Villa Ephrussi de Rothschild

man nur im Rahmen einer Führung besichtigen.

✚ 189 E2

✉ St-Jean-Cap Ferrat ☎ 04 93 01 33 09; www.villa-ephrussi.com ⏰ Mitte Feb. bis Nov. tägl. 10–18/19, Nov. bis Mitte Feb. Mo–Fr 14–18 Uhr. 25. Dez. geschl. 👜 teuer

13 Menton

Am Fuß steiler Klippen liegt Menton, Frankreichs wohl »italienischstes« Städtchen mit stattlichen honigfarbenen Häusern und palmengesäumtem Strand. Hier beginnt schon das Land, wo die Zitronen blühen, in den Terrassen-Gärten hoch über der Stadt. Jeden Februar findet in den Jardins Biovès das **Zitronenfest** statt. Die Silhouette der **Altstadt** wird beherrscht von zwei großartigen Kirchen – der Église St-Michel und der Chapelle des Pénitents Blancs. Weitere Sehenswürdigkeiten: Musée Jean-Cocteau, Musée de la Préhistoire Régional sowie Palais Carnolès mit dem Kunstmuseum.

✚ 189 E2

Touristeninformation

✉ Palais de l'Europe, avenue Boyer
☎ 04 92 41 76 76; www.menton.fr
⏰ Mitte Juni bis Mitte Sept. tägl. 9–19 Uhr;
Mitte Sept. bis Mitte Juni
Mo–Sa 8.30–12.30, 14–18,
So 9–12.30 Uhr

Wohin zum... Übernachten?

Preise
Die Preise gelten pro Nacht im Doppelzimmer:
€ unter 100 Euro   €€ 100–200 Euro   €€€ bis 200 Euro

CANNES

Hotel Beau Séjour €€

Westlich der Altstadt Le Suquet, nur wenige Gehminuten vom Plage de la Croisette, liegt das chice, komfortable 3-Sterne-Hotel: 44 moderne, klimatisierte Zimmer mit Bad (Föhn), WLAN-Internet und Satelliten-TV. Das Haus ist umgeben von einem weitläufigen Garten mit Pool und Sonnenterrasse. Lounge Bar und Spa sind ebenfalls vorhanden.

🗺 188 C1 ✉ 5, rue des Fauvettes
☎ 04 93 39 63 00;
www.cannes-beausejour.com

ÈZE

Château Èza €€€

Zauberhaftes, luxuriöses »Vogelnest« in einer Villa aus dem 17. Jh. Die meisten der 10 Zimmer und Suiten genießen vom Balkon denselben traumhaften Panoramablick wie das Michelin-Stern-gekrönte Restaurant.

🗺 189 E2 ✉ Rue de la Pise
☎ 04 93 41 12 24;
www.chateaueza.com

MENTON

Claridge's €

2-Sterne-Haus im Zentrum von Menton, 5 Gehminuten von Casino, Promenade du Soleil und Strand. 39 relativ kleine, komfortabel eingerichtete Zimmer mit TV und Klimaanlage (teilweise familientauglich). Parkplatz, Bar, Lounge, Terrasse zur Straße. Frühstück nicht im Preis inbegriffen.

🗺 189 E2 ✉ 39, avenue de Verdun
☎ 04 93 35 72 53;
www.claridges-menton.com

MONACO

Hotel Alexandra €€

Angesichts der guten Lage (knapp 500 m von Casino, Restaurants, Nachtleben und den eleganten Läden von Monte-Carlo, Strand 10 Gehminuten entfernt) nicht zu teures 3-Sterne-Hotel mit Belle-Époque-Elementen. 56 moderne, schallisolierte Zimmer mit Mini-Bar, TV und Safe. Frühstück wird auf dem Zimmer serviert.

🗺 197 C3 ✉ 35, boulevard
Princesse-Charlotte, Monte-Carlo
☎ 377 93 50 63 13;
www.monte-carlo.mc/alexandra

NIZZA

Le Grimaldi €€

4-Sterne mit Belle-Époque-Fassade und passablen Preisen für die 46 Zimmer und Suiten, alle individuell und geschmackvoll eingerichtet im provenzalischen Stil. Jeweils mit Mini-Bar, Safe, Satelliten-TV, Internet-Zugang, Klimaanlage und Bad. Auch für Geschäftsreisende geeignet. Frühstück ist nicht im Preis inbegriffen. Parkmöglichkeit in der Nähe.

🗺 196 B2 ✉ 15, rue Grimaldi
☎ 04 93 16 00 24;
www.le-grimaldi.com

Hôtel Armenonville €

Hübsches 2-Sterne-Haus in blühendem Garten. 12 geschmackvoll gestaltete, helle Zimmer, manche mit antikem Mobiliar, alle mit schön gefliesten Bädern. Das Frühstück kann man auch im Garten einnehmen. Freies Parken auf dem Gelände des Hotels.

Wohin zum...
Essen und Trinken?

Preise
Die Preise gelten pro Person für ein Drei-Gänge-Menü ohne Getränke und Trinkgeld:

€ unter 25 Euro €€ 25–50 Euro €€€ über 50 Euro

ANTIBES

Le Brûlot €
Hier speist man in authentischer Atmosphäre mit Deckenbalken, getünchten Wänden und altem Backofen. Im Souterrain liegt ein weiteres Speisezimmer aus dem 12. Jh. Viele Gerichte werden im Holzofen zubereitet, wie das gegrillte Steak mit Herbes de Provence oder gegrillte Scampi, flambiert mit Pastis. Auf der Dessert-Karte ist die tarte au citron sehr empfehlenswert. Auf Couscous und luftgetrockneter Schinken gehören zu den Spezialitäten des Hauses.

➕ 189 E2 🔲 Boulevard Général-de-Gaulle
☎ 04 93 76 50 50;
www.grand-hotel-cap-ferrat.com

ST-PAUL-DE-VENCE

La Colombe d'Or €€€
In der einst bescheidenen Herberge zahlten Braque, Matisse, Picasso und Léger mit Gemälden Logis und Pastis. Heute ist die »Goldene Taube« ein Luxushotel mit allem erdenklichen Komfort. Unbedingt reservieren!

➕ 188 C2 🔲 Place du Général-de-Gaulle
☎ 04 93 32 80 02;
www.la-colombe-dor.com

➕ 189 D1 🔲 3, rue Frédéric Isnard
☎ 04 93 34 17 76; www.brulot.com
🕐 So und Aug. geschl.

CANNES

La Brouette de Grand-Mère €€
Das schummerige kleine Restaurant ist in Cannes eine Institution. Hier werden hausgemachte Terrinen, Kaninchenläufe oder andouillettes (eine Wurstspezialität) zum Festpreis von 35 Euro (inklusive Apéritif und einer halben Flasche Wein pro Person) serviert.

auf einem der schönsten und auch teuersten Flecken der Erde. Von den mit allen Schikanen eingerichteten 44 Zimmern und 9 Suiten genießt man einen weiten Blick auf die Pinienhaine oder das Meer. Das hauseigene Restaurant Le Cap serviert provenzalische Küche auf höchstem Niveau. Das Hotel verfügt über einen beheizten Meerwasser-Pool.

Hôtel Négresco €€€
Seit 1912 leuchten die rosaroten Kuppeln des ersten Hauses am Platz (▶41) über der Promenade des Anglais. Das luxuriöse Interieur ist ein wahres Museum aller Kunststile von der Renaissance bis zum 21. Jh. Die absolut gediegenen 121 Zimmer und 24 Suiten verfügen über ADSL-Internet-Zugang und LCD-TV. Wer hier auf großem Fuße absteigt, kann ihn zum Sonnenbaden exklusiv auf den Sand des Hotel-Strandes setzen.
➕ 196 A1 🔲 37, promenade des Anglais
☎ 04 93 16 64 00;
www.hotel-negresco-nice.com

ST-JEAN-CAP-FERRAT

Grand Hotel du Cap Ferrat €€€
Der opulente Palast liegt umgeben von einem herrlichen Park

➕ 196 A1 🔲 20, avenue des Fleurs
☎ 04 93 96 86 00;
www.hotel-armenonville.com

...keiten mit hochwertigen Zutaten, wie Milchlamm-Frikassee mit Gemüse und Basilikum oder Hummer in Oliven-Fondue mit Jus von Roter Bete. Im Weinkeller des Hauses lagern stolze 800 Flaschen. Meist kann man auf der Terrasse dinieren.

+ 188 C1 ⊠ 48, avenue Henri Dunant
☎ 04 93 70 44 44; www.jacques-chibois.com
🕐 tägl. 12–13.30, 20–21.30 Uhr

MONACO

Stars 'N' Bars €€

Ideal für Familien, die kein feierliches Menü, sondern ganz ungezwungen eine simple Mahlzeit einnehmen möchten, wie die Tex-Mex-Gerichte dieses Bar-Restaurants im amerikanischen Stil. Um die Kleinen bei Laune zu halten, gibt es jede Menge Spiele. Abends Live-Musik oder Disko.

+ 197 B1 ⊠ 6, quai Antoine I, La Condamine
☎ 377 97 97 95 95;
www.starsnbars.com
🕐 tägl. (außer Mo im Winter) Küche 11.30–Mitternacht, Bar bis 1 Uhr

+ 188 C1 ⊠ 9 bis, rue d'Oran
☎ 04 93 39 12 10 🕐 nur abends; So geschl. sowie Nov. und 2. Junihälfte

Caffè Roma €€

Italienisches Bar-Restaurant mit viel Atmosphäre, ideal für eine kleine Pause und Erfrischungen wie Eis oder Cocktails. Aber auch die Speisekarte glänzt mit einer ganzen Palette an Spezialitäten, wie Ravioli mit Pilzen und Gänseleber oder Kalbfleisch mit Rucola und Tomaten. Als Dessert bietet sich das hausgemachte Tiramisu an. Das schmeckt auf der legeren Terrasse wie im eleganten Speisesaal.

+ 188 C1 ⊠ 1, square Mérimée
☎ 04 93 38 05 04; www.cafferoma.fr
🕐 tägl. 7–14 Uhr

GRASSE

La Bastide St-Antoine €€€

In einem Landhaus (bastide) aus dem 18. Jh. zelebriert der renommierte Küchenchef Jacques Chibois provenzalisch inspirierte Köstlich-...

MOUGINS

Le Moulin de Mougins €€€

Ehemalige Olivenmühle aus dem 16. Jh. mit liebevoll eingerichtetem Gastraum. Im Schein barocker Kerzenleuchter serviert man saisonale, raffinierte mediterrane Gerichte. Opulenter Weinkeller mit über 5000 Flaschen.

+ 188 C1 ⊠ Quartier Notre-Dame-de-Vie
☎ 04 93 75 78 24; www.moulin-mougins.com
🕐 Di–So 12–14, 19.30–21.30 Uhr

NIZZA

L'Acchiardo €

Eines der wenigen alteingesessenen Café-Bar/Restaurants des alten Nizza. Einfache, reichhaltige Küche zu zivilen Preisen (und die vielleicht beste Fischsuppe der ganzen Stadt!).

+ 196 D1 ⊠ 38, rue Droite
☎ 04 93 85 51 16 🕐 Sa/So geschl.

Aphrodite €€€

David Faure kreiert hier eine phantasievolle, höchst ansprechende Mischung klassischer französischer und Nizzaer Küche. Die leckeren Desserts würden optisch jeder Galerie moderner Kunst zur Ehre gereichen.

+ 196 C2 ⊠ 10, boulevard Dubouchage
☎ 04 93 85 63 53 🕐 So/Mo geschl.

Don Camillo Créations €€

Der Zeitgeist ist spürbar im chicen Styling und Marc Lavilles mediterran akzentuierten Kochkunsten: geröstete Kamm-Muscheln mit Sellerie-Mousseline und getrockneten Cranberries oder Erdbeer-Rhabarber-Tiramisu mit Sorbet von Erdbeeren und Veilchen; zum fairen Preis von 40 Euro.

+ 196 D1 ⊠ 5, rue des Ponchettes
☎ 04 93 85 67 95 🕐 So/Mo geschl.

ST-PAUL-DE-VENCE

Mas d'Artigny €€€

Gute regionale Küche, wie fougasse (Fladenbrot) und Fischgerichte, dazu einheimische Weine.

+ 188 C2 ⊠ Route de la Colle
☎ 04 93 32 84 54; www.mas-artigny.com
🕐 tägl.

Wohin zum ... Einkaufen?

Eigentlich ist die ganze Gegend ein Einkaufsparadies. Cannes und Monaco locken mit Luxus, Grasse mit Blumen und Parfüm, und überall gibt es wundervolle Märkte.

MÄRKTE

Jeden Tag herrscht quirliges Markttreiben auf dem von Läden und Cafés gesäumten Cours Saleya in Nizza. Für das leibliche Wohl sorgt der **Marché Saleya** mit frischem Obst und Gemüse aus der Umgebung, wie Oliven, Tomaten und Basilikum (Di–So 6–13.30 Uhr). Antiquitäten und Trödel gibt es auf dem **Marché à la Brocante** (Mo 7.30–18 Uhr), und auf dem **Marché aux Fleurs** bekommt man Blumen und Pflanzen (Di–Sa 6–17.30, Mi, So 6–18.30 Uhr). Abends kann man sich noch mit

einheimischem Kunstgewerbe eindecken (Juni–Sept. Di–So 6–24 Uhr).

SOUVENIRS UND GESCHENKE

Über Parfümerien stolpert man in Grasse, Hauptstadt des Parfüms, natürlich allenthalben. Interessant ist ein Besuch bei **Fragonard** (20, boulevard Fragonard, Fabrikbesichtigung 9–18.30, Laden 9–18 Uhr) mit den ältesten und renommiertesten Hersteller, der auch ein Museum mit unterhält. Auch **Parfums Poilpot**, ein kleiner alter Laden in Nizza (10, rue St-Gaëtan), hat viele Düfte aus Grasse.

Schönes mundgeblasenes Glas bekommt man in Biot bei der **Verrerie de Biot** (Chemin des Combes, Mo–Sa 9.30–18.30, So 10.30–13.30, 14.30–18.30 Uhr): Flaschen, Schalen, Teller, Gläser etc. Auch die Werkstatt kann man besichtigen.

L'**Herminette Ezasque** in Èze im alten Tordurchgang (Rue Principale, Sommer 10–19, Winter 10–18 Uhr) verkauft hübsche Weihnachtskrippen und Krippenfiguren (*santons*).

Schöne provenzalische Stoffe und daraus gefertigte Ware bei **Les Images de Provence** in Menton (21, rue St-Michel, Di–Fr 9–12.30, 13.30–17 Uhr).

In Vallauris bei Cannes wird schöne Keramik nach Original-Entwürfen Picassos hergestellt, in kleiner Stückzahl mit nummerierten Exemplaren. Vertrieb **Madoura Gallery** (Avenue Suzanne & Georges Ramié, Mo–Fr 10–12.30, 14.30–18/19 Uhr).

MODE

Jacques Loup in Cannes ist für Modebewusste eine magische Adresse (21, rue d'Antibes, Mo–Sa 9.30–20 Uhr). Neben eigener Ware führt das Schuhgeschäft auch die neuesten Modelle internationaler Topmarken, außerdem Kleidung von Prada, Marni und Miu Miu.

Hüte für alle Gelegenheiten setzt Ihnen **La Chapellerie** in Nizza aufs Haupt (36, cours Saleya, Mo–Sa 9.30–12, 14–18.30 Uhr).

LEBENSMITTEL UND WEIN

Beste Adresse in Nizza für kandierte Früchte nach alter Rezeptur ist **Maison Auer** (7, rue St-François-de-Paule). Gutes Olivenöl bekommt man bei **Alziari** (14, rue St-François-de-Paule) oder **Moulin à Huile Alziari** (318, boulevard de la Madeleine, Mo–Fr 8–12, 14–18 Uhr).

Cave Caprioglio in der Altstadt von Nizza führt gute Tropfen für jeden Geldbeutel, vom *Vin de table* bis zum *Premier cru* (16, rue de la Préfecture). Beste Eisdiele am Ort ist **Glacier Fenocchio** (2, place Rossetti) mit ausgefallenen Sorten in Riesenportionen.

La Petite Cave de St-Paul in St-Paul-de-Vence lagert in seinem Gewölbe aus dem 14. Jahrhundert eine gute Auswahl provenzalischer Weine (47, rue Grande).

Wohin zum ...
Ausgehen?

BARS, CLUBS UND CASINOS

Bei **La Siesta** in Antibes kann man sich rundum amüsieren, vom Spielcasino bis zur Tanzdiele (Route du Bord-de-Mer, Tel. 04 93 33 31 31, tägl. 10–4/5 Uhr).

Das mondäne **Casino Ruhl** in Nizza bietet spektakuläres Cabaret zum Dinner und private Spielzimmer (Promenade des Anglais, Tel. 04 97 03 12 22, 10–4/5 Uhr). Wer die Nacht zu neuesten Klängen durchtanzen will, von House bis R&zB, ist im **L'Odace** gut aufgehoben, dem größten Nachtclub der Stadt (29, rue Alphonse Karr, Tel. 04 93 82 37 66, 19–2.30 Uhr). Auch im **Le Guest**, Treffpunkt für Nachtschwärmer am alten Hafen mit neo-barockem Dekor, geht die Post

ab (5, quai des Deux-Emmanuels, Tel. 04 93 56 83 83, 23.30–5 Uhr). Ideal zum Abhängen: **Nocy-Be**, ein chices marokkanisches Café in der Altstadt, mit schummeriger Beleuchtung, Sitzkissen auf dem Boden, Bio-Tee, Kuchen und Apéritifs (4–18, rue Jules Gilly, Tel. 04 93 85 52 25, Di–So 17–0.30 Uhr).

Wer High Life in Monaco macht, sollte unbedingt das berühmte **Café de Paris** aufsuchen, zugleich Restaurant und Spielhölle (Place du Casino, Tel. 377 98 06 77 77, ab 10 Uhr). Das legendäre **Casino de Monte-Carlo** spielte schon in diversen Bond-Filmen eine Rolle (Place du Casino, Tel. 377 98 06 21 21). Stilvoll sein Geld aufs Spiel setzen kann man auch im **Casino Croisette** in Cannes (1, esplanade Lucien

Barrière, Tel. 04 92 98 78 00, 10–5 Uhr, Spielsaal ab 20 Uhr) und dann den Rest verjubeln im edelsten Nachtclub der Stadt, **Le Bâoli** (Port Pierre Canto, Boulevard de la Croisette, Tel. 04 93 43 03 43, Sommer tägl. 20–5 Uhr, Winter nur Fr/Sa).

THEATER UND MUSIK

Im modernen **Palais des Festivals et des Congrès** in Cannes, wo im Mai die Internationalen Filmfestspiele stattfinden, gibt es das ganze Jahr über Konzerte, Ballett- und Theateraufführungen und Ausstellungen (1, boulevard de la Croisette, Tel. 04 93 39 01 01).

Pendant in Nizza ist das Zentrum **L'Acropolis**, wo gleichfalls Theater, Film und Musik geboten werden (1, esplanade Kennedy, Tel. 04 93 92 83 00). In der **Opéra de Nizza** sind auch das Philharmonische Orchester und das Ballett der Stadt zu Hause (4–18, rue St-François-de-Paule, Tel. 04 92 17 40 00). Das moderne **Théâtre de Nizza (TDN)**

genießt Weltruf (Promenade des Arts, Tel. 04 93 13 90 90).

SPORT UND FREIZEIT

An den Stränden der Riviera kann man nicht nur schwimmen, sondern Wassersport in jeder Form treiben. Segelschulen und Bootsverleih gibt es in fast allen Häfen (www.voilecotedazur.com).

Wem Segeln zu beschaulich ist, der kann sich den großen Adrenalin-Kick in einem Motorboot von **Locarama Rent a Boat** holen (13, rue Latour Maubourg, Cannes, Tel. 06 19 180 618).

Cannes Bowling (189, avenue Francis-Tonner, 06150 Cannes La Bocca, Tel. 04 93 47 02 25) bietet auch Pool Billard und ein Restaurant.

Das **Palais des Sports Jean Bouin** in Nizza hat eine olympiataugliche Skating-Bahn für alle, die Abenteuer auf dem Eis suchen (Esplanade Maréchal-de-Lattre-de-Tassigny, Tel. 04 97 20 20 30).

Var und Haute Provence

Erste Orientierung

Die Landschaft hier gehört wohl zu den schönsten Südfrankreichs, besonders die gebirgigen Départements Alpes-de-Haute-Provence und Haute-Alpes, die mit ihren Postkarten-Städtchen außerdem von der bewegten Geschichte und reichen Kultur dieser Gegend zeugen. Ein wahres Naturwunder sind die zu Recht »Grand Canyon« genannten Gorges du Verdon (Verdonschlucht). Sie zählen zu den größten Canyons Europas, gleichermaßen spektakulär für Wanderer, Bergsteiger, Mountain-Biker und Kanuten.

Das Département Var ist die am dichtesten bewaldete Region Frankreichs, zwischen deren schmucke Ensembles von Kastanien, Korkeichen und Koniferen sich nur ab und an ein kleines Dorf schmiegt. Hier erstreckt sich zugleich der längste Küstenstreifen der Provence, der noch weit ursprünglicher ist als die touristisch voll erschlossene Riviera östlich davon.

Auch zu den wilden, von schäumenden Bergbächen umtosten roten Felsen des Massif de l'Esterel bilden die sonnenüberglänzten Strände von Fréjus oder St-Tropez einen reizvollen Kontrast. Ihr Ruhm aus den »Swinging Sixties« ist zwar weitgehend verblasst, doch vor allem St-Tropez hat sich viel bewahrt an Eleganz und Lebenslust. Im Hafen zu Füßen der alten Zitadelle schaukeln immer noch stolze Yachten, und durch die Kneipen weht ein Echo von Geist und Größe lang vergangener Tage. Irgendwie ist er nach wie vor unwiderstehlich, der Charme des ehemaligen Fischerdorfes, über das die Schriftstellerin Colette einst bemerkte: »Wer einmal hier war, will nie wieder fort.«

Seite 63: Miramar-Bucht an der Corniche de l'Esterel

Links: Rafting in der Verdonschlucht

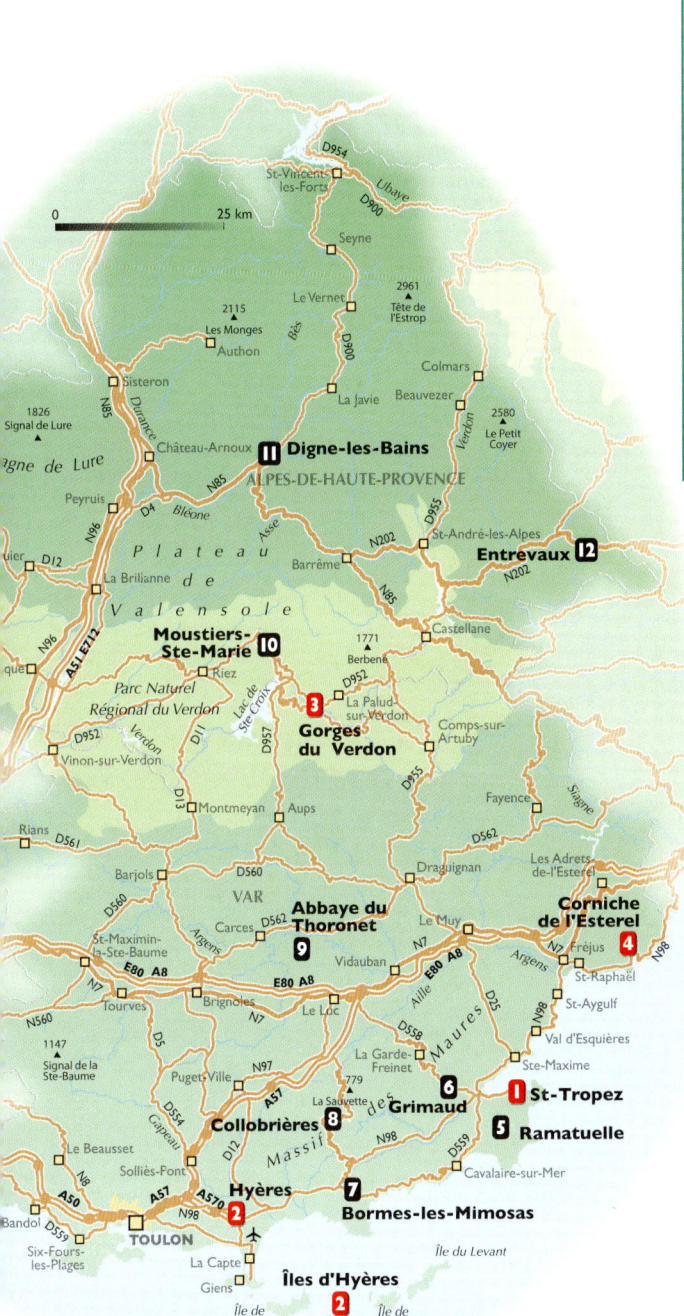

In drei Tagen

Wer sich nicht schlüssig ist, auf welchen Wegen er die Region erkunden soll, findet hier Anregungen für eine entspannte dreitägige Tour durch Var und Haute-Provence. Die einzelnen Stationen sind auch auf der Karte auf der vorhergehenden Seite eingezeichnet, und falls Sie mehr über ein bestimmtes Ziel wissen möchten, blättern Sie einfach weiter zu den Seiten, wo es ausführlich beschrieben ist.

Erster Tag

Vormittag
Nehmen Sie die Fähre von **2** Hyères nach Port-Cros, einer der drei Îles d'Hyères (▶ 72f). Frankreichs einziger Offshore-Nationalpark ist überzogen von herrlichen Wäldern mit Steineichen, Erdbeerbäumen und Myrten. Packen Sie auch Schnorchel und Taucherbrille ein, denn hier wartet eine faszinierende Unterwasserwelt: Oktopoden, Meeraale, Meerpfaue und Schwarzkopfschleimfische zwischen farbigen Schwämmen und Seeanemonen.

Mittag
Bevor man wieder in See sticht zurück nach Hyères, ist der palmengesäumte Hafen von Port-Cros ideal für ein kleines Mittagsmahl.

Nachmittag
Richtung St-Tropez lohnt sich ein Abstecher in das malerische Örtchen **7** Bormes-les-Mimosas (links, ▶ 79) mit seinen pastellfabenen Häusern, wo im Februar ein Mimosen-Fest stattfindet. Auf dem Weg liegen auch das Bergdörfchen **6** Grimaud (▶ 78f) und das modische **5** Ramatuelle (▶ 78).

Abend
Tauchen Sie im Restaurant La Citadelle ein in die Atmosphäre der Altstadt von St-Tropez (▶ 86).

Zweiter Tag

Vormittag
Starten Sie mit einem Bummel durch die chicen Läden und Galerien von **1** St-Tropez (▶ 68ff) und über den Markt auf der Place des Lices (Di und Sa vorm., ▶ 69). Dann lassen Sie am alten Hafen die Seele baumeln.

Mittag

Beim Mittagessen oder Kaffee kann es ruhig etwas lebhafter zugehen, wie im Prominententreff Sénéquier (► 86) am Quai Jean Jaurès (links).

Nachmittag

Den Nachmittag verbringen Sie am berühmte Sandstrand von St-Tropez (► 71), oder Sie machen eine Fahrt entlang der Küste auf der **4 Corniche de l'Esterel** (► 77). Machen Sie Pause in **Fréjus**: einst eine bedeutende römische Stadt, von der sich Arena und Theater erhalten haben. Hier finden Sie auch eine der ältesten Taufkirchen Frankreichs. Etwas für Wanderer ist die zweistündige Tour von der Pointe de l'Observatoire hinauf zum Cap Roux, dem Gipfel des Massif de l'Esterel (► 77), mit überwältigendem Fernblick.

Abend

Lassen Sie den Tag in einem der zahlreichen Bistros von St-Tropez ausklingen z. B. zünftig im La Bouillabaisse (► 86). Und dann ein abtanzen mit den »Beautiful people« im Les Caves du Roy oder im VIP Room (► 88).

Dritter Tag

Vormittag

In der Früh geht es nach Norden, zu den **3 Gorges du Verdon** (► 74ff), der längsten und tiefsten Schlucht Europas (einem Paradies für Sportler).

Mittag

Gute regionale Küche gibt es bei Les Santons (Place de l'Église, Tel. 04 92 74 66 48) in **10 Moustiers-Ste-Marie** (rechts, ► 80f), einem netten Ort, bekannt für seine Fayencen.

Nachmittag

Ein Besuch im Musée de la Préhistoire des Gorges du Verdon (► 76) in Quinson oder ein Stück weiter rauf in die Haute-Provence in den Kurort **11 Digne-les-Bains** (► 81f), die »Lavendel-Hauptstadt« der Provence. Von hier aus fährt viermal täglich der **Train des Pignes** nach Nizza: eine atemberaubend schöne Panoramafahrt.

❶ St-Tropez

Das ehemalige Fischerdörfchen, in den 1960er-Jahren Inbegriff des stilvollen Süßen Lebens, ist nach wie vor Tummelplatz des internationalen Jetset. Die Prominenz aus Popmusik, Film und Fernsehen hockt heute allerdings Seite an Seite mit ganz normalen Touristen in den Cafés am malerischen alten Hafen, mit Blick auf den Reigen der Luxus-Yachten.

Die in Rosa und Gelb herausgeputzten Häuser, die den **alten Kai** säumen, sind nicht alle so alt, wie sie scheinen: Viele wurden im Zweiten Weltkrieg von Bomben zerstört und wieder aufgebaut. Hier schlägt aber noch immer das Herz von St-Tropez, das sich auch einen gewissen dörfliche Charme bewahrt hat, ungeachtet protzenden Reichtums und der Massen von Touristen. Der Kai, der diese herrliche Bucht einfasst, endet an den Ruinen der alten Stadtbefestigung und der Môle Jean Réveille. Dahinter erstreckt sich das hübsche, einst von Fischern bewohnte Viertel La Ponche und als weiteres Überbleibsel der Stadtbefestigung der Tour Jarlier ganz in der Nähe.

Am anderen Ende des Kais liegt das **Musée de l'Annonciade.** In seinen alten Mauern beherbergt es eine hochkarätige Sammlung französischer Kunst des späten 19. und frühen 20. Jahrhunderts, mit Meisterwerken des Pointillismus, Fauvismus und der Nabis. Neben anderen farbenfrohen Gemälden von André Derain, Raoul Dufy, Henri Matisse und Edouard Vuillard verdienen vor allem Paul Signacs *Saint-Tropez, le Quai* (1899), Pierre Bonnards *Le Port de St-Tropez* (1899) und Charles Camoins *La Place des Lices* (1925) einen genaueren Blick.

Recht entspannt gestaltet sich ein Bummel durch die Altstadt von St-Tropez, mit ihren engen Gassen, alten Häuschen und chicen Läden, denn sie ist im Sommer für den

Ein beliebter Treffpunkt ist das Café Senequier am Quai Jean Jaurès

Von der Zitadelle hat man einen herrlichen Rundblick

Verkehr gesperrt und nicht überlaufen (jedenfalls weniger als der Kai). Ihr Zentrum bildet die **Place des Lices** (auch Place Carnot genannt), die heute noch ziemlich genauso aussieht wie auf Camoins Gemälde, mit Künstlercafés unter rauschenden Platanen. Dienstag und Samstag herrscht hier ausgelassener Markttrubel, an anderen Tagen kann man in Ruhe seine Boule-Kugel schieben und einen Pastis mit Einheimischen kippen.

Rosa und zartgelb leuchtet der Glockenturm der **Église St-Tropez**, Patronatskirche des heiligen Torpes, dem die Stadt ihren Namen verdankt. Nachdem der römische Centurio für seinen christlichen Glauben den Märtyrertod erlitten hatte, wurde sein Haupt in Pisa begraben, sein Leichnam jedoch in einem Kahn ausgesetzt, mit einem Hund und einem Hahn, die ihn fressen sollten. Als der Kahn hier anlandete, war der Körper jedoch wunderbarerweise unversehrt, und seit 400 Jahren ist die Bravade (»Kühne Tat«) de St-Torpes vom 16. bis 18. Mai zu Ehren des Ortspatrons das wichtigste Fest im Jahr. In der Kirche findet sich neben einer Büste des Heiligen auch ein Modell seines Bootes.

Im Osten wird die Silhouette der Stadt beherrscht von der mächtigen Festung **La Citadelle** aus dem 16. Jahrhundert, von deren Zinnen man einen phantastischen Blick genießt: die Ziegeldächer der Altstadt, die Höhenzüge des Massif des Maures sowie das Massif de L'Esterel und das tiefblaue Meer gegenüber, gesprenkelt mit weißen Segeln. In der Zitadelle entsteht gerade ein Meeresmuseum, das 2010 eröffnet werden soll.

Im Bistro **La Table du Marché**
bekommt man leckere kleine Mahlzeiten und Snacks, auch Kuchen
und Gebäck sind sehr gut. Wie
geschafft um Energie zu tanken
(38, rue Georges Clemenceau,
Tel. 04 94 97 85 20, tägl.).

✚ 193 E3

Touristeninformation
✉ Quai Jean-Jaurès
☎ 04 94 97 45 21
🕐 tägl. Juli–Aug. 9.30–20 Uhr, April–Juni,
Sept.–Okt. 9.30–12.30, 14–19 Uhr, Nov.–März
9.30–12.30, 14–18 Uhr

La Citadelle
✉ Montée de la Citadelle
☎ 04 94 97 59 43
🕐 tägl., April–Sept. 10–18.30 Uhr, Okt.–März
10–12.30, 13.30–17.30 Uhr 🖐 preiswert

Église St-Tropez
✉ Rue de l'Église
🕐 tägl.

GESCHICHTE

Der in der Antike als Athenopolis
(»Stadt der Athena«) von Griechen gegründete Ort war lange
Zeit ein beliebtes Refugium für
Künstler. Den Anfang machten in
den 1880er-Jahren Franz Liszt
und Guy de Maupassant sowie
ein paar Jahre später der Neo-
Impressionist Paul Signac. Es
folgten Bonnard, Dufy, Matisse
und Maurice Utrillo. Viele ihrer
Bilder mit Ansichten von
St-Tropez können Sie im **Musée
de l'Annonciade** (➤ 68) bewundern.

Musée de l'Annonciade
✉ Place Georges-Grammont
☎ 04 94 17 84 10
🕐 Juli–Okt. Mi–Mo 10–12, 15–20 Uhr;
Dez.–Juni Mi–Mo 10–12, 14–18 Uhr.
Geschl. Nov., 1. Jan., 1. Mai, Christi Himmelfahrt
und 25. Dez.
🖐 mittel

STRÄNDE

Schöne Strände liegen außerhalb der Stadt auf der Halbinsel **Cap de St-Tropez**. 6 km lang reihen sich hier kleine Buchten mit feinem goldenen Sand aneinander, mit teils legendären Namen: Am **Club 55** trifft sich der Pariser Jetset, am **Tahiti Plage** früher die Filmstars, denen man heute eher am chicen **Nikki Beach** begegnet. Wassersport kann man am besten am **Sun Force** treiben, gute Fischgerichte gibt es am Strand **Bora Bora**.

Oben: Rings um St-Tropez locken schöne Strände

Links: Schiffe jeder Größe ankern im Hafen von St-Tropez

Unten: Pastellfarbene Fassaden an der Hafenpromenade

❷ Hyères & Îles d'Hyères

Das alte Landstädtchen Hyères-les-Palmiers war einst berühmt für seine Palmenplantagen, heute liegen seine Hauptattraktionen weit draußen im Meer: die drei schönen Inseln Îles d'Hyères.

Stadt

Durch einen Torbogen in der Stadtmauer betritt man die **Altstadt** von Hyères, deren hohe, schmalbrüstige Häuser sich den Hügel hinauf zur Burgruine ziehen. Am Haupt- und Marktplatz, der Place Massillon, erhebt sich der Tour des Templiers, wo einst der Orden der Templer einen Sitz hatte. Weitere Zeugen des Mittelalters sind die spätromanisch-frühgotischen Kirchen St-Paul und St-Louis.

Die unterhalb des historischen Kerns gelegenen modernen Viertel der Stadt sind von breiten, palmenbestandenen Boulevards durchzogen. Südöstlich der Altstadt erstrecken sich die Jardins Olbius-Riquier, ein herrlicher botanischer Garten mit kleinem Tierpark.

Eine doppelte Sandbank von 4 km Länge verbindet Hyères mit der **Halbinsel Giens**, wo in den Prielen um das gleichnamige Dörfchen zahlreiche Wasservögel umherstaksen. Von der Tour Fondue an der Ostspitze legen Fähren zur Île de Porquerolles ab, der westlichsten der drei Inseln.

Der Turm von St-Paul über den Dächern von Hyères

Inseln

Mit ihren 18 km² ist **Île de Porquerolles** die größte Insel des Trios – ein Naturreservat mit dichten Wäldern, einer Steilküste im Süden und schönen Sandbuchten im Nordosten. Dort in der

Nähe liegt auch der kleine Hafenort, wo die Fähren vom Festland anlegen, überragt von Fort Sainte-Agathe aus dem 19. Jahrhundert (heute Ausstellungsort).

Die mittlere der drei, die etwas kleinere **Île de Port-Cros** (10 km²), ist gleichfalls Nationalpark und dicht bewaldet. Wanderer können auf attraktiven Pfaden das Eiland erkunden – auf einem markierten Weg gelangt man auch hinauf zum Fort de l'Estissac und Fort du Moulin nahe dem Inselort.

Die felsige kleine **Île du Levant** (8 km²) ist größtenteils militärisches Sperrgebiet, bis auf einen Nudistenstrand.

KLEINE PAUSE

Der Templer-Turm (Tour des Templiers) in Hyères

Gönnen Sie sich einen guten Seefisch vom Grill und ein Glas Wein im **La Colombe** in Hyères (663, route de Toulon-La Bayorre, Tel. 04 94 35 35 16), oder machen Sie Picknick auf einer der Inseln.

✚ 192 B2 (Stadt)
✚ 192 C1 (Inseln)

Touristeninformation
✉ Forum du Casino, 3, avenue Ambroise Thomas, Hyères-les-Palmiers ☎ 04 94 01 84 50; www.hyeres-tourisme.com
🕐 Juli–Aug. tägl. 8.30–19.30 Uhr, Sept.–Juni Mo–Fr 9–18, Sa 10–16 Uhr

Île de Porquerolles
⛴ tägl. von La Tour Fondue; Abfahrtszeiten: www.tlv-tvm.com

Île de Port-Cros und Île du Levant
⛴ von Port St-Pierre; Abfahrtszeiten: www.tlv-tvm.com

AUF DIE INSELN

Die Inseln erreicht man mit der Fähre von **Port St-Pierre** bei Hyères oder vom Hafen beim Tour Fondue auf der **Halbinsel Giens**. Die direkte Fähre von Giens zur Île de Porquerolles braucht 20 Minuten, die Überfahrt von Port St-Pierre nach Port-Cros dauert eine Stunde, anderthalb diejenige nach Le Levant.

3 Gorges du Verdon

Steil ragen die hellen Kalkfelsen über den Gorges du Verdon in die Höhe, der tiefsten Klamm des europäischen Festlandes. Allein die schmalen Panoramastraßen, die den 21 km langen »Grand Canyon« säumen, sind die Reise hierhin wert, mit atemberaubenden Kurven und ebensolchen Aussichtspunkten.

Atemberaubender Blick von der Route des Crêtes

Die klaren Wasser des namengebenden Flusses Verdon haben dieses Naturwunder über Millionen von Jahren geformt. Erforscht wurde es erstmals 1905 durch den Speläologen Édouard-Alfred Martel und ist auch heute nur eingeschränkt zugänglich, bedingt durch seine geologische Beschaffenheit: teils gerade 200 m breit und bis zu 700 m tief. Zufahrt ließ sich da nur in bescheidenem Maße realisieren, und das halsbrecherische Klettern an den Felswänden ist nur etwas für erfahrene Bergsteiger.

Spektakulärster Aussichtspunkt sind die Balcons de Mescla, die man von Moustiers-Ste-Marie aus über die südliche Corniche Sublime (D71) erreicht. Über das Bergdorf Trigance kann man dann die kaum weniger faszinierende Rückfahrt auf der Route des Crêtes nördlich des Canyons antreten.

ÉDOUARD-ALFRED MARTEL

Martel (1859–1938), der weltweit als Begründer der Höhlenkunde (Speläologie) gilt, war eigentlich studierter Jurist, begann aber schon früh mit wissenschaftlichen Exkursionen in den Kalksteingebirgen der Causses. Eine dreitägige Ersterkundung der Gorges du Verdon, die bis dahin als unpassierbar galten, unternahm er mit zwei Gefährten im Jahre 1905. Dabei trieb ihn einerseits Wissbegierde, andererseits ging es auch um das Erschließen neuer Wasser-Ressourcen. In den 1950er-Jahren erwog die Regierung sogar eine Flutung des gesamten Canyons, entschied sich dann aber mit dem Lac de Ste-Croix für eine moderatere Lösung.

In der Schlucht

Unterhalb von Moustiers mündet der Verdon in den riesigen Stausee Lac de Ste-Croix, wo waghalsige Kanuten wieder in ruhigere Gewässer kommen. Kleine Fußwanderungen in die Schlucht sind von mehreren Aussichtspunkten möglich, zum Beispiel vom Point Sublime auf der Nordseite. Hartgesottene bezwingen in einem gut sechsstündigen Marsch den Sentier Martel, der zwischen Rougon und Châlet de la Maline in der Talsohle verläuft.

Hoch über dem Lac de Ste-Croix

KLEINE PAUSE

Im Hochsommer ist es manchmal schwierig, einen Parkplatz zu finden, nicht aber Sitzplätze in einem der zahlreichen Cafés von **Moustiers-Ste-Marie** (► 80f). Alternative: ein Picknick an einem der Aussichtspunkte mit Panoramablick.

✚ 187 D1

Touristeninformation
✚ 186 C2 ✉ Maison de Lucie, Place de l'Eglise, Moustiers-Ste-Marie (nordwestlich des Canyon)
☎ 04 92 74 67 84; www.ville-moustiers-sainte-marie.fr
🕐 tägl.: Juli–Aug. 9.30–12.30, 14–19.15 Uhr; Juni–Sept. 10–12.30, 14–18.30 Uhr; April–Mai 10–12.30, 14–18 Uhr; März, Okt. 10–12.30, 14–17.30 Uhr; Nov. 10–12, 14–17.30 Uhr; Dez. 10–12, 13.30–17 Uhr

Musée de la Préhistoire des Gorges du Verdon
✚ 192 B5 ✉ Route de Montmeyan, Quinson
☎ 04 92 74 09 59; www.museeprehistoire.com
🕐 Juli–Aug. tägl. 10–20 Uhr; Feb.–Juni, Sept. bis Mitte Dez. Mi–Mo 10–18 oder 19 Uhr 💶 mittel

GORGES DU VERDON: INSIDER-INFO

Top-Tipps: Auf den **schmalen Straßen** entlang des Canyon kommen zwei Pkw oft nur mit Mühe aneinander vorbei. Also Vorsicht, vor allem, wenn Sie mit einem breiteren Gefährt unterwegs sind!

■ Fahren Sie trotzdem wenigstens ein Stück die **Corniche Sublime** entlang, die ist einfach einmalig!

■ Die Routen am Canyon finden Sie auf ► 172ff.

■ Der **Sentier Martel** im Talgrund hat seine Tücken (Tunnel- und Wassereinbrüche), die Erkundung sollten Sie daher lieber in der Gruppe oder mit Führer unternehmen.

■ In Moustiers werden exquisite **Fayencen** (Keramikarbeiten) hergestellt – sicher auch etwas für Ihren Geschmack.

Geheimtipp: Wie ein Schiff ist das von Norman Foster entworfene **Musée de la Préhistoire des Gorges du Verdon** geformt. Das Museum in Quinson am Südwestende des Lac de Ste-Croix ist den Urmenschen gewidmet, die hier vor 400 000 Jahren siedelten. Außer steinzeitlichen Werkzeugen und anderen Fundstücken aus den Gorges gibt es hier den Nachbau einer Wohnhöhle und interaktive Displays.

4 Corniche de l'Esterel

Auf den Serpentinen der Küstenstraße zwischen St-Raphaël und Théoule-sur-Mer hat man einen herrlichen Blick auf die markanten roten Felsen des Massif de l'Esterel und das tief-blaue Meer auf der anderen Seite – eine ganz ursprüngliche Landschaft, mit versteckten Buchten und einsamen Stränden.

Die Corniche de l'Esterel (oder Corniche d'Or) genannte N98 wurde schon vor über hundert Jahren aus der Felsküste gesprengt, auch auf Initiative des Touring Club de France. Und ob man sich hier nun auf vier oder zwei Rädern fortbewegt (oder parallel auf der Schiene), das Panorama ist unvergleichlich schön: sanft geschwungene Buchten, kleine Yachthäfen, steile Klippen und mitunter schäumende Gischt begleiten die Fahrt.

Hinter dem alten Römerhafen **Fréjus** (➤ 67) beginnt der Höhenzug des Massif de l'Esterel, der sich hinzieht bis zum mondänen Seebad von Cannes, mit steilen, zerklüfteten Felsen aus rotem Vulkangestein, die teilweise bis ins Meer hinabreichen. Der von Pinien und Buschwerk bewachsene Höhenzug, im Sommer bunt gesprenkelt mit Wildblumen, wurde als Landschaftsschutzgebiet ausgewiesen, und zwei Täler – Ravin du Mal Infernet und Ravin du Perthus – sind sogar Naturreservat, doch problemlos mit dem Auto erreichbar.

Wildromantische Steilküste mit roten Klippen an der Corniche

KLEINE PAUSE

Im **Café Excelsior** auf der Promenade du Président René Coty in St-Raphaël (Tel. 04 94 95 02 42) serviert man sehr gute Fischgerichte.

✚ 193 F4

Touristeninformation
✉ Quai Albert 1er, St-Raphaël
☎ 04 94 19 52 52; www.saint-raphael.com
🕐 Sept.–Juni Mo–Sa 9–12.30, 14–18.30 Uhr

CORNICHE DE L'ESTEREL: INSIDER-INFO

Top-Tipps: Besorgen Sie sich bei der Touristeninformation in Fréjus oder St-Raphaël die vom Office National des Forêts herausgegebene Wanderkarte für das Massif de l'Esterel (8,50 Euro).
■ Im Sommer sind manche Routen wegen Waldbrandgefahr gesperrt.

Nach Lust und Laune!

5 Ramatuelle

Im Herzen der Halbinsel von
St-Tropez liegt, umgeben von Weingärten (Côtes de Provence) und
fern allen Getümmels, das be-
schauliche Örtchen Ramatuelle –
eine der begehrtesten Adressen
der ganzen Gegend für Zweit-
domizile der gehobenen Art.
Viel Zulauf haben im Sommer
die **Jazz- und Theater-Festivals**, die
hier stattfinden.

Auf der Straße (D89) über Ramatuelle finden sich noch drei alte
Windmühlen, die **Moulins de
Paillas**, von denen man eine wunderbare Aussicht über Land und
Meer hat. Bunt und lebensfroh, mit
hübschen Läden und Restaurants,
gibt sich das nahe Bergdorf **Gassin**,
einst hoch auf den Felsen erbaut
als »Wachtturm« gegen Angriffe
der Sarazenen.
✚ 193 E2

Touristeninformation
✉ Place de l'Ormeau ☎ 04 98 12 64 00

6 Grimaud

Am Ostabhang des Massif des Maures,
unweit von St-Tropez, leuchten
die mittelalterlichen Gemäuer von
Grimaud, einem der malerischsten
Bergdörfer der Gegend. Die Burg
aus dem 11. Jahrhundert gehörte

einst den Grimaldis, nach denen
der Ort auch benannt ist. An seiner Hauptstraße, der Rue des
Templiers, liegen die romanische
Kirche **St-Michel**, das **Templer-
Hospiz** und eine restaurierte Mühle
aus dem 12. Jahrhundert.
✚ 193 D3

**Malerisches Ramatuelle – ein echt
provenzalisches Bergdorf**

Touristeninformation
✉ 1, boulevard des Aliziers
☎ 04 94 55 43 83;
www.grimaud-provence.com
🕐 Juli–Aug. Mo–Sa 9–12.30, 15–19 Uhr;
April–Juni, Sept. Mo–Sa 9–12.30,
14.30–18.15 Uhr; Okt.–März Mo–Sa 9–12.30,
14.15–17.30 Uhr

7 Bormes-les-Mimosas

Nahe der Küste thront der hübsche
Ort auf den Felsen des Massif des
Maures, gekrönt vom **Château des
Seigners de Fos**, zu dem steile Gäss-
chen und Durchgänge mit pastell-
fabenen Häusern hinaufführen.

Wenn im Februar die Mimosen in
voller Blüte stehen, feiert das mittelalterliche Dorf dieses Ereignis mit
einem opulenten Blumen-Corso (*corso
fleuri*) – ein Rausch in Gelb!

Bei der Touristeninformation ist
ein Plan erhältlich, der im Gewirr
der Gassen und Treppchen den Weg
weist (*circuit touristique*), unter anderem zur Patronatskirche **St-Trophyme**
und den Ruinen der um 1400 er-
bauten Burg.
✚ 192 C2

Touristeninformation
✉ 1, place Gambetta
☎ 04 94 01 38 38;
www.bormeslesmimosas.com
🕐 April–Sept. tägl. 9–12.30, 14.30–18.30 Uhr;
Okt.–März Mo–Sa 9–12.30, 13.30–17.30 Uhr

Typisch für die Provence: duftende lila
blühende Lavendelfelder

8 Collobrières

Mitten im Massif des Maures, umgeben von einem Kastanienwald,
liegt dieses charmante, eben für seine
glasierten Esskastanien (*marrons
glacés*) bekannte Örtchen. Zur Ernte-
zeit im Oktober findet ein großes
Fest zu Ehren der braunen Früchte
statt, die hier sonntags auf dem
Markt feilgeboten werden (im Sommer auch donnerstags).

In der Umgebung des Dorfes gedeihen auch zahlreiche der prächtigen Korkeichen. Die D14 weiter
bergauf erreicht man nach 12 km
die bezaubernde, im dichten Wald
verborgene **Chartreuse de la Verne**.
Das 1170 gegründete ehemalige
Karthäuser-Kloster ist seit 1980
ein Ordenssitz der Schwestern von
Bethlehem.
✚ 192 C2

Touristeninformation
✉ Boulevard Charles Caminat
☎ 04 94 48 08 00
🕐 Di, Mi, Fr, Sa 10–12, 14–17.30 Uhr

Chartreuse de la Verne
🕐 Juni–Aug. Mi–Mo 11–18 Uhr;
Sept.–Mai Mi–Mo 11–17 Uhr.
Geschl. an Feiertagen und im Jan.

FÜR KINDER
- **Cap de St-Tropez** Hier können sich die Kleinen am Strand tummeln (➤ 71).
- Der **Azur Park** (am Golf von St-Tropez, April bis Mitte Sept.; www.azurpark. com) ist einer der spektakulärsten Rummelplätze Europas.
- **Village des Tortues** Kurzweilig und interessant ist die einstündige Tour durch dieses »Schildkrötendorf« mit 1200 Einwohnern (in Gonfaron, an der Autobahn Aix–Cannes, im Sommer 9–19, Winter 9–18 Uhr).

9 Abbaye du Thoronet

Tief im Wald von La Daboussière, südlich von Entrecasteaux, versteckt sich eine Abtei aus dem 12. Jahrhundert, die Abbaye du Thoronet. Sie ist das älteste und vom Baustil reinste der drei großen Zisterzienser-Klöster der Provence (neben Sénanque, ➤ 150f, und Silvacane, ➤ 103f). Nach Zeiten großen Wohlstandes erlebte sie im 14. Jahrhundert ihren Niedergang, wurde schließlich 1791 aufgegeben und in den 1850er-Jahren restauriert.

Durch das Torgebäude geht man auf den gedrungenen Bau der aus roséfarbenem Stein errichteten Kirche zu, mit ihrem schmucklosen Inneren und mächtigen Glockenturm. Ringsum erheben sich stattliche Wohngebäude, ein Kapitelhaus und ein ehemaliger Zehntspeicher, der später

Das schlichte, in goldenes Licht getauchte Innere der romanischen Kirche der Abbaye du Thoronet

in eine Ölmühle verwandelt wurde. Jeden Sonntagmittag singt bei der Messe der Chor der Schwestern von Bethlehem.

🗺 192 C4
☎ 04 94 60 43 90
🕐 April–Sept. tägl. 10–18.30 Uhr (geschl. So 12–14 Uhr); Okt.–März Mo–Sa 10–13, 14–17, So 10–12, 14–17 Uhr 💰 mittel

10 Moustiers-Ste-Marie

Auf schwindelerregend steilen Felshängen gelegen, ist Moustiers nordwestlicher Ausgangspunkt für eine Fahrt entlang der Gorges du Verdon (➤ 74ff). Bereits im 5. Jahrhundert siedelten Mönche oberhalb des Ortes, wo heute die Kapelle **Notre-**

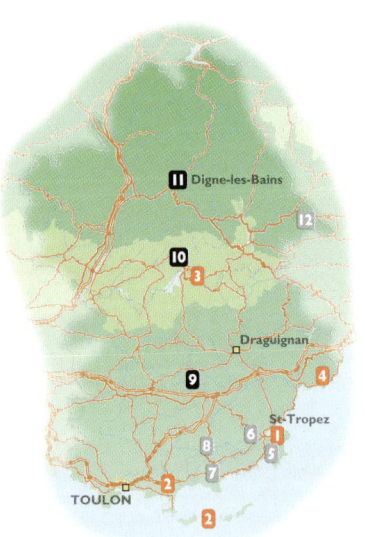

Rauchschwaden aus einem Kamin in der Dachlandschaft von Moustiers-Ste-Marie

goldener Stern, einst Schenkung eines Ritters namens Blacas, als Dank für die Errettung aus Gefangenschaft während eines Kreuzzuges.

Weltbekannt wurde Moustiers im 17./18. Jahrhundert durch seine farbig bemalte, weißgrundige **Keramik**, wie man sie hier heute wieder in zahlreichen Kunstgewerbeläden findet.

🕂 186 C2

Touristeninformation
✉ Maison de Lucie, place de l'Eglise
☎ 04 92 74 67 84;
www.ville-moustiers-sainte-marie.fr
🕐 Juli–Aug. tägl. 9.30–12.30, 14–19.15 Uhr; Juni, Sept. 10–12.30, 14–18.30 Uhr; April–Mai 10–12.30, 14–18 Uhr; März, Okt. 10–12.30, 14–17.30 Uhr; Nov. 10–12, 14–17.30 Uhr; Dez. 10–12, 13.30–17 Uhr

⑪ Digne-les-Bains

Geschützte Lage, mildes, sonniges Klima, herrliche Luft und seine Thermalquellen machten Digne-les-Bains zu einem bekannten Kurort. Er ist zudem ein idealer Ausgangspunkt für die Erkundung des umliegenden Hügellandes, als Wanderer, mit dem Auto oder der

Dame-de-Beauvoir (12.–16. Jh.) steht. Die nur einen kurzen Marsch von Moustiers entfernte Kapelle ist zweimal jährlich Ziel von Wallfahrten. Hoch über der Schlucht und dem Ort hängt an einer Kette ein großer

Das Kurbad von Digne-les-Bains: bekannt für Thermalanwendungen

alten Schmalspurbahn **Train des Pignes** (»Pinienzapfen-Zug«), die viermal täglich nach Nizza fährt.

Digne ist aber in der Provence auch die Hauptstadt des Lavendels. Seit dem Mittelalter wird die Pflanze hier angebaut, sogar als Therapeutikum. Während des fünftägigen **Lavendel-Festes** im August ist die Stadt eine einzige lila Wolke, die Straßen werden dann zusätzlich mit Lavendelwasser besprüht! Lavendelprodukte kann man hier mittwochs und samstags auf der Place du Général-de-Gaulle erwerben und auf der **Route de la Lavande**, die auch durch Digne führt, alle lavendelrelevanten Plätze der Umgebung erkunden.
✚ 186 C3

Touristeninformation
✉ Rond-Point du 11-Novembre 1918
☎ 04 92 36 62 62; www.ot-dignelesbains.fr

12 Entrevaux

Über einer schmalen Schlucht in den Bergen zwischen Nizza und Digne lockt das mittelalterliche Kleinod Entrevaux, einst wichtige Grenz-befestigung Frankreichs zu Savoyen. In den 1690er-Jahren wurde sie ausgebaut von Vauban, dem Festungs-architekten Ludwigs XIV.

Über eine Zugbrücke gelangt man durch die Porte Nationale oder Porte Royale in die schmalen Gassen des Städtchens mit seinen pittores-ken Häusern und zu zahlreichen Sehenswürdigkeiten: der befestigten Kathedrale, einer restaurierten Müh-le, einem ehemaligen Brotbackhaus der Gemeinde und einer Sammlung von Motorrad-Oldtimern.

Steil hinauf führt der felsige Weg zu den Ruinen der **Zitadelle** Vaubans, von wo man einen herr-lichen Blick in den Haut-Var und die Berge dahinter hat. Von der Porte d'Italie aus kann man eine schöne Wanderung am Flussufer entlang unter-nehmen.

➕ 188 B3

Touristeninformation
✉ Porte Royale ☎ 04 93 05 46 73
🕐 Sommer Di–So 9.30–12, 13.30–17 Uhr.
Zutritt zur Zitadelle durch eine
automatische Drehschleuse
💶 preiswert

Oben: Vaubans Festungsbrücke über
der engen Schlucht bildet den Eingang
nach Entrevaux

Links: Wie ein Schwalbennest hängt
Entrevaux über dem Fluss Var

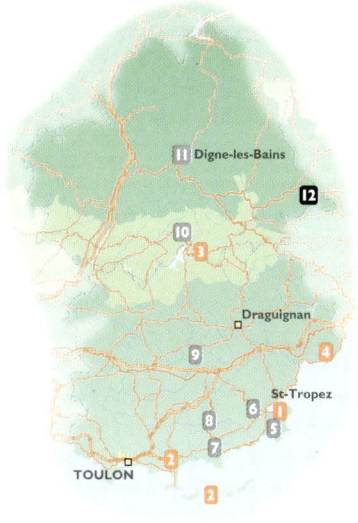

Wohin zum ... Übernachten?

Preise
Die Preise gelten pro Nacht im Doppelzimmer:
€ unter 100 Euro   €€ 100–200 Euro   €€€ bis 200 Euro

BORMES-LES-MIMOSAS

Le Bellevue €
Einfaches Familienhotel mit spektakulärem Blick auf rote Dächer und blaues Meer, zudem eine Oase ziviler Preise in teurem Umfeld. Nettes Restaurant mit Fischgerichten und Spezialitäten der Provence.
✚ 192 C2 ⊠ 12, place Gambetta
☎ 04 94 71 15 15; www.bellevuebormes.com
Ⓖ geschl. Mitte Nov. bis Mitte Jan.

MOUSTIERS-STE-MARIE

La Ferme Rose €–€€
Hinter der namengebenden rosa Fassade wartet ein gemütliches Interieur, mit Fliesenböden, dicken Deckenbalken und Reminiszenzen der 1950er-Jahre (darunter eine Juke Box). Im Sommer wird das Frühstück auch im Garten serviert. Kein eigenes Restaurant.
✚ 186 C2 ⊠ 04360 Moustiers-Ste-Marie
☎ 04 92 75 75 75; www.lafermerose.com
Ⓖ April bis Mitte Nov., Weihnachten und Neujahr

La Bastide de Moustiers €€–€€€
Altes Landhaus auf 4-Sterne-Niveau, mit Restaurant des Kochkünstlers Alain Ducasse (▶ 18, 86). 12 individuell in provenzalischem Stil eingerichtete, helle Zimmer. Diejenigen in der Dépendance verfügen über eine eigene Terrasse und direkten Zugang zum Garten. Von dort schöner Blick ins Weite. Auf dem Gelände tummeln sich Ponys und Hirsche. Elegantes Speisezimmer, bei gutem Wetter wird auch draußen serviert. Außenpool mit Terrasse.
✚ 186 C2 ⊠ Chemin de Quinson
☎ 04 92 70 47 47;
www.bastide-moustiers.com

RAMATUELLE

Kon Tiki-Riviera Village €
Campingplatz der Spitzenklasse am Rande des schönen Pampelonne-Strandes: sehr beliebt, also unbedingt reservieren! Die Wohnmobile differieren im Stil, verfügen jedoch alle über zwei Schlafzimmer, Einbauküche, Lounge und Duschbad. Man kann aber auch mit eigenem Gefährt anreisen. Zum ausgedehnten Service gehören hier auch Safés, Wassersport, Lebensmittelladen, Restaurant, Bar, Tennisplatz und Warmduschmöglichkeit.
✚ 193 E2 ⊠ Plages de Pampelonne
☎ 04 94 55 96 96; www.riviera-villages.com
Ⓖ geschl. Nov. bis Mitte März

La Ferme d'Augustin €€–€€€
3-Sterne-Haus in der Nähe von Tahiti Beach und Zentrum von St-Tropez, das Gemütlichkeit mit modernem Komfort verbindet – manche Badezimmer verfügen über einen eigenen Whirlpool, einige der Suiten über ein Ankleidezimmer sowie eigene Terrassen und Gartenteil. Komfortable Lounges mit Kamin. Im gepflegten Park wartet ein beheizter Pool mit Hydro-Massage-Düsen.
✚ 193 E2 ⊠ Tahiti
☎ 04 94 55 97 00; www.fermeaugustin.com
Ⓖ geschl. Mitte Okt. bis Anfang April

ST-TROPEZ

B Lodge €–€€
Nettes Boutique-Hotel am Fuße der Zitadelle, mit 11 stilvoll-modernen

Wohin zum ...
Essen und Trinken?

Preise
Die Preise gelten pro Person für ein Drei-Gänge-Menü ohne Getränke und Trinkgeld:
€ unter 25 Euro   €€ 25–50 Euro   €€€ über 50 Euro

BORMES-LES-MIMOSAS

Lou Portaou €€
Kleines Restaurant in malerischem Winkel, mit schlichter, tagesfrischer provenzalischer Küche.
🚩 192 C2 ⬜ 1, rue Cubert-des-Poètes
☎ 04 94 64 86 37
🕐 12–13.30, 19–21.30 Uhr. Geschl. Mo, Di Mitte Sept. bis Mitte Juni

COLLOBRIÈRES

La Petite Fontaine €
Friedliches Plätzchen mit schattiger Terrasse, Spezialitäten des Massif des Maures und Wein der hiesigen Winzergenossenschaft.
🚩 192 C2 ⬜ 1, place de la République
☎ 04 94 48 00 12 🌙 geschl. So abends, Mo

DIGNE-LES-BAINS

Le Grand Paris €€
Gilt als bestes Restaurant am Platz. Im Ambiente eines ehemaligen Klosters aus dem 17. Jh. schmecken z. B. Medaillons vom Seeteufel mit Räucherschinken und Emulsion von Baby-Charlotten.
🚩 186 C3 ⬜ 19, boulevard Thiers
☎ 04 92 31 11 15 🌙 geschl. Dez.–Feb.

Doppelzimmern und einer klimatisierten Suite, jeweils mit Blick auf Hafen oder Zitadelle. Zum Hafen führt ein kurzer Weg hügelabwärts. Schöne, ruhige Oase ohne aufdringlichen Luxus in einer sonst eher teuren, hektischen Umgebung. Freundlicher Service, Parkmöglichkeit in der Nähe.
🚩 193 E3 ⬜ 23, rue de l'Aïoli
☎ 04 94 97 06 57;
www.hotel-b-lodge.com

Hôtel Byblos €€€
Legendäres Luxus-Hotel, immer noch angesagt beim Jetset. Hinter der Fassade in Ocker und Rosa ein aufwendiges Interieur im provenzalischen Stil, in dem auch die großzügigen Zimmer und Suiten gehalten sind. Im Hause ist der Nachtclub Les Caves du Roy (▶ 88).
🚩 193 E3 ⬜ Avenue Paul Signac
☎ 04 94 56 68 00;
www.byblos.com
🌙 Nov. bis Mitte April geschl.

Hôtel Lou Cagnard €–€€
Komfortables, preiswertes Hotel mit einfachen, aber luftigen und sauberen Zimmern. Frühstück im Garten (herrlich an sonnigen Tagen). Parkmöglichkeit vorhanden.
🚩 193 E3 ⬜ 18, avenue Paul Roussel
☎ 04 94 97 04 24;
www.hotel-lou-cagnard.com
🌙 geschl. Mitte Okt. bis Anfang Mai

Mas de Chastelas €€–€€€
Gediegenes Bauernhaus (mas) aus dem 18. Jahrhundert, wo schon Belmondo, Depardieu und andere Idole des französischen Films nächtigen. Etwas außerhalb von St-Tropez in einer weitläufigen Anlage situiert, mit zwei Swimmingpools, Outdoor-Whirlpool und Tennisplätzen.
🚩 193 E3
⬜ Quartier Bertaud, Gassin
☎ 04 94 56 71 71;
www.chastelas.com
🌙 meist Nov.–Dez. geschl.

GRIMAUD

Les Santons €€

Top-Cuisine aus frischen lokalen Zutaten, charmant serviert im eleganten Ambiente provenzalischen Stils. Das Restaurant mit klassisch französischer Küche und mediterranem Einschlag gilt als eines der besten der Region: also an Wochenenden und im Sommer immer reservieren!

✚ 193 D3 ✉ D558 ☎ 04 94 43 21 02 Ⓖ geschl. Mi, Mitte Nov. bis Mitte Dez.

HYÈRES

Le Bistrot de Marius €€

Lyonnaisch-provenzalische Spezialitäten genießt man in diesem gemütlichen kleinen Restaurant im Herzen der Altstadt von Hyères zu absolut zivilen Preisen. Höchst stimmungsvoll: die Terrasse vor der Kulisse des lebendigen Platzes im Schatten des Tour des Templiers.

✚ 192 B2 ✉ 1, place Massillon ☎ 04 94 35 88 38 Ⓖ geschl. Mo im Sommer

MOUSTIERS-STE-MARIE

La Bastide de Moustiers €€–€€€

Eine täglich wechselnde Karte mit sensationellen Gaumenfreuden bietet der Landsitz des berühmten Alain Ducasse (▶ 18). Frisch vom Markt oder eigenen Garten kommen hier die typischen Düfte und Aromen der Provence auf den Tisch. Exzellent auch als Nachtquartier (▶ 84).

✚ 186 C2 ✉ Chemin de Quinson, 04360 Moustiers-Ste-Marie ☎ 04 92 70 47 47 Ⓖ geschl. Mo, Di oder Mi und 7.–31. Jan.

ST-TROPEZ

La Bouillabaisse €€

In der ehemaligen Fischerkate am Strand spielt Meeresgetier auch auf der Speisekarte die Hauptrolle.

✚ 193 E3 ✉ Plage de la Bouillabaisse ☎ 04 94 97 54 00 Ⓖ Mitte Feb. bis Ende Sept.

Le Café €€

Das kuschelige, stilvolle Lokal (ehemals Café des Arts) hat eine lange Geschichte als Treffpunkt von Künstlern und Intellektuellen. Das Interieur entspricht einer typischen französischen Bar: braune Ledersofas, viel Holz und alte Bücher mit Lederrücken im Regal. Beim Cappuccino auf der Terrasse kann man den Boulespielern zuschen. Gemeint ist das Café neben dem Kino auf der Place des Lices, nicht das neuere Café des Arts an der Ecke!

✚ 193 E3 ✉ 5, place des Lices ☎ 04 94 97 44 69; www.lecafe.fr Ⓦ Küche tägl. 10.30–23 Uhr; Café bis Mitternacht

Chez Fuchs €€

Unprätentiöse Bar-Tabac in Familienbesitz, mit herzhafter Hausmannskost – eben die hat den Laden so beliebt gemacht, so auch die lebendige Atmosphäre. Besser reservieren!

✚ 193 E3 ✉ 7, rue des Commerçants ☎ 04 94 97 01 25 Ⓖ geschl. mittags Juni–Sept.

La Citadelle €

Gemütliches Mini-Restaurant mit Tischen, die sich auf der Straße verteilen (und einer sehr delikaten *tarte tatin*).

✚ 193 E3 ✉ 22 bis, rue de la Citadelle ☎ 04 94 54 81 19 Ⓖ April–Okt. tägl. 12–14, 19–22.30 Uhr

Sénéquier €€

Knallrote Markisen, Tische und Stühle am Kai – und obendrein absolut angesagt, vor allem zum Frühstück. Deshalb kostet der Kaffee hier auch etwas mehr, doch ein sonniger Morgen in St-Tropez ist hier einfach unerreicht (▶ 68).

✚ 193 E3 ✉ Quai Jean-Jaurès ☎ 04 94 97 00 90 Ⓦ tägl. 8–2 Uhr im Sommer, 8–20 Uhr im Winter. Geschl. Jan./Feb.

La Table du Marché €€

Kleines Bistro in einem Gässchen beim Hafen mit hervorragender Küche: regionale Spezialitäten, kleine Gerichte, Kuchen, Gebäck und Weine in ungezwungener Atmosphäre.

✚ 193 E3 ✉ 38, rue Georges Clemenceau ☎ 04 94 97 91 91 Ⓦ Mittag- und Abendessen ganzjährig, 8–24 Uhr

Wohin zum... Einkaufen?

MÄRKTE

In St-Tropez gibt es mehrere Märkte, darunter den pitoresken Fischmarkt (**Marché aux Poissons**) auf der Place aux Herbes (7–13 Uhr), wo man z. B. köstliche Meerbarben, Drachenköpfe und Meerjunker (eine Lippfischart) anbietet. Auch wer ohne Kaufambitionen hierher kommt, hat sicher seinen Spaß an dem bunten Treiben. Auf dem **Marché Provençal** (Place des Lices, Di, Sa 8–13 Uhr) findet man neben typischen Lebensmitteln der Provence auch Antiquitäten und Kunstgewerbe.

Auf dem **Bauermarkt** in Collobrières (Place de la Libération, Di, So 8–13 Uhr) beherrschen natürlich Kastanien in jeder Form

das Angebot, von *marrons glacés* und Marmelade bis zu Korbwaren aus Kastanienholz. Daneben gibt es Waren aus Kork und regionale Spezialitäten wie Oliven und Honig.

LEBENSMITTEL UND WEIN

In St-Tropez lohnt ein Besuch bei **Tarte Tropézienne** (36, rue Clemenceau, www.tarte-tropezienne. com, 8–20 Uhr Feb.–Okt.). Die namengebende Tarte mit Vanillecremefüllung wurde 1955 von Brigitte Bardot so getauft. Im nahen Gassin vertreiben **Les Maîtres Vignerons de la Presqu'île de St-Tropez** (Carrefour de la Foux) die Weine der Halbinsel.

Geschmack und Farben der Provence führen **Saveurs et Couleurs**

in Digne-les Bains im Schild (7, boulevard Gassendi, Di–Sa 8.30–12.30, 14.30–19.15, So 9–12.30 Uhr) und in den Regalen: hochwertiges Olivenöl, Gänseleber, Essig, Alkoholika, Parfum, Marseiller Seife, Artikel aus provenzalischen Stoffen, Olivenholz und Terrakotta.

Eines der renommiertesten Weinanbaugebiete der Provence ist die winzige Bandol Appellation Contrôlée westlich von Toulon, die exzellente Rote und gediegene Rosés aus der Mourvèdre-Traube keltert. Auch für die Weißweine aus Clairette und Bourboulenc sind Boden und Klima um Bandol ideal. In der **Maison des Vins** am Halen des Städtchens (22, allées Vivien, Mo–Sa 10–13, 15–19 Uhr) bekommt man Informationen zu den Weingütern und jede Menge guter Tropfen.

SOUVENIRS UND GESCHENKE

Pépinières Cavatore (Chemin de Bénat, Tel. 04 94 00 40 23) in

Bormes-les-Mimosas ist spezialisiert auf Mimosen – vor allem im Februar, wenn die Bäume in voller Blüte stehen. Immer einen Besuch wert. Keine Kreditkarten.

Moustiers-Ste-Marie ist ein Me°ka der Keramik, man hat die Qual der Wahl unter all den Vasen, Bechern und Tellern im **Atelier So°eil** (Chemin de Quinson, Mo, Di, Do, Fr 9–11.30 Uhr). Das Atelier betreibt eine weitere Filiale im Zentrum nahe der Kirche.

MODE

Voll chicer Läden ist St-Tropez, von klassischen französischen Nobelmarken wie **Hermès** (Place Grammond) bis zu Geschäften wie **Blanc Bleu** (3, rue Allard, 10–13, 15–19 Uhr) mit sportlicher Mode für Sie und Ihn. Bei **Rondini** (16, rue Clemenceau) können Sie in Tropéziennes schlüpfen, erztypische Sandalen, wie sie auch Picasso trug.

Wohin zum ...
Ausgehen?

BARS, CLUBS UND CASINOS

Im heißesten Nachtclub von St-Tropez, **Les Caves du Roy,** begegnet man der Haute volée – bei freiem Eintritt und horrenden Preisen für die Drinks (Hotel Byblos, Avenue Paul-Signac, Tel. 04 94 56 63 00, 23–5 Uhr Ostern–Okt.). Kaum weniger legendär und hip ist der **VIP Room** (Residences du Nouveau Port, Tel. 04 94 97 14 70, April–Okt. tägl. 21–3 oder 5 Uhr). Für das ehrliche Bier zwischendurch empfiehlt sich die **Bar Anglais** (15, quai Suffren 83990, Tel. 04 94 97 30 04, ab 20 Uhr) im ersten Stock des exklusiven Hôtel Sube. Am alten Hafen lockt die **Le Papagayo Lounge Bar** (Port de

St-Tropez, Tel. 04 94 79 29 50), ein Restaurant-Nightclub, mit Aussichtsterrasse, Prominenz und stampfenden Rhythmen bis in die Morgenstunden (in der Hochsaison oft Live-Musik). Wesentlich entspannter geht es zu im **Octave Café** (Place de la Garonne, Tel. 04 94 97 22 56): Hier kann man stilvoll in schwere Sessel sinken und seinen Drink bequem vom Couchtisch pflücken – auch zu Live-Musik. Im Hinterzimmer gibt es lupenreinen Jazz.

Als Kulturzentrum in Digneles-Bains dient das **Palais des Expositions** (1, place de la République, Tel. 04 92 31 15 21; www.mairie-dignelesbains.fr) mit seinem großen Saal für bis

zu 3000 Zuschauer: Konzerte auch internationaler Sänger, Theater- und Tanzaufführungen.

SPAS

Anwendungen aller Art bieten die Kurorte Digne-les-Bains und Gréoux-les-Bains, im **Établissement Thermal de Digne-les-Bains** z. B. Gesichtsmasken, Schlammpackungen und Aquagymnastik (Eurothermes, Digne-les-Bains, Tel. 04 92 32 32 92, März bis Anfang Dez.) Wenn Sie im August kommen, können Sie gleich noch den allgegenwärtigen Lavendel in einem fünftägigen Festival feiern (▶ 82).

Hydrotherapie ist seit je auch eine Spezialität des **Établissement Thermal de Gréoux-les-Bains,** das Wasser hier gilt als besonders effizient bei Rheumatismus und Bronchialleiden (Quai des Hautes Plaines, Tel. 08 26 46 81 85; www.sante-eau.com; Mo–Sa, Mitte März bis Mitte Dez.).

SPORT

Der 18-Loch-Kurs von **Golf de Digne-les-Bains** umkreist abenteuerlich die Hügel und verfügt über Restaurant, 2-Sterne-Hotel, Swimmingpool und Tennisplatz (57, route du Chaffaut, Digne-les-Bains, Tel. 04 92 30 58 00; 9–18, 8–20 Uhr im Sommer).

Bei Fréjus, zwischen Dramont und St-Tropez, gibt es interessante Tauchgründe, inklusive alter Schiffwracks. Erkundigen Sie sich beim **Centre International de Plongée de Fréjus** (Aire de Carénage, Port Fréjus, Tel. 04 94 52 34 99; www.cip-frejus.com; ganzjährig, nach Vereinbarung).

Nervenkitzel im Wasser hat **Aqua Viva Est** in Castellane auf dem Programm, mit Wildwasser-Rafting, Kanu- und Kajak-Trips durch die Gorges du Verdon und auf den Flüssen Vésubie und Tinée (12, boulevard de la République, Tel. 04 92 83 75 74, www.aqua vivaest.com; Ostern bis Ende Sept.).

Marseille und Umgebung

Erste Orientierung

Marseille und Aix-en-Provence sind schon für sich ein wahres Füllhorn an Sehenswertem, doch auch ihre Umgebung präsentiert sich in überraschender Vielfalt.

Marseille, Frankreichs bedeutendste Hafenstadt, ist von ganz eigenem Charakter – selbstbewusst, markant und lebendig. Eher ein Rohdiamant, ohne die mondänen Strandpromenaden und Hotelpaläste von Nizza und Cannes oder den eingängigen Charme von St-Tropez. Sein Bild ist geprägt von Jahrhunderten emsigen Schaffens in Reedereien, Seifenfabriken, Pastis-Destillerien. Und von der Geschichte: Die *Marseillaise* (➤ 94) ist Frankreichs Nationalhymne. Als Schmelztiegel von Menschen und Kulturen – »Treffpunkt der ganzen Welt« – sah Alexandre Dumas die Stadt.

Als wahre Quintessenz des Provenzalischen hingegen erscheint Aix-en-Provence: prachtvolle alte Wohnhäuser mit schmiedeeisernen Balkongittern, sonnige Plätze, schattige Alleen, quirlige Märkte, schöne Brunnen. Man kann leicht nachempfinden, weshalb der Maler Paul Cézanne, berühmtester Sohn der Stadt, sie so liebte – auch ihre pittoreske Umgebung, dominiert von der majestätischen Montagne Ste-Victoire, im hinreißenden Wechselspiel von Licht und Schatten auf den hellen Kalksteinfelsen.

Hierher stammen aber auch andere hochkarätige Persönlichkeiten: aus Salon-de-Provence etwa der Seher Nostradamus (➤ 103), aus Aubagne der Schriftsteller Marcel Pagnol (➤ 7). Und überall trifft man auf Sehenswertes, wie das Château de la Barben mit seinem herrlichen Park von Le Nôtre, die Zisterzienser-Abtei Abbaye de Silvacane oder die fjordartigen Calanques.

Seite 89: Notre-Dame de la Garde in Marseille

Links: Fischer beim Netzeflicken

In zwei Tagen

Wer sich nicht schlüssig ist, auf welchen Wegen er die Region erkunden soll, findet hier Anregungen für eine entspannte zweitägige
Tour um Marseille. Die einzelnen Stationen sind auch auf der Karte
der vorhergehenden Seite eingezeichnet, und falls Sie mehr über
ein bestimmtes Ziel wissen möchten, blättern Sie einfach weiter zu
den Seiten, wo es ausführlich beschrieben ist.

Erster Tag

Vormittag
Los geht es in ❶ Marseille
am Alten Hafen (Vieux
Port, links, ➤ 94), wo
das Herz der Stadt am
lebhaftesten schlägt und
Frühaufsteher den
Fischmarkt erleben kön-
nen (tägl. am Quai des
Belges). Danach bietet
sich ein Rundgang an
durch das älteste, schon
in der Antike von den
Griechen besiedelte
Viertel, das Quartier du
Panier (➤ 95). Mit sei-
nen engen, dunklen
Gassen erinnert es heute
an einen orientalischen
Bazar.

Mittag
Ideal also ein Mittagsmahl im La Kahéna (2, rue de la République,
Tel. 04 91 90 61 93), mit Couscous und pappsüßen Desserts.

Nachmittag
Besonders beeindruckend wirkt das Weichbild von Marseille vom Wasser
aus. Vom alten Hafen gehen auch Ausflugsschiffe zu den ❷ Calanques
(➤ 97) und dem legendären Château d'If (➤ 94), außergewöhnlich in
seiner Mischung aus Geschichte, Mythos und Fiktion.

Abend
Bleiben Sie dem Alten Hafen treu mit einem Aperitif in der Bar de
la Marine (Quai de Rive Neuve), Schauplatz in den Romanen Marcel
Pagnols (➤ 7, 105) – und in dem Film *Tatsächlich … Liebe* (2003).
Danach vielleicht zu einem schönen Abendessen ins stadtbekannte
Une Table, au Sud (➤ 108) oder in die Opéra de Marseille (➤ 110),
wo auch das berühmte Nationalballett auftritt.

Zweiter Tag

Vormittag

Im Morgenlicht entfaltet sich unwiderstehlich die Poesie von **4** **Aix-en-Provence** (➤ 100f). Herrlich lässt es sich hier unter den Platanen des eleganten Cours Mirabeau (unten) und durch die Gassen der Altstadt mit der Kathedrale im Norden schlendern, oder durch das Mazarin-Viertel mit seinen alten Villen im Süden. Und jeden Tag ist hier irgendein quicklebendiger Markt!

Mittag

Vorzügliche lokale Spezialitäten serviert La Brocherle (➤ 107).

Nachmittag

Kunstliebhaber werden sich gern auf die Spuren Cézannes machen und sein ehemaliges Atelier besuchen (➤ 101). In seiner charmanten Unordnung wirkt es, als habe es der 1906 verstorbene Künstler eben erst verlassen. Bis zu seinem letzten Tag wanderte Cézanne häufig in die landschaftlich reizvolle Umgebung seiner Heimatstadt, wo ihn besonders das Motiv der **3** **Montagne Ste-Victoire** (rechts, ➤ 98f) beschäftigte: Über 65-mal hielt er es auf der Leinwand fest, in wechselnden Lichtstimmungen und Perspektiven. Wer Aix westwärts in diese Richtung verlässt, auf schmalen Landsträßchen, kann seinen Enthusiasmus nachempfinden!

Abend

Und abends ein formidables Diner bei L'Aixquis (➤ 107).

❶ Marseille

Frankreichs zweitgrößte Stadt ist ein Hexenkessel an Betrieb-
samkeit, mit einem vielfältigen Gemisch von Mentalitäten und
Hautfarben auf geschichtsträchtigem Boden. Kulturell hat sie
allein an Museen und Kunstgalerien einiges zu bieten, außerdem einen attraktiven Küstenstreifen. Am besten beginnt man
seinen Eroberungszug im Alten Hafen, wo bunte Fischerboote
ihren Fang abladen und die Gässchen überquellen von Bars
and Restaurants.

Alter Hafen (Vieux Port)

Vom Quai des Belges gehen Schiffe zum berüchtigten **Château
d'If** auf einer der Stadt vorgelagerten Insel. Einst 1528 von
Franz I. als Hafenfeste erbaut, diente sie später als Gefängnis
teils für prominente Adlige. Durch den 1844 erschienenen
Roman *Der Graf von Monte Christo* von Alexandre Dumas wurde
die Zwingburg unsterblich – als Kerker des unglücklichen
Titelhelden.

Jenseits des Quai de Rive Neuve mündet das Hafenviertel
in das Quartier de l'Arsenal, wo man sich bestens bei einer
Bouillabaisse (▶ 19) stärken kann, dem Leib- und Magen-

**Mit dem Boot zur
ehemaligen
Gefängnisinsel
Château d'If**

LA MARSEILLAISE

Im Zuge der Französischen Revolution 1789 wurden 500 Freiwillige aus
Marseille nach Paris entsandt. Auf ihrem Marsch stimmten sie ein Lied des
Komponisten Claude Joseph Rouget de Lisle aus Straßburg an. Und als sie
nach Paris kamen, war es zur Hymne der Revolution geworden, ihnen zu
Ehren *La Marseillaise* genannt.

gericht der Marseiller. So bewältigt man locker den Aufstieg zu **Notre-Dame de la Garde**, einer Basilika aus dem 19. Jahrhundert, deren goldene Madonnen-Statue einem schon von weitem entgegenblinkt (besonders schön nachts im Scheinwerferlicht, ➤ 89).

Nördlich des Alten Hafens dehnt sich, mit bunten Häusern, Gässchen und Treppen, das Viertel **Le Panier** aus. Selbst die Bomben des Zweiten Weltkriegs konnten den zahlreichen historischen Bauten hier wenig anhaben. Am Fuße des Hügels befindet sich das **Musée des Docks Romains**, mit römischen Exponaten aus dem 3. bis 1. Jahrhundert v. Chr., ein wenig weiter oben ein Hospiz aus der Barockzeit, **La Vieille Charité**, dessen

Für Arbeit oder Vergnügen: Schiffsreigen im Alten Hafen von Marseille

Arkadenbau heute ein Kulturzentrum mit Museum und Ausstellungsräumen beherbergt. Hoch über der modernen Docklandschaft thront, mit gewaltigen Kuppeln und zweifarbiger Fassade, die im byzantinischen Stil gehaltene **Cathédrale de la Major**.

Von der Magistrale **La Canebière**, die vom Alten Hafen ins Zentrum führt, gehen auch die interessantesten Einkaufs-

Die Cathédrale de la Major

straßen ab. Im nördlich hiervon gelegenen **Musée d'Histoire de Marseille** lässt sich die Geschichte der Stadt nachverfolgen,

spektakulärstes Exponat ist ein römisches Handelsschiff. Im Jardin des Vestiges vor den Mauern des Museums ist etwas Gras über die Ruinen gewachsen, in Form eines schönen Parks, doch kann man noch sehr gut die Ruinen antiker griechisch-römischer Gebäude und Straßen ausmachen, auch die Ursprünge der Hafenanlage.

Südlich der Canebière, mitten in Marseilles bester Shoppingmeile, wartet das **Musée Cantini** mit einer exquisiten Sammlung moderner Kunst – vor allem des Fauvismus, Kubismus und Surrealismus, darunter Werke von Man Ray, Henri Matisse (➤ 14), Wassily Kandinsky, Pablo Picasso (➤ 14), Alberto Giacometti und Francis Bacon.

KLEINE PAUSE

Zeit für die einzig wahre
Bouillabaisse (➤ 19) bei
Le Miramar im Alten Hafen
(12, quai du Port, Tel. 04 91
91 10 40; So/Mo geschl.).
✚ 191 D2

Touristeninformation
✚ 198 C2 ✉ 4, La Canebière
☎ 04 91 13 89 00; www.marseille-
tourisme.com 🕐 Mo–Sa 9–19,
So 10–17 Uhr 🚇 Metro 1: Vieux Port

Château d'If
✚ 198 bei A2
☎ 04 91 59 02 30 🕐 Mai bis Mitte
Sept. tägl. 9–18, Mitte Sept. bis März
Di–So 9–17.15 Uhr; April tägl.
9–17.30 Uhr 👜 mittel ⛴ Quai des
Belges (☎ 04 91 55 50 09, April–Okt.)

Musée des Docks Romains
✚ 198 B2
✉ 28, place Vivaux ☎ 04 91 91 24
62 🕐 Di–So, Juni–Sept. 11–18, Okt.–
Mai 10–17 Uhr 👜 preiswert

Musée d'Histoire de Marseille
✚ 198 C3
✉ Square Belsunce, Centre Bourse
☎ 04 91 90 42 22
🕐 Mo–Sa 12–19 Uhr 👜 preiswert

Musée Cantini
✚ 198 C1
✉ 19, rue Grignan ☎ 04 91 54 77
75 🕐 tägl., Juni–Sept. 11–18,
Okt.–Mai 10–17 Uhr 👜 preiswert

Bummel auf der Canebière, die die Stadt
durchschneidet

MARSEILLE: INSIDER-INFO

Top-Tipps: Sein Auto stellt man am besten auf den ausgewiesenen **Parkplätzen**
ab (mehrere beim Alten Hafen).
■ Die Infoblätter *César* und *Ventilo* informieren über aktuelle Veranstal-
tungstermine.
■ Vorsicht vor Taschendieben im Viertel Le Panier (abends besser meiden),
auf Märkten, am Hafen und in Bars.

Geheimtipp: Die Maison de l'Artisanat et des Métiers des Arts zeigt interessante
Wechselausstellungen zu Handwerk und Kunstgewerbe (21, cours d'Estienne
d'Orves, Tel. 04 91 54 80 54; Di–So 13–18 Uhr; Eintritt frei).

2 Die Calanques

Bei Cassis ändert sich das Profil der Küste: Tief eingeschnittene, schmale Buchten mit hohen, zerklüfteten weißen Kalksteinfelsen beherrschen das Bild. Ein Schiffsausflug hierhin ist nicht nur ein ästhetisches Erlebnis, man kann im kristallklaren Wasser dieser *calanques* genannten kleinen Fjorde auch wunderbar baden und tauchen.

Geschützte, idyllische Liegeplätze in einer der Calanques

Auch zu Fuß sind die Calanques zugänglich über markierte Pfade oben auf den Klippen, von denen man in halsbrecherischem Abstieg auch in die kleinen Buchten gelangt. Längster der Fjorde ist der von Yachten und Motorbooten frequentierte **Port-Miou**, der kleinste, mit pittoreskem Pinienstrand, **Port-Pin**. Die steilsten Klippen und Felsinselchen wiederum findet man in **En Vau** – vom Land aus nur nach anderthalbstündigem Fußmarsch erreichbar und daher meist ein einsames Idyll.

Zu den Flüsschen Sormiou und Morgiou weiter westlich kommt man dagegen problemlos mit dem Auto. 1991 entdeckte der Höhlenforscher Henri Cosquer dort während eines Tauchgangs die heute unter Naturschutz stehende **Grotte Cosquer** mit um 25 000 v. Chr. entstandenen Höhlenzeichnungen von Auerochsen, Hirschen, Fischen und Pferden.

KLEINE PAUSE

Stilvoll in Bar oder Restaurant **Sur les Quais** des Yacht-Clubs im Hafens von La Ciotat (Tel. 04 42 08 14 14, www.yclc.com/quais.html).

🞡 191 E1

Touristeninformation
✉ Quai des Moulins, Cassis
☎ 08 92 25 98 92; www.ot-cassis.fr
🌐 ► 104

DIE CALANQUES: INSIDER-INFO

Top-Tipp: Am schönsten erleben Sie die Calanques bei einer geführten **Schiffstour** vom Hafen von Cassis aus (45 Minuten; tägl. 10–16.30 Uhr).

❸ Montagne Ste-Victoire

Der Maler Paul Cézanne war zeitlebens fasziniert vom majestätischen Kalksteinmassiv der Montagne Ste-Victoire östlich von Aix. Als blaugraue Eminenz über den fruchtbaren grünen Niederungen der Provence ging sie in seine Bilder und die Geschichte ein.

Pyramidenartig erhebt sich der Gebirgszug über Weingärten und Wäldchen rund 16 km östlich von Aix. Unten auf seinen Hängen gedeihen im rostroten Boden die Rebstöcke der Coteaux-d'Aix, in der Höhe Wald, niedrigem Buschwerk und Wildkräutern weichend. Jenseits der Baumgrenze leuchtet der nackte weiße Fels, dem wechselndes Licht unglaublich nuancierte Reflexe von Blau, Grau, Rosa und Orange entlockt.

Dieser Berg war das Lieblingsmotiv des Malers Paul Cézanne (1839–1906, ▶ 12f, oben rechts), der ihn immer wieder aus unterschiedlicher Perspektive und in anderen Lichtstimmungen auf die Leinwand bannte (*La Montagne Sainte-Victoire*, 1904; *Le Paysage d'Aix*, 1905). Kurz vor seinem Tod schrieb er an seinen Sohn: »Jeden Tag verbringe ich in dieser Landschaft mit ihren wunderbaren Formen. Und kann mir in der Tat als Zeitvertreib nichts Vergnüglicheres vorstellen.«

Nördlich führt die D10, südlich die D17 um das Bergmassiv herum. Von dort gelangt man leicht zu Aussichtspunkten und

Spazierwegen. Nahe der D10 wird bei der Barrage de Bimont (7 km von Aix) das Flüsschen Infernet zum **Lac du Bimont** gestaut, als Wasserreservoir der umliegenden Orte.

Ein Stück weiter auf der

Oben und unten links: Majestätisch thront die von Paul Cézanne so geliebte Montagne Ste-Victoire über Fluss und Wäldern

D10, nahe dem Weiler Les Cabassols, beginnt ein steiler Pfad zum Gipfel **La Croix de Provence** (945 m) im Westen des Gebirgszuges. Hierfür braucht man etwas Zeit, weil der Weg teilweise schwierig und nicht ungefährlich ist und in jedem Fall mehrere Stunden in Anspruch nimmt. Es lohnt sich jedoch wegen des herrlichen Blicks, ebenso wie ein Abstecher ins Dörfchen **Vauvenargues** wegen seines Schlosses aus dem 17. Jahrhundert (für Besucher nicht geöffnet), wo einst Picasso (► 14) lebte und arbeitete.

Am Südostrand der Montagne liegt der kleine Ort **Pourrières**, angeblich benannt nach einem Sieg der Römer über germanische Invasoren 102 v. Chr. Von hier bis Puyloubier an der D17 erstreckt sich ein ausgedehntes Anbaugebiet für Roséwein.

KLEINE PAUSE

Am Staudamm **Barrage de Bimont** und rund um den See gibt es wunderschöne Picknickplätze.

✚ 191 F3

Touristeninformation
✉ 2, place du Général-de-Gaulle, Aix-en-Provence
☎ 04 42 16 11 61; www.aixenprovencetourism.com

MONTAGNE STE-VICTOIRE: INSIDER-INFO

Top-Tipps: Für den Weg zur **Croix de Provence** sollten Sie festes Schuhwerk (am besten Wanderstiefel) anziehen.

■ Von Juli bis September sind manche Wege wegen der dann herrschenden Waldbrandgefahr gesperrt.

■ Im Wald- oder Buschland gilt deshalb ebenfalls: **Bitte nicht rauchen!**

Geheimtipp: Um den Stausee **Lac du Bimont** ist ein schöner Park mit Picknickplätzen entstanden.

4 Aix-en-Provence

Die einstige Hauptstadt der Provence besticht durch Eleganz und Lebendigkeit ohne Hektik. Ein Hort von Kunst und Kultur, mit schönen Häusern, herrlichen Brunnen und einer prachtvollen Flaniermeile, dem von Platanen gesäumten Cours Mirabeau. In der Altstadt wechseln schmale Gassen mit stillen, malerischen Plätzen.

Aix ging hervor aus der 123 v. Chr. gegründeten römischen Siedlung Aquae Sextiae, erlebte einen ersten Aufschwung unter der Regentschaft des kunstsinnigen Königs René im 15. und seine Blüte im 17. und 18. Jahrhundert, als die meisten der großzügigen Stadtpalais entstanden.

Der **Cours Mirabeau** scheidet die verwinkelte Altstadt vom weitläufigen Quartier Mazarin. Der Prachtboulevard ist beiderseits von üppigen Platanen und in der Mitte von schönen Brunnen gesäumt (darunter die moosbedeckte Fontaine d'Eau Thermale, eine natürliche Warmwasserquelle): ein idealer Platz zum Flanieren oder für Mußestunden auf einer der vielen Café- und Restaurant-Terrassen. In unmittelbarer Umgebung findet man Gassen mit kleinen Märkten, Restaurants und Lädchen, in denen das fröhliche Kunsthandwerk der Region neben Designerkleidung angeboten wird.

Beeindruckend als Ensemble von Baustilen zwischen Romanik bis Barock ist die nahe gelegene **Cathédrale St-Sauveur**, die im Innern mit flämischen Tapisserien an der Kanzel aufwartet und einem berühmten Triptychon von Nicolas Froment, *Der brennende Dornbusch* (1476). Auf der exquisit ausgeführten Mitteltafel thront die Muttergottes mit Kind friedvoll inmitten des Busches, an dessen Rändern kleine Flammen züngeln.

Eine der größten Sehenswürdigkeiten von Aix ist der **Tour de l'Horloge**, der

Links: Der Rotonde-Brunnen auf der Place du Général-de-Gaulle

mächtige Glockenturm des im italienischen Stil errichteten Rathauses (Hôtel de Ville) mit einer prunkvollen astronomischen Uhr an der gleichnamigen zentralen **Place de l'Hotel de Ville**.

Zu Ehren Paul Cézannes (➤ 12f), des prominentesten Sohns der Stadt, wurde ein mit Metallplaketten im Pflaster markierter Rundgang angelegt, der auch zum **Atélier Paul-Cezanne** führt, wo er die letzten sieben Jahre seines Lebens wohnte und arbeitete. Neben unvollendeten Leinwänden und Malutensilien hat sich hier vieles an persönlichen Gegenständen erhalten, bis hin zu Mänteln und Hüten. Einige seiner frühen Gemälde sind im **Musée Granet** zu sehen, das außerdem eine Sammlung europäischer Malerei bis zum 19. Jahrhundert und römische Funde beherbergt.

**Unten:
Restaurant-
Terrasse
am Cours
Mirabeau**

KLEINE PAUSE

Lassen Sie sich im hoch eleganten **Café des Deux-Garçons** (➤ 107) verwöhnen, dessen Speisekarte es mit jeder noblen Brasserie aufnimmt.

✚ 191 E3

Touristeninformation
✉ 2, place du Général-de-Gaulle
☎ 04 42 16 11 61; www.aixenprovencetourism.com

Atélier Paul-Cézanne
✉ 9, avenue Paul-Cézanne
☎ 04 42 21 06 53; www.atelier-cezanne.com
🕐 tägl., Juli–Aug. 10–18, April–Juni und Sept. 10–12, 14–18, Okt.–März 10–12, 14–17 Uhr 🖐 mittel

Musée Granet
✉ Place St-Jean-de-Malte ☎ 04 42 52 88 32 🕐 Di–So, Juni–Sept. 11–19, Okt.–Mai 12–18 Uhr 🖐 mittel

AIX-EN-PROVENCE: INSIDER-INFO

Top-Tipps: Bei der Touristeninformation und in den Museen erhalten Sie die **Carte Visa pour Aix et le Pays d'Aix**, die Ermäßigung auf Eintrittspreise und Busfahrkarten gewährt.

■ Sehr schön ist der **Blumenmarkt** auf der Place de l'Hôtel de Ville (Di, Do und Sa morgens).

■ Sieben Festivals hat Aix über das Jahr zu bieten, darunter im Juni/Juli das renommierte **Festival International d'Art Lyrique et de la Musique** (www.festival-aix.com).

Nach Lust und Laune!

Pastellfarbene Fassaden am Quai von Martigues

Richtung Marseille erstreckt sich die niedrige Hügelkette der **Chaîne de l'Estaque**, wo man schöne Waldspaziergänge machen und den Ausblick auf die See genießen kann.
✚ 190 C3

Touristeninformation
✉ Rond Point de l'Hôtel de Ville
☎ 04 42 42 31 10;
www.martigues-tourisme.com
🕐 Mo–Fr 9–12.30, 13.30–17.45,
Sa 9–12.30, 14.30–18, So 10–12.30 Uhr

Musée Ziem
✉ Boulevard du 14 Juillet
☎ 04 42 41 39 60 🕐 Juli–Aug.
Mi–Mo 10–12, 14.30–18.30,
Sept.–Juni Mi–So 14.30–18.30 Uhr
🎟 Eintritt frei

🄖 Salon-de-Provence

Das Industriezentrum an einem Knotenpunkt von Straßen nach Arles, Avignon, Aix und Marseille war vor einem

Die Porte de l'Horloge in Salon-de-Provence

🄕 Martigues

Das Hafenstädtchen an der Meeresbucht Étang de Berre ist idealer Ausgangspunkt für deren Erkundung, mit seinem pittoresk von Kanälen durchzogenen Zentrum.

Es besteht eigentlich aus drei Dörfern: **Jonquières** auf der Südseite des Hauptkanals (Canal de Caronte) ist am betriebsamsten, **L'Île** in der Mitte weist schöne Bauten des 17. und 18. Jahrhunderts auf sowie die herrliche Église Ste-Madeleine-de-l'Île. Einen besonders hübschen Blick hat man nebenan von der Brücke am Quai Brescon auf den Kanal mit den Fischerbooten. Als »Vogelschau« (*Miroir des Oiseaux* = Spiegel der Vögel) fand das Motiv Eingang in ein Bild des Malers Felix Ziem (1821–1911), dessen Werke im Musée Ziem in **Ferrières**, dem dritten der Dörfer, zu sehen sind.

halben Jahrtausend Wohnort des Astrologen Nostradamus (eigtl. Michel de Nostre-Dame, 1503–66), Verfasser als »Centurien« *(centuries)* bezeichneter Prophezeiungen. Sein ehemaliges Wohnhaus **Maison de Nostradamus** dient heute als Museum. Gegenüber befindet sich das stattliche Tor der **Porte de l'Horloge** mit einem hübschen Brunnen aus dem 16. Jh., der Fontaine Mousse. Begraben liegt Nostradamus in der nördlich der Stadt gelegenen Kirche St-Laurent.

Einen Besuch wert ist auch das **Château de l'Empéri** an der Place des Centuries: In dem Trutzbau aus dem 10. Jahrhundert sind heute ein Heimat- und ein Militärmuseum untergebracht.

✚ 190 C4

Touristeninformation
✉ Cours Gimon ☎ 04 90 56 27 60
🕐 Juli–Aug. Mo–Sa 9.30–18.30, So 9.30–12.30, Sept.–Juni Mo–Sa 9.30–12.30, 14–18 Uhr

Maison de Nostradamus
✉ 11, rue Nostradamus ☎ 04 90 56 64 31
🕐 Mo–Fr 9–12, 14–18, Sa–So 14–18 Uhr
❓ Audioguide (ca. 40 Minuten)

Château-Musée de l'Empéri
✚ 190 C4 ✉ Montée de Puech
☎ 04 90 44 72 80 🕐 Mi–So 10–12, 14–18 Uhr 💰 preiswert

🔟 Château de la Barben

Ursprünglich eine Trutzburg aus dem Mittelalter, wurde der Komplex im Laufe der Zeit immer wieder umgebaut und erweitert und wirkt heute eher wie ein stattliches Wohnhaus.

Erste Veränderungen nahmen die Markgrafen de Forbin vor, die La Barben im 15. Jahrhundert von König René erwarben. Mehr noch als Mobiliar und Kunsthandwerk jener Tage werden Besucher die herrlichen Tapisserien aus Flandern und Aubusson begeistern sowie die eleganten Stuckarbeiten und Deckengemälde aus dem 18. Jahrhundert.

Die trutzigen Türme des Château de la Barben scheinen aus dem Fels zu wachsen

Höhepunkt der Anlage aber sind gewiss die spektakulären Terrassen-Gärten, in strengem französischen Barock entworfen von André Le Nôtre, dem Gartenbaumeister von Versailles. Die Geometrie von Blumenrabatten, Wasserbecken und Statuen wird noch unterstrichen durch den natürlichen Landschaftspark, der das Ensemble umgibt. Weitere Attraktionen hier sind Reptiliensammlung und Zoo.

✚ 190 C4
✉ 13330 La Barben
☎ 04 90 55 25 41
🕐 April–Nov. tägl. 10–18 Uhr; Nov., Feb.–März Sa, So 10–12, 14–17.30 Uhr 💰 teuer

🔟 Abbaye de Silvacane

Die idyllisch am Südufer der Durance gelegene Abbaye de Silvacane ist die jüngste der drei großen Zisterzienser-Abteien der Provence (neben Sénanque, ► 150f, und Thoronet, ► 80). Hier konnte sich

**Silvacane – eine der drei großen
Zisterzienser-Abteien der Provence**

der schlichte, elegante Baustil des
Ordens am reinsten und schönsten
entfalten. Der Name geht zurück auf
das lateinische *silva cana* (Rohrwald)
– genau dies fanden die Brüder hier
vor, bis sie die Sümpfe trockenlegten
und in Ackerland verwandelten.

Die im 12. Jahrhundert gegründete
Abtei erlebte nach einer Zeit des Wohl-
stands zweihundert Jahre später ihren
Niedergang durch Plünderungen und
Missernten und vegetierte als land-
wirtschaftliches Nutzgebäude vor sich
hin, bis sie Mitte des 19. Jahrhunderts
restauriert wurde. Die schlichte Schön-
heit der Kirche aus hellem Stein setzt
sich in einem hübschen Kreuzgang
mit altem Brunnen fort. Architekto-
nischer Höhepunkt ist das 1423 im
gotischen Stil erneuerte Refektorium
mit seinem Rosettenfenster.
✚ 191 D4
✉ La Roque d'Anthéron
☎ 04 42 50 41 69
🕐 Juni–Sept. tägl. 10–18 Uhr; Okt.–Mai
Mi–Mo 10–13, 14–17 Uhr 🖐 mittel

9 Cassis

Zwischen den weißen Klippen des
Cap Canaille und den Calanques
(► 97) liegt dieser quirlige kleine
Fischer- und Touristenort in einer
geschützten Bucht, zu Füßen sanfter
Hügel mit Öl-, Feigen- und Mandel-
bäumen. Sein Ruhm gründet jedoch
eher auf dem exzellenten, leicht nach
Myrte schmeckenden Weißwein, der
hier angebaut wird.

Im Schatten der alten Burg er-
streckt sich ein kleiner Sand- und
Kieselstrand, und auf schmalen
Saumpfaden kann man über die
Klippen bis nach Marseille wandern,

mit wunderbarem Fernblick. Oder
man bucht am Quai eine **Bootstour**
durch die blaue See zu den Calanques.
✚ 191 E2

Touristeninformation
✉ Quai des Moulins ☎ 08 92 25 98 92; www.
ot-cassis.fr 🕐 Juli–Aug. Mo–Fr 9–19, Sa, So
9.30–12.30, 15–18 Uhr; März–Juni, Sept.–Okt.
Mo–Fr 9–12.30, 14–18, Sa 9.30–12.30, 14–17.30,
So 10–12.30 Uhr; Nov.–Feb. Mo–Fr 9.30–12.30,
14–17.30, Sa 10–12.30, 14–17, So 10–12.30 Uhr

10 Aubagne

Seit dem 16. Jahrhundert ist hier das
Zentrum der provenzalischen Kera-
mik-Produktion. In den Läden der

FÜR KINDER

■ **Château de la Barben** Der ehemalige Schafstall des Schlosses
(► 103) beherbergt ein Viva-
rium (Reptilien), der Zoo Bä-
ren, Löwen und Flusspferde
(tägl., Juli–Sept. 9.30–19,
Okt.–Juni 10–18 Uhr).

■ **Cassis** Geschützter kleiner
Kiesel- und Sandstrand für
die Kleinen.

Am Strand von Cassis

Schmuckes Rathaus in Gémenos

Stadt bekommt man alles Mögliche aus diesem Werkstoff von Krippenfiguren (*santons*) bis hin zu dekorativen, oft sehr schön glasierten und bemalten Schalen und dergleichen. In Aubagne wurde auch der Autor und Dramaturg Marcel Pagnol (1895–1974) geboren, dessen Romane häufig im Ort selbst oder seiner Umgebung spielen. Heute werden Führungen zu den Schauplätzen ihrer Filmversionen (von 1986) angeboten – *Jean Florette* und *Manons Rache*.
✚ 191 E2

Touristeninformation
✉ 8, cours Barthélémy
☎ 04 42 03 49 98

🄌 Gémenos
Nahe der Autobahn und Marseille gelegen, ist dies ein typisch provenzalisches Dorf mit engen Gassen, Treppen und alten Häuschen. Riskieren Sie auf dem Hauptplatz einen Blick in den Hof der stattlichen Granges du Mar-

quis d'Albertas, einst um 1800 erbaut als Wohnanlage für Erntearbeiter. Schön ist auch das Rathaus in den Mauern eines Schlosses aus dem 17. Jahrhundert.
Außerhalb des Ortes an der D2 liegt die **Abbaye de St-Pons** aus dem 13. Jahrhundert, im Sommer oft Bühne für Konzerte mit geistlicher Musik.
✚ 191 F2

Touristeninformation
✉ Cours Pasteur ☎ 04 42 32 18 44;
www.officedetourismegemenos.com
🕐 Mo–Sa, Okt.–April 10–12, 15–18,
Mai–Sept. 10–12, 14–17 Uhr

Wohin zum... Übernachten?

Preise
Die Preise gelten pro Nacht im Doppelzimmer:
€ unter 100 Euro   **€€** 100–200 Euro   **€€€** bis 200 Euro

AIX-EN-PROVENCE

Des Augustins €€
Gute Mischung von Alt und Neu in einem Augustiner-Konvent aus dem 12. Jahrhundert, im Zentrum der Altstadt.
➕ 191 E3 🗺 3, rue de la Masse
☎ 04 42 27 28 59; www.hotel-augustins.com
🕐 ganzjährig

Le Pigonnet €€€
Das 4-Sterne-Hotel am Ende einer von Bäumen gesäumten Straße ist ein ehemaliges Landhaus, liebevoll mit Antiquitäten möbliert. Die eleganten Zimmer haben Blick auf Blumengarten oder Pool, manche

auch eine Terrasse mit Sicht auf die Montagne Ste-Victoire.
➕ 191 E3 🗺 5, avenue du Pigonnet
☎ 04 42 59 02 90;
www.hotelpigonnet.com

CASSIS

Auberge de Jeunesse de Cassis €
Jugendherberge im Calanques-Massiv, eine Stunde von Cassis entfernt. Nur etwas für Anspruchslose – keine Duschen, 10-Bett-Zimmer! Kochgeschirr ist ausleihbar. Aber: Der Müll wird umweltgerecht entsorgt, und man nutzt Sonnenenergie.

➕ 191 E2 🗺 La Fontasse
☎ 04 42 01 02 72; www.fuaj.org
🕐 geschl. Jan. bis Mitte März

Les Roches Blanches €€
4-Sterne-Hotel hoch oben auf dem Kliff, mit atemberaubendem Panoramablick und Park. Die geschmackvoll eingerichteten Zimmer verfügen meist über Balkon oder Terrasse. Speisen kann man gleichfalls auf der Terrasse des Restaurants. Badet man dort im Pool, scheint das Mittelmeer förmlich hineinzufließen.
➕ 191 E2 🗺 Route des Calanques
☎ 04 42 01 09 30;
www.roches-blanches-cassis.com
🕐 geschl. Nov.–Feb.

GÉMENOS

Le Relais de la Magdeleine €€
Edler Bau aus dem 18. Jahrhundert in einem traumhaften Park, möbliert mit Antiquitäten. Zimmer im Stil verschiedener Epochen, mit Fliesen-

böden und großzügigen Bädern. Das Restaurant serviert seine provenzalischen Gerichte auch auf der Terrasse.
➕ 191 F2 🗺 Rond point de la Fontaine
☎ 04 42 32 20 16;
www.relais-magdeleine.com
🕐 geschl. Mitte Nov. bis Mitte März

MARSEILLE

Le Corbusier €
Das Hotel befindet sich in einem Komplex von 300 Apartments, den Le Corbusier 1952 als Teil seines baulichen Experiments der »Cité Radieuse« entwarf – als Prototyp einer »vertikalen Stadt«, die Wohnen mit Freizeiteinrichtungen unter einem Dach verbinden sollte. Deshalb findet man hier auch Spielareale, Läden, ein Kino, Bar und Bibliothek. Zimmer mit Blick auf Meer, Park oder Terrasse. Öffentliche Parkplätze.
➕ 191 D2 🗺 280, boulevard Michelet
☎ 04 91 16 78 80;
www.hotellecorbusier.com

Wohin zum...
Essen und Trinken?

Preise

Die Preise gelten pro Person für ein Drei-Gänge-Menü ohne Getränke und Trinkgeld:

€ unter 25 Euro   €€ 25–50 Euro   €€€ über 50 Euro

AIX-EN-PROVENCE

L'Aixquis €€€

Einladend ist im Sommer allein schon der mit Blumenkörben geschmückte Eingang! Drinnen empfangen den Gast eine gedämpfte Beleuchtung und hübsch gedeckte, gleichfalls mit Blumen verzierte Tische: ideal für das romantische Diner zu zweit. Die Speisekarte veredelt mediterrane Küche mit Ideen wie Hummer vom Grill mit Trüffel-Risotto.

✛ 191 E3 ⊠ 22, rue Victor Leydet
☎ 04 42 27 76 16; www.aixquis.fr
🕙 Di–Sa 12–13.30, 19.30–22 Uhr

La Brocherie €€

Empfehlenswert bei dieser rustikalen Adresse sind die Fleisch- und Fischgerichte vom Spieß, gegart im mächtigen Kamin. In der Jagdsaison auch delikates Wild.

✛ 191 E3 ⊠ 5, rue Fernand-Dol
☎ 04 42 38 33 21 🕙 12–14, 19.30–22 Uhr. Geschl. Sa mittags und So

Café des Deux-Garçons €€€

Im »Les 2 G« verkehrten schon Cézanne, Picasso, die Piaf und Zola, und heute noch ist es das eleganteste Café von Aix.

✛ 191 E3 ⊠ 53, cours Mirabeau
☎ 04 42 26 00 51 🕙 tägl. 12–15, 19–23 Uhr

Hôtel Hermès €

Im Herzen der Stadt, am Alten Hafen, liegt dieser 2-Sterner mitten im Getümmel, mit unzähligen Cafés und Restaurants gleich ums Eck. Hat nicht den Charme mancher alten Hotels, doch 28 helle, luftige Zimmer mit TV, einige davon mit Balkon und Blick auf den Hafen.

✛ 198 B2 ⊠ 2, rue Bonneterie
☎ 04 96 11 63 63; www.hotelmarseille.com
🕙 ganzjährig

Hotel du Palais €–€€

Netter, renovierter 3-Sterner nur wenige Minuten vom Alten Hafen und nahe der besten Shoppingmeile von Marseille. 21 gemschackvoll ausgestattete Zimmer mit Mini-Bar, Safe und Satelliten-TV, einige mit King-Size-Betten. WLAN-Internet-Zugang.

✛ 198 C1 ⊠ 26, rue Breteuil
☎ 04 91 37 78 86; www.hotelmarseille.com
🕙 ganzjährig

Le Petit Nice Passédat €€€

Ruhiges, modernes 4-Sterne-Hotel an der Corniche. Klimatisierte Zimmer mit Meerblick, Mini-Bar, Safe und Satelliten-TV. Das Restaurant des Hauses gehört zur absoluten Spitze in Marseille und errang erst kürzlich seinen dritten Michelin-Stern.

✛ 191 D2 ⊠ Anse de Maldormé, Corniche J F Kennedy
☎ 04 91 59 25 92;
www.petitnice-passedat.com
🕙 ganzjährig

Radisson SAS €€–€€€

Stilvoll modernes Hotel, ideal gelegen nahe Restaurant-Viertel und Altem Hafen, den man vom phantastischen Outdoor-Pool aus überblickt. 189 hübsche Zimmer im provenzalischen oder afrikanischen Stil, alle mit Flachbild-TV und WLAN-Internet-Zugang. Vorwiegend Business-Hotel, daher am preisgünstigsten an Wochenenden und während der Ferien.

✛ 198 B1 ⊠ 38–40, quai du Rive Neuve
☎ 04 88 92 19 50;
www.marseille.radissonsas.com
🕙 ganzjährig

Chez Féraud €€

In dem kleinen, relativ preiswerten Restaurant speist man absolut provenzalisch. Gleiches gilt für die Weine: Coteaux d'Aix, Bandol, Cassis und ihre Nachbarn.

➕ 191 E3 ⬚ 8, rue du Puits Juif
☎ 04 42 63 07 27
🕐 Di–Sa 12–13.30, 19–22 Uhr

Le P'tit Puits €€

Der Name bezieht sich auf den Brunnen im Kellergeschoss. Anheimelnder Speiseraum mit simplen Rohrstühlen vor Natursteinwänden, entspannte Atmosphäre. Auf der opulenten Speisekarte finden sich Gerichte wie Tatar vom Thunfisch und Lachs oder Millefeuille vom Hühnchen mit Estragon.

➕ 191 E3 ⬚ 14, rue Bernardines
☎ 04 42 91 42 77
🕐 Mo–Fr 12–14, 19–22.30, Sa 19.30–22 Uhr

Unic Bar €

Wunderbar, um Leute zu beobachten, denn gegenüber liegt der Obst- und Gemüsemarkt von Aix (➤ 109).

Im Sommer zählen daher nicht zufällig frische Fruchtsäfte zu den Spezialitäten.

➕ 191 E3 ⬚ 40, rue Vauvenargues
☎ 04 42 96 38 28 🕐 tägl. 6–2 Uhr

CASSIS

Chez Gilbert €€€

Mitglied der »Charte de la Bouillabaisse«, also mit dem angeblich einzig korrekten Rezept (und sattem Preis) für das Traditionsgericht und anderen, ausgezeichneten Speisen aus Fisch und Meerestieren.

➕ 191 E2 ⬚ 19, quai des Baux
☎ 04 42 01 71 36;
www.restaurant-chez-gilbert.fr
🕐 12.15–14.30, 19.15–22.30.
Geschl. Di abends, Mi und Jan.

Le Clos des Arômes €€

Gefüllte Sardinen mit Anisette und Tomaten-Jus oder Dorade-Filet mit Jus von der rosa Grapefruit: So verwöhnt dieses nette Lokal seine Gäste, die bei schönem Wetter auch im hübschen Garten speisen können.

➕ 191 E2 ⬚ 10, rue Abbé Paul Mouton
☎ 04 42 01 71 84; www.le-clos-des-aromes.
com 🕐 12–2, 7.15–9.30 Uhr.
Geschl. Mo sowie Di und Mi mittag

MARSEILLE

Les Arcenaulx €€

Hier im ehemaligen Arsenal von Marseille genießt man an langen Tischen die einheimische Küche, wie Tagine von der Dorade mit karamellisierten Zwiebelchen und Artischocken.

➕ 198 B2 ⬚ 25, cours Estienne d'Orves
☎ 04 91 59 80 30; www.jeanne-laffitte.com
🕐 Mo–Sa 12–14, 20–23 Uhr

Chez Fonfon €€€

Bouillabaisse lässt sich gut probieren, wo der Fisch frisch an Land kommt und in verlässlicher Qualität serviert wird. Der renommierte Betrieb, seit 50 Jahren in Familienbesitz, gilt in der Stadt als Institution.

➕ 191 D2 ⬚ 140, Vallon des Auffes
☎ 04 91 52 14 38 🕐 Mo 19.30–21.45,
Di–Sa 12–14, 19.30–21.45 Uhr

La Trilogie des Cépages €€

Essen spielt neben der bestens sortierten Weinkarte in dem unpretentiösen, schummrigen Lokal am Alten Hafen eigentlich nur die zweite Geige, doch man erfährt stets umsichtige Beratung, welcher Tropfen am besten passt zu Lachstatar mit Vanille oder Entenfilet mit Gänseleber.

➕ 198 B3 ⬚ 35, rue de la Paix Marcel Paul
☎ 04 91 33 96 03; www.trilogiedescepages.
com 🕐 Mo–Mi 12–14, 19.30–22,
Do–Fr 12–14, 19.30–23, Sa 19.30–23 Uhr

Une Table, au Sud €€–€€€

Lionel Levys Lokal am Hafen ist eines der In-Lokale in Stadt, dank seines kulinarischen Wagemuts, der sich Kuriositäten wie Joghurt und Heringskaviar oder Milch-Shake von der Bouillabaisse zutraut. Der Chef, der bei Alain Ducasse (➤ 18, 86) in die Lehre ging, betreibt in der Nähe auch die bescheidenere Brasserie La Virgule.

➕ 198 B2 ⬚ 2, quai du Port
☎ 04 91 90 63 53; www.unetableausud.com
🕐 Di–Sa 12–14, 19.30–22 Uhr. Aug. geschl.

Wohin zum... Einkaufen?

MÄRKTE

In Aix-en-Provence gibt es mehrere interessante Märkte, darunter den **Marché aux antiquaires** mit Büchern und Trödel (Place du Palais de Justice, Di, Do, Sa 7–13 Uhr).

Ein schöner Bauernmarkt ist der **Marché des Producteurs** unter den Platanen der Place Richelme, auf dem die Landwirte Obst, Gemüse und Käse der Region anbieten (tägl. 7–13 Uhr).

Auf dem **Marché des Capucins** in Marseille gibt es neben Obst, Gemüse und Gewürzen aus aller Welt auch Haushaltswaren (Place des Capucins, Mo–Sa 8–19 Uhr), und auf dem berühmten **Marché aux Poissons** im Alten Hafen wird der Fisch frisch zerlegt und gewogen (Quai del Belges, tägl. 8–13 Uhr).

SOUVENIRS UND GESCHENKE

Fayencen (hochwertige, glasierte Keramik) und Krippenfiguren (*santons*), bemalt oder in einheimischer Tracht, erhält man in großer Auswahl beim **Atelier d'Art** in Aubagne (2, boulevard Emile-Combes, Tel. 04 42 70 12 92). Sartons sind in Frankreichs Töpfer-Hauptstadt naturlich auch zahlreich erhältlich: **Santons Marcel Carbonel** hat 700 Modelle im Programm (6, promenade du Jeune Anacharsis, Tel. 04 42 03 17 45. Di–Sa 9.30–12.30, 14.30–18.30 Uhr).

Weltbekannt für seine Olivenölseifen (angereichert mit Kleie, Honig usw.) ist Marseille. Eine der wenigen verbliebenen Traditionsadressen dafür ist **La Compagnie de Provence** am Alten Hafen (1, rue Caisserie, Tel. 04 91 56 20 94, Mo–Sa 10–19 Uhr).

LEBENSMITTEL

Überall in Aix wird die hiesige Marzipan-Spezialität *calissons* angeboten, so bei **Maison Béchard** (12, cours Mirabeau, Tel. 04 42 26 06 78). In ebenso guter Qualität sind sie erhältlich in der **Confiserie Entrecasteaux**, neben kandierten Früchten, Nougat und Schokolade (2, rue Entrecasteaux, Tel. 04 42 27 15 02, Mo–Sa 8–12.15, 14–19 Uhr). Die handgemachten Schokoladen der **Chocolaterie Puyricard** in Aix gehören zu den besten Frankreichs – die Manufaktur kann man auch besichtigen (420, route du Puy-Ste-Réparade, Quartier Beaufort, Puyricard, Tel. 04 42 96 11 21).

Navettes, eine Marseiller Spezialität (Süßgebäck in Schiffchenform) kaufen Sie am besten in der ältesten Bäckerei der Stadt, **Le Four des Navettes** (136, rue Sainte, Tel. 04 91 33 32 12). Empfehlenswert auch **Torréfaction Noailles**, ein Süßwarenladen mit Teesalon (56, La Canebière, Tel. 04 91 55 60 66, Mo–So 7–19.30 Uhr).

MODE

Madame Zaza of Marseille ist *die* Adresse für Chic mit mediterranem Einschlag. Der hübsche Laden führt Damen- und Herrenmode, oft mit Goldstickerei (73, cours Julien, Tel. 04 91 48 05 57; www.zazaofmarseille.com; Mo–Sa 10–13.30, 14–19 Uhr).

Bei **Petit Boy** in Aix bekommt man Kindermode für alle Altersstufen (6, rue Aude, Tel. 04 42 93 13 05).

KUNST, BÜCHER UND ANTIKES

Ein Paradies für Bücherfreunde ist die **Librairie de Provence** in Aix – ob Reise, Literatur oder Kulinarisches, hier wird man fündig in einer opulenten Auswahl an Titeln (31, cours Mirabeau, Tel. 04 42 26 07 23). Eine Fundgrube für Kunst ist der Laden von **Yves Ungaro** im Antiquitätenviertel der Stadt (1, rue Jaubert, Tel. 04 42 63 22 94).

Wohin zum ...
Ausgehen?

BARS, CLUBS UND CASINOS

Ein ganz moderner Bau ist das **Casino** in Aix, wo die Spielautomaten gleich zu Hunderten stehen. Außerdem gibt es einen Spielsaal, vier Restaurants und einen Konzertsaal (21, avenue de l'Europe, Tel. 04 42 59 69 00, tägl. 10–3, Fr–So bis 4 Uhr; ab 18 Jahren).

Jazzfreunde sind in Aix gut aufgehoben bei **Hot Brass** (Quartier Celony, route d'Eguilles, Tel. 04 42 21 05 57, Fr–Sa 23.30–5 Uhr) oder **Le Scat**, wo es auch Soul, R&B und Reggae zu hören gibt (11, rue de la Verrerie, Tel. 04 42 23 00 23, Di–Sa 23–5 Uhr).

Eine gute Adresse in Marseille ist **Le Pelle-Mêle**, eine Jazz- und Piano-Bar am Alten Hafen (8, place aux Huiles, Tel. 04 91 54 85 26, Di–Sa 17–2 Uhr), interessant auch die Cabaret-Bar **La Caravelle** mit dem Charme der Vorkriegsjahre – an Wochenenden Live-Musik und am frühen Abend kostenlose Marseiller Tapas (34, quai du Port, Tel. 04 91 90 36 64, tägl. 20–2 Uhr).

Von Mai bis Mitte September kann man unter dem Sternenhimmel das Tanzbein schwingen bei **La Maronaise** (Route de la Maronaise, La Goude, Tel. 04 91 72 79 39, im Mai nur Wochenende, ab Juni tägl. 23–5 Uhr). Ein heißer Rock-Schuppen mit Bars und Bowling ist **Trolleybus** (24, quai de Rive-Neuve, Tel. 04 91 54 30 45, Di–Sa 23.30–5 Uhr, Sa/So bis 6 Uhr; Di–Mi nur Bar-Betrieb bis Mitternacht).

Der kühne Bau des **Pavillon Noir** (530, avenue Mozart, Tel. 04 42 93 48 00; www.preljocaj.org) ist Sitz des modernen Ballet Preljocaj.

Im Kinozentrum **Le Cézanne** gibt es auf neun Leinwänden die neuesten Blockbuster aus Hollywood und französische Filme zu sehen (1, rue Marcel-Guillaume, Tel. 08 92 68 72 70; www.lescinemasaixois.com).

Als führendes Theater in Marseille gilt das **Théâtre National de Marseille la Criée** (30, quai de Rive-Neuve, Tel. 04 96 17 80 00), und im Marionetten-theater **Massalia Théâtre** lässt man die Puppen tanzen (41, rue Jobin, Tel. 04 95 04 95 70).

Die 1924 wieder eröffnete, renommierte **Opéra de Marseille** ist auch Spielstätte des Philharmonischen Orchesters der Stadt (2, rue Molière, Tel. 04 91 55 11 10; www.marseille.fr).

Mal ordentlich auf die Tube drücken kann man auf der Indoor-Kartbahn von **Kart'In Aix** (Zone d'Activité des Milles, 820, rue André Ampère, Tel. 04 42 97 79 99, Di–Do 18.30–0.30, Fr 18.30–1.30, Sa 15.30–1.30, So 15.30–20.30 Uhr) und die Kugel laufen lassen im **Bowling du Bras d'Or** (23, boulevard Charrier, Tel. 04 42 27 69 92, 14–2.30 Uhr), wo man auf einer Riesenleinwand auch Sportereignisse verfolgen kann.

Absoluter Zuschauermagnet hier sind die Spiele des örtlichen Top-Fußballvereins **Olympique Marseille** (Karten unter www.om.net).

Abtauchen zu Unterwasserhöhlen und Schiffswracks um die Inselgruppe Rioux kann man mit dem **Centre de Loisirs des Goudes** in der Bucht von Marseille (2, boulevard Alexandre Delabre, Tel. 04 91 25 13 16; www.goudes-plongee.com; 8–22 Uhr).

Die Camargue

Erste Orientierung

Die Camargue ist eine herrliche, fast unwirkliche Natur-
landschaft im Rhône-Delta (Bouches-du-Rhône), mit mittelalterlichen Dörfchen und einsamen Bauerhöfen im üppigen
Schmuck von Bougainvilleen und Oleander. Über alten
Ziegeldächern und Weinstöcken spannt sich meist wolken-
los ein azurblauer Himmel – kein Wunder also, dass sich hier
schon die Römer wohl fühlten und später die Troubadoure
das höfische Liebeslied erfanden.

An antiken Ruinen ist die Gegend reich, von der
griechisch-römischen Siedlung Glanum bis zu
Arena und Nekropolis in Arles, einst Hauptstadt der
»Provincia« unter den Römern. Arles kann stolz sein
auf seinen Unesco-Status, aber auch auf seine Tradition
als Hort provenzalischer Kultur und den Charme seiner
lässigen Lebensart.

Schon jenseits der Grenze zum Languedoc liegen das
Festungsstädtchen Aigues-Mortes, der mächtige Aquädukt des Pont du Gard und Nîmes mit Amphitheater
und anderen Zeugnissen der Römerzeit – allesamt einen
Besuch wert!

Der äußerste Westen der Provence hat landschaftlich
viel zu bieten, von den Kalksteinfelsen der Alpilles über
wogende Sonnenblumenfelder bei Arles (wie sie auch Vincent van Gogh entzückten) bis zu den Dünen und Marschen
der Camargue: noch eine halbe Wildnis, bevölkert von rosa
Flamingos, schwarzen Rindern und weißen Wildpferden
und damit eine der schönsten, beeindruckendsten Szenerien
der ganzen Provence.

**Oben:
Römisches
Amphitheater
in Nîmes**

**Seite 111: Der
Pont du Gard**

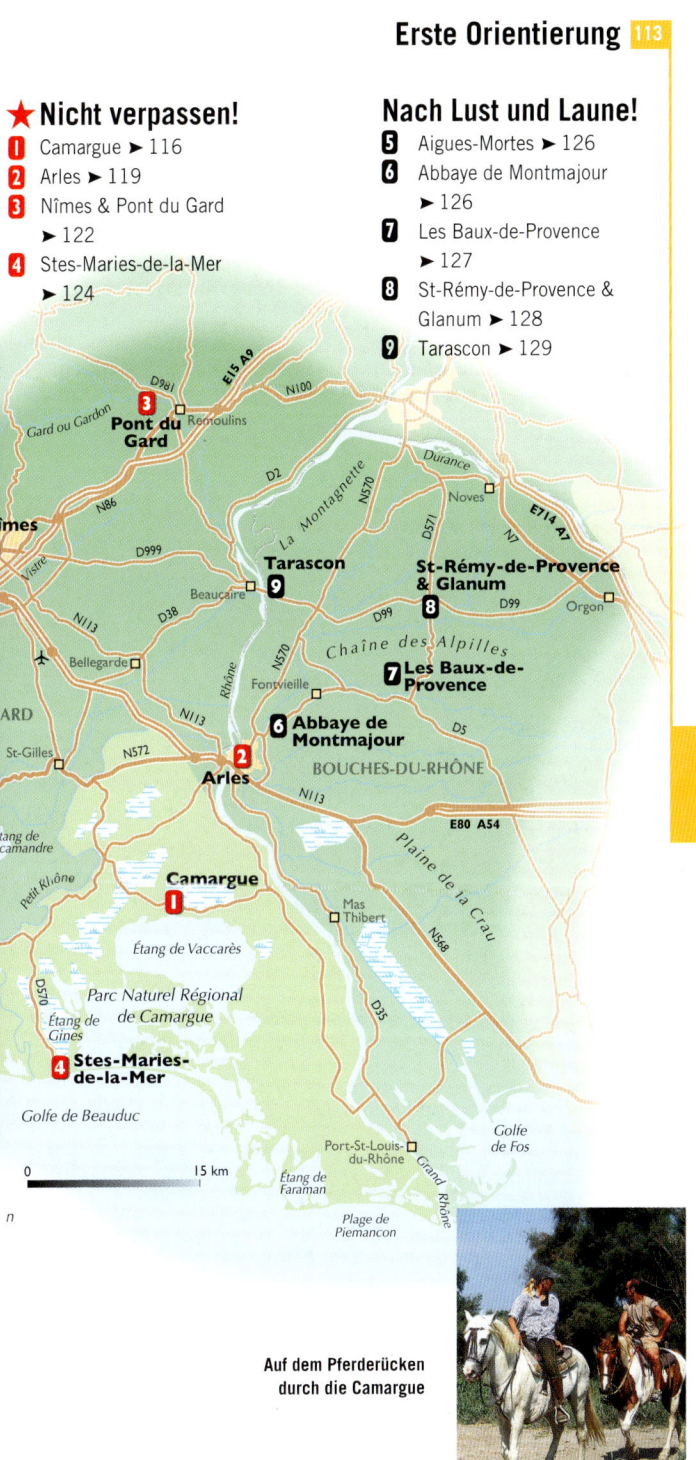

Auf dem Pferderücken durch die Camargue

In drei Tagen

Wer sich nicht schlüssig ist, auf welchen Wegen er die Region erkunden soll, findet hier Anregungen für eine entspannte dreitägige Tour durch Camargue und Bouches-du-Rhône. Die einzelnen Stationen sind auch auf der Karte auf der vorhergehenden Seite eingezeichnet, und falls Sie mehr über ein bestimmtes Ziel wissen möchten, blättern Sie einfach weiter zu den Seiten, wo es ausführlich beschrieben ist.

Erster Tag

Vormittag

Die antiken Ruinen um das Amphitheater (unten) von **2 Arles** (➤ 119ff) lassen ebenso die Dimension altrömischer Massenvergnügungen erahnen wie die riesige, bestens erhaltene Arena. Dort finden regelmäßig Stierkämpfe nach provenzalischer Art (*cours camarguais*) statt. Im Musée de l'Arles et de la Provence Antiques (➤ 121) können Sie Ihren Eindruck von der reichen Geschichte und Kultur der Stadt im Altertum vertiefen.

Mittag

Regionale Spezialitäten schmecken meist da am besten, wo die Einheimischen speisen, wie im L'Escaladou (➤ 131). Oder lieber ein Snack im Café la Nuit (11, place du Forum, Tel. 04 90 96 44 56), Motiv eines berühmten Van-Gogh-Gemäldes.

Nachmittag

Erobern Sie die Landschaft van Goghs: vorbei an der **6 Abbaye de Montmajour** (➤ 126f), einem der schönsten Sakralbauten der Provence, durch die Dörfchen Fontvieille und Maussane-les-Alpilles zur Ruine der einstigen Troubadour-Burg **7 Les Baux-de-Provence** (➤ 127f), mit Blick über die Ebene und die Chaîne des Alpilles. Nicht weit von hier locken das Marktstädtchen **8 St-Rémy-de-Provence** und die antiken Ruinen von Glanum (➤ 128f).

Abend

Lassen Sie den Tag provenzalisch ausklingen im Café des Arènes (rechts, ➤ 132) in St-Rémy-de-Provence.

Zweiter Tag

Vormittag
Besichtigen Sie die Burg in 🎯Tarascon (► 129) und das Museum von Souleïado, einer Fabrik für provenzalische Stoffe.

Mittag
Stimmungsvolle Kostprobe der regionalen Küche im Restaurant Abbaye St-Michel de Frigolet (► 132) in Tarascon.

Nachmittag
Von hier ist es nicht weit zum 🎯Pont du Gard (oben, ► 122f), einem Musterbeispiel antiker Ingenieurskunst. Bleiben Sie dann im Altertum mit einem Besuch in 🎯Nîmes (► 122f), wo Sie das besterhaltene römische Amphitheater der Welt bewundern können.

Abend
Echt Provenzalisches zu moderatem Preis serviert in Nîmes das Restaurant Le Bouchon et l'Assiette (► 132).

Dritter Tag

Abenteuerlich schön wird der Tag in den Salzmarschen, Reisfeldern, Lagunen und Dünen der 🎯Camargue (► 116ff), wo Ihnen außer Pferden, Stieren und Flamingos auch ein besonderer Menschenschlag begegnet. Entspannte Stunden versprechen ein Pony-Treck (unten) oder die Beobachtung von Wasservögeln. Pausieren Sie in Stes-Maries-de-la-Mer (► 124f) bei einem guten Fischmahl im Restaurant Brûleur de Loups (► 132).

❶ Camargue

Die Wildnis der Camargue fasziniert durch Farbigkeit und Vielfalt ihrer einmaligen Tierwelt: Neben Wildpferden mit silbern schimmerndem Fell grasen schwarze Stiere, zu denen sich kein schönerer Kontrast denken lässt als Wolken von rosa Flamingos über den hellen Salzablagerungen der Lagunen. Straßen gibt es kaum, weshalb sich zur Erkundung auch Wanderungen oder eine Bootstour empfehlen.

Die Landschaft der Camargue hat in Frankreich nicht ihresgleichen: brackige Lagunen, weite Reisfelder und Salzmarschen neben mit Strandgras getupften Sanddünen und kleinen Wasserläufen. Auch ihre Grenzen – Grand Rhône und Petit Rhône sowie im Süden das Meer – verändern sich unablässig, und irgendwie passen Hirten und Zigeuner hier gut ins Bild, als integraler Teil dieses ursprünglichen Lebens.

Traditionspflege

In gedrungenen, strohgedeckten weißen Häuschen lebt hier ein bodenständiger, zugleich etwas abergläubischer Menschenschlag: Büffelhörner über dem Eingang sollen böse Geister fernhalten – ein wenig vielleicht auch den Zeitgeist, denn man lebt vorwiegend von Rinder- und Pferdezucht und trägt gerne Tracht. Die legendären weißen Pferde sind übrigens nur halb wild: Stets Eigentum eines Züchters, haben sie nur freien Auslauf von den *manades* genannten Höfen. Die kleinen schwarzen Stieren mit den lyraförmigen Hörnern sind für unblutige Kampfspiele bestimmt (► 119): Der Anblick einer Herde mit ihrem *gardian* (Hirt zu Pferde) ist ein unvergesslich archaisches Bild.

Schilfgürtel säumen die Wasserflächen der Camargue

Tierwelt

Die Camargue ist Reservat einiger der seltensten Wasservögel Europas, wie Pupurreiher und Triele. Kern des hiesigen Naturschutzgebiets sind die seichten Gewässer des **Étang de Vaccarès**: für Besucher direkt nur mit besonderer Genehmigung

Grazile rosa Flamingos

zugänglich, doch von den Straßen ringsum (vor allem der D37) kommt man an vielen Stellen gut heran und sieht eine Menge von den Tieren.

Das **Centre d'Information La Capelière** auf der Ostseite der Bucht ist hervorragend bestückt mit Übersichtstafeln der Wanderwege, Flora und Fauna. Es gibt zwei Unterstände und zwei Aussichtsplattformen nur wenige Minuten von dort entfernt sowie einen 1,5 km langen Erkundungspfad. Auf der Westseite der Bucht, 4 km nördlich von Stes-Maries-de-la-Mer, befindet sich die **Maison du Parc Naturel Régional de Camargue**, gleichfalls mit Erklärungstafeln und großen Panoramafenstern.

Näher an die Vögel heran kommt man im angrenzenden **Parc Ornithologique du Pont de Gau**. Von dort gibt es halbstündige Führungen durch den Étang de Pont de Gau oder den Étang de Ginès, wo sommers die Stiere grasen. In großen Volieren nahe dem Eingang hausen Greifvögel.

Weiter südlich, wo die Salzmarschen in Dünen und Priele übergehen, stößt man dann auf Flamingos, Säbelschnäbler und Silberreiher, Rohrdommeln tummeln sich im Schilf und am Wasser Enten, Gänse und Watvögel.

Die Camargue

KLEINE PAUSE

In der **Domaine Paul Ricard** an der
D37 in Méjanes kann man Räder und
Ponys mieten und sich im Restaurant
mit frischer einheimischer Kost stärken (Tel. 04 90 97 10 51).

✚ 194 C2

Réserve Nationale de Camargue
✉ Centre d'Information La Capelière, Arles
☎ 04 90 97 00 97; www.reserve-camargue.org
🕐 April–Sept. tägl. 9–13, 14–18 Uhr; Okt.–
März Mi–Mo 9–13, 14–17 Uhr 💶 preiswert

Maison du Parc Naturel Régional de Camargue
✉ Pont de Gau ☎ 04 90 97 86 32 🕐 April–Sept.
tägl. 10–18, Okt.–März Sa–Do 9.30–17 Uhr

Parc Ornithologique du Pont de Gau
✉ D570 von Arles oder Stes-Maries-de-la-Mer
☎ 04 90 97 82 62; www.parcornithologique.com
🕐 tägl. bis Sonnenuntergang, April–Sept. ab 9,
Okt.–März ab 10 Uhr 💶 mittel

Der Étang de Vaccarès

Manade Jacques Bon, Camargue
✉ Le Mas de Peint, Le Sambuc ☎ 04 90 97 20
62 ❓ professionelles Gestüt mit Ferrades
(▶ 125) und Reitausflügen

Musée Camarguais
✉ Mas du Pont de Rousty ☎ 04 90 97 10 82
🕐 April–Sept. tägl. 9–18, Okt.–März Mi–Mo
10–17Uhr. Geschl. 1. Jan., 1. Mai, 25. Dez.
💶 mittel

Segler auf den blauen Wellen des Mittelmeers

CAMARGUE: INSIDER-INFO

Top-Tipps: Treffen Sie unbedingt Vorsichtsmaßnahmen gegen die in den
Sümpfen allgegenwärtigen **Moskitos!**
■ Auf Erkundungsfahrten und -gängen sollten Sie immer ausreichend
Trinkwasser mitnehmen.
■ Welche **Vögel** man wann am besten beobachten kann, erfahren Sie unter
www.reserve-camargue.org.
■ Eine **Straßenkarte** der Camargue finden Sie auf ▶ 168f.

2 Arles

Hauptstadt der Provence unter den Römern und im Mittelalter bedeutendes geistliches Zentrum, ist Arles heute reich an kultureller Tradition und eine lebendige, weltoffene Stadt. Auch Kunst und Mode der Gegenwart sind achtbar repräsentiert durch eine jährliche Fotografie-Messe von internationalem Rang und den Designer Christian Lacroix, der gerne Vorbilder der Arlesianer Tracht verarbeitet (➤ 8).

Die Arena in Arles, ein römisches Amphitheater, ist heute Schauplatz von Stierkämpfen und Kulturveranstaltungen

Die meisten historischen Stätten von Arles liegen nah beieinander in der verkehrsberuhigten Altstadt, wie der Monumentalbau der Arena und das antike Theater. Daneben finden sich Relikte des Mittelalters und der quirlige **Boulevard des Lices** als Zentrum des Alltagslebens, mit Läden, Hotels, Bars, Restaurants und der Touristeninformation.

Sehenswürdigkeiten

Die im 1. Jahrhundert n. Chr. erbaute **Arena** (Les Arènes) war die größte in ganz Gallien (ca. 136 m lang, 107 m breit) und Schauplatz blutiger Kämpfe zwischen Gladiatoren und Raubtieren. Der oberste der ursprünglich drei Zuschauerränge wurde im Mittelalter abgetragen und zum Bau von Kirchen und Armenunterkünften in der Arena verwendet. 1825 riss man sie wieder ab, und fortan fanden hier Stierkämpfe statt. Auch die Substanz des **Antiken Theaters** (Théâtre Antique) wurde zeitweilig für neue Bauvorhaben geplündert. Heute finden hier Konzerte und Theateraufführungen statt sowie im Juli das Musikfestival Les Suds (www.suds-arles.com).

Außerhalb der Stadtmauern, entlang der damaligen Via Aurelia, entstand die Nekropolis von Arles, genannt **Alyscamps** (von lat. *Elisii campi* = Elysische Gefilde). In christlicher Zeit wurde das Gräberfeld weiter genutzt und verband sich mit angeblichen Wundern wie einer Christus-Erscheinung. Von den einst 19 Kapellen und mehreren tausend Gräbern ist heute nur noch eine Allee übrig, von Kirchenruinen und bemoosten Sarkophagen gesäumt.

Die **Cathédral St-Trophime** an der Place de la République gilt als Meisterstück romanischer Architektur in der Provence, das gegen Ende des 11. Jahrhunderts einen frühchristlichen Ursprungsbau ablöste. Später kam das Tympanon mit Darstellung des Jüngsten Gerichts hinzu. Im Juli 1178 wurde hier der deutsche Kaiser Friedrich Barbarossa zum König von Arles gekrönt. Das angegliederte Benediktiner-Kloster (**Cloître St-Trophime**) gehört mit tapisseriebehangenen, lichtdurchfluteten Kapellen und reichem Schnitzwerk sowie einem prächtigen

VINCENT VAN GOGH

Im Februar 1888 kam der Maler Vincent van Gogh (1853–90, ▶ 13) aus Paris nach Arles, wegen des milden Klimas, der schönen Landschaft und des magischen Lichts der Provence. Dort wohnte er in dem kleinen gelben Haus, das oft auf seinen Bildern zu sehen ist (1944 zerstört). In Arles und Umgebung fand er Motive für viele seiner berühmten Gemälde, darunter verschiedene Fassungen der *Sonnenblumen* (▶ 15). Trotz höchster künstlerischer Produktivität litt er zunehmend unter Wahnvorstellungen und begab sich (nachdem er sich in einem dubiosen Streit mit Paul Gauguin ein Ohr verletzte) in psychiatrische Behandlung zunächst in Arles, später in der Anstalt St-Paul-de-Mausole (▶ 128f) in St-Rémy. Der Garten der Anstalt in Arles (inzwischen Kulturzentrum **Espace van Gogh**, oben) ist heute wieder so angelegt, wie van Gogh ihn auf dem Gemälde *Jardin de l'Hôpital à Arles* darstellte.

Links: In der Nekropole von Alyscamps Kreuzgang zu den schönsten der Provence. Viel über die Kulturgeschichte von Arles erfährt man im **Muséon Arlaten**, 1896 vom Lokalmatador Frédéric Mistral (▶ 7) gegründet: Mit lebensgroßen Puppen in komplett eingerichteten Zimmern ist hier das Alltagsleben früherer Epochen nachgestellt.

Unbedingt einen Besuch abstatten sollten Sie dem **Musée de l'Arles et de la Provence Antiques**, etwa 2 km außerhalb an der Rhône gelegen, auf dem Ausgrabungsfeld einer römischen Wagenrennbahn aus dem 2. Jahrhundert. Mit seinen Exponaten zeichnet es die Geschichte der Stadt von der Prähistorie bis zum Ende der Antike nach, anhand von Modellen historischer Bauten, Mosaiken, Sarkophagen, Standbildern des Kaisers Augustus und der berühmten *Venus von*

Die Konstantin-Thermen in Arles gehören zu den größten antiken Badeanlagen der Provence *Arles* (Original im Louvre).

■ KLEINE PAUSE

Im rustikalen **La Mamma** nahe der Arena (20, rue de l'Amphithéâtre, Tel. 04 90 96 11 60) gibt es leckere italienische und regionale Küche.

✚ 194 C3

Touristeninformation
✉ Esplanade Charles de Gaulle, boulevard des Lices ☎ 04 90 18 41 20; www.arles tourisme.com 🕐 April–Sept. tägl. 9–18.45 Uhr; Okt.–März Mo–Sa 9–16.45, So 10–13 Uhr

Les Arènes
✉ Rond-Point des Arènes ☎ 04 90 49 38 20 🕐 tägl., Mai–Sept. 9–18.30, März, April, Okt. 9–18, Nov.–Feb. 10–17 Uhr. Geschl. an einigen Feiertagen und bei Stierkämpfen 👋 mittel

Musée de l'Arles et de la Provence Antiques
✉ Presqu'île du Cirque-Romain ☎ 04 90 18 88 88; www.arles-antique.cg13.fr 🕐 tägl., April–Okt. 9–19, Nov.–März 10–17 Uhr. Geschl. an einigen Feiertagen 👋 mittel

ARLES: INSIDER-INFO

Top-Tipps: Der bei der Touristeninformation erhältliche **Pass Monuments** gewährt Zutritt zu neun Sehenswürdigkeiten.
■ Der **Samstagsmarkt** und der **Trödelmarkt** (1. Mi im Monat) auf dem Boulevard des Lices lohnen einen Besuch.

Muss nicht sein: In ganz Arles gibt es kein Gemälde van Goghs zu sehen, auch nicht in der **Fondation Van Gogh** (www.fondationvangogh-arles.org), die ansonsten über eine attraktive Sammlung moderner Malerei verfügt, u. a. an van Gogh orientierte Gemälde Francis Bacons.

3 Nîmes & Pont du Gard

Nîmes war schon zur Römerzeit eine lebendige Großstadt, heute noch ermessbar an ihrem monumentalen Amphitheater. Die Wasserversorgung erfolgte über einen Aquädukt, von dem sich mit dem nahen Pont du Gard ein spektakulärer Teil erhalten hat.

Nîmes

Das sehenswerteste unter den Altertümern von Nîmes ist sein weltweit besterhaltenes, heute noch genutztes römisches **Amphitheater** (Les Arènes). Rund 20 000 Zuschauer passen auf die drei Ränge mit steinernen Sitzen, ähnlich wie in Arles (► 119) und Orange (► 146f).

Während vom **Dianatempel** nur Ruinen blieben, ist der heute **Maison Carrée** (»Rechteckiges Haus«) genannte Tempel auf dem ehemaligen Forum von Nîmes ziemlich intakt, mit einer Sammlung von Antiken im Innern, darunter Mosaiken und Skulpturen. Moderne Eleganz verkörpert gleich daneben der lichte, großzügige Bau des **Carrée d'Art**, 1984 entworfen vom britischen Star-Architekten Sir Norman Foster, in dem eine Sammlung moderner Kunst und Wechselausstellungen zu sehen sind.

Der Pont du Gard, seit 1984 Unesco-Weltkulturerbe

GARRIGUE

Mit *garrigue* bezeichnen die Franzosen niederes Buschwerk, wie es auch um den Pont du Gard wächst: anspruchslose Harthölzer, die mit wenig Wasser auskommen, wie Buchsbaum und Steineichen, Dornengewächse wie Disteln und Ginster – duftend umfangen von den typischen Kräutern der Provence: Thymian, Majoran, Rosmarin, Salbei und Lavendel.

Pont du Gard

Weithin leuchten vor blauem Himmel die Bögen der mächtigen Aquäduktbrücke über den Fluss Gardon. Die bis zu sechs Tonnen schweren Blöcke aus gelbem Muschelkalk sind ohne Mörtel aneinander gefügt zu einem Schmuckstück römischer Ingenieurskunst, das auf 50 km Länge (von der Quelle in Uzès) nur 12 m Höhenunterschied benötigte, um das Wasser im obersten Brückenteil bis nach Nîmes fließen zu lassen. Über den Bau aus dem 1. Jahrhundert und seine Restaurierung informiert sehr anschaulich das Besucherzentrum am linken Ufer.

KLEINE PAUSE

Genehmigen Sie sich eine Mahlzeit und ein Glas Wein im üppig mit Kunstwerken dekorierten **Vintage Restaurant** zwischen Arena und Maison Carée in Nîmes (7, rue de Bernis, Tel. 04 66 21 04 45).

✚ 194 B4

Touristeninformation

✉ 6, rue Auguste ☎ 04 66 58 38 00; www.ot-nimes.fr ⊙ Juli–Aug. Mo–Fr 8.30–20, Sa 9–19, So 10–18 Uhr; April–Mai, Sept. Mo–Fr 8.30–19, Sa 9–19, So 10–18 Uhr; Okt.–März Mo–Fr 8.30–18.30, Sa 9–18.30, So 10–17 Uhr. Geschl. 1. Jan., 25. Dez.

Les Arènes

✉ Place des Arènes ☎ 04 66 21 82 56 ⊙ tägl., Juni–Aug. 9–19, April, Mai, Sept. 9–18.30, März, Okt. 9–18, Nov.–Feb. 9.30–17 Uhr 🎫 mittel

Maison Carrée

✉ Place de la Comédie ☎ 04 66 21 82 56 ⊙ tägl., Juni–Aug. 10–19.30, April, Mai, Sept. 10–19, März, Okt. 10–18.30, Nov.–Feb. 10–13, 14–17 Uhr 🎫 preiswert

Musée d'Art Contemporain (Carrée d'Art)

✉ Place de la Maison Carré ☎ 04 66 76 35 70 ⊙ Di–So 10–18 Uhr 🎫 mittel

Pont du Gard

✚ 194 C4 ✉ Besucherzentrum Pont du Gard ☎ 08 20 90 33 30; www.pontdugard.fr ⊙ Gelände ganzjährig 6–1 Uhr; Besucherzentrum tägl. Ostern–Sept. 9.30–19, Okt.–Ostern 10–17.30 Uhr. Geschl. Mo vormittags und 2 Wochen im Januar 🎫 Besucherzentrum: mittel

Nîmes & Pont du Gard: INSIDER-INFO

Top-Tipps: Im Hochsommer kann die **Hitze** hier extrem sein, daher empfiehlt sich in Nîmes eine schattige Mittagspause. Zum Pont du Gard sollten Sie frühmorgens oder am späten Nachmittag aufbrechen.

■ Einen schönen Blick auf **Nîmes** genießt man vom **Magne-Turm** in den Jardins de la Fontaine.

■ Die Parkgebühren am **Pont du Gard** (mittel) gewähren Zugang zum Aquädukt. Teurer ist es im Besucherzentrum, wo einem aber auch ein informatives 25-Minuten-Video geboten wird. Im **Ludo** kann man die Kleinen beschäftigen.

4 Stes-Maries-de-la-Mer

Idealer Ausgangspunkt für die Erkundung der Region ist die Postkartenidylle von Stes-Maries-de-la-Mer, wo man zugleich intensiv Tradition und Volkskunst der Camargue begegnet.

Von hier aus lassen sich nicht nur Ausflüge in die Wildnis unternehmen, auch die nähere Umgebung ist reizvoll für Ausritte und Radtouren. Sonne tanken, schwimmen und Wassersport treiben kann man am großen Sandstrand im Osten.

Der Legende nach landeten hier im Jahre 40 n. Chr. zwei Halbschwestern der Heiligen Jungfrau, Maria Jakobäa und Maria Salome, mit ihrer schwarzen Dienerin Sara (heute Schutzpatronin der Zigeuner). Nach ihrem Tod wurde über den Grabstätten eine Kapelle gebaut, später die Kirche **Notre-Dame-de-la-Mer**, und der Ort zur Pilgerstätte. Die große Zigeuner-

Blick über die Dachlandschaft von Stes-Maries-de-la-Mer

HAUPTSTADT DER ZIGEUNER

Aus ganz Europa strömen Sinti und Roma hierher zur Wallfahrt, die meisten allerdings aus Spanien. Ihre bunten Wagen prägen ganzjährig das Bild in den Außenbezirken des Ortes: Wie die Flamenco-Darbietungen gehören sie fest zum touristischen Programm.

Ein Wald von Schiffsmasten im betrieb-samen Hafen des Ortes

Wallfahrt findet jährlich am 24./25. Mai statt, dann beherrschen bunte Hemden und Schals, Bänder und Blumen das Bild um die Marien-Statuen, und die der schwarzen Sara wird in einem blauen Nachen zu Wasser gelassen, unter der Führung von Hirten *(gardians)* zu Pferde. Zum Abschluss gibt es ein Fest mit Stierkämpfen, Rodeos *(ferrades)*, Flamenco und Feuerwerk.

Vom Turm der Kirche hat man einen schönen Blick auf Stadt und Umgebung, wie auch vom Turm daneben in der Rue Victor Hugo, der das **Musée Baroncelli** mit Exponaten aus Flora, Fauna, Geschichte und Kultur der Region beherbergt.

KLEINE PAUSE

Fisch und Meeresfrüchte gibt es frisch bei **Les Embruns**, 11, avenue de la Plage (► 132).

✚ 194 B1

Touristeninformation
✉ 5, avenue Van-Gogh ☎ 04 90 97 82 55; www.saintesmaries.com

Musée Baroncelli
✉ Rue Victor Hugo ☎ 04 90 97 87 60 🕐 unregelmäßige Öffnungszeiten

---

STES-MARIES-DE-LA-MER: INSIDER-INFO

Top-Tipps: Ganz nahe an Weiden und Gehöfte der Rinder und Pferde kommt man mit einer 90-minütigen **Schiffstour** auf der Petit Rhône. Kontakt über A.C.T. Tiki III, Le Grau d'Orgon–D38, 13460 Stes-Maries-de-la-Mer (Tel. 04 90 97 81 68 / 04 90 97 81 22; www.tiki3.fr)
■ **Parken** kann man am besten in der Nähe des Strandes.

Nach Lust und Laune!

🄴 Aigues-Mortes

Das Festungsstädtchen wurde Mitte des 13. Jahrhunderts von König Ludwig IX. (dem Heiligen) als Ausgangshafen für den 6. Kreuzzug gegründet und mit einer **Stadtmauer** versehen, die sein Sohn Philipp III. ausbaute zu einem trutzigen Geviert mit umlaufendem Wehrgang, 15 Türmen und 10 Toren.

Parkt man außerhalb der Mauern an der Porte de la Gardette, gelangt man durch das Tor in ein ganz regelmäßig angelegtes System von Sträßchen mit der **Place St-Louis** als Hauptplatz, dominiert vom ehernen Standbild des Königs. Hier im Herzen der Stadt sind die meisten

Tour de Constance, Teil der trutzigen Stadtbefestigung von Aigues-Mortes

Cafés und Restaurants sowie die Touristeninformation zu finden. Der älteste und imponierendste Turm von Aigues-Mortes ist der **Tour de Constance**, der während der Hugenottenkriege eine traurige Rolle als Frauengefängnis spielte. Der Turm ist nur über das Logis du Gouverneur zugänglich, von wo auch die Besich-

tigungstouren der Befestigungsanlage beginnen.

Mittwoch und Sonntag ist Markt in dem malerischen Städtchen, das sich bequem in 20 Minuten mit dem Touristenzug **Petit Train** erobern lässt. Ostern bis September werden Ausflüge in die Camargue angeboten, mit dem Boot oder zu Pferd.

✚ 194 A2

Touristeninformation
✉ Place St-Louis ☎ 04 66 53 73 00; www.ot-aiguesmortes.fr 🕐 Juli–Aug. Mo–Fr 9–20, Sa–So 10–20 Uhr; Sept.–Juni Mo–Fr 9–13, 14–18, Sa–So 10–12, 14–18 Uhr

🄵 Abbaye de Montmajour

Das auf einem Hügel 3 km nordöstlich von Arles gelegene Kloster, im Mittelalter eines der einflussreichsten der Provence, ist noch als Ruine ein beeindruckender Anblick.

Hierher floh einst aus Arles der frühchristliche Heilige **Trophimus** und verbarg sich in einer Höhle, deren Umgebung später von weiteren Eremiten besiedelt wurde. Im 10. Jahrhundert schließlich entstand an der geweihten Stätte ein Benediktiner-**Kloster**, das als Wallfahrtsort schnell zu Wohlstand und Einfluss gelangte. Mit dem Reichtum hielt allerdings auch Korruption Einzug. Als im Jahre 1639 eine Abordnung hoher Ordensgeistlicher die Dinge wieder ins Lot bringen wollte, plünderten die Mönche die Abtei. 1786 wurde sie endgültig aufgegeben und ab 1907 schließlich restauriert.

Beim Rundgang durch die Ruinen ist man überwältigt von der schieren Dimension der Anlage und der Gebäude, darunter die obere **Kirche Notre Dame** aus dem 12. Jahrhundert. Ihre Krypta ist seitlich des Hauptschiffs kühn in den Fels getrieben und besticht durch detailreiche Darstellungen wilder Tiere und Dämonen auf den Kolonnaden. Beachtenswert sind auch die Steinmetzzeichen im Gewölbe und die mittelalterlichen Wandzeichnungen im Kloster.

Erklimmt man die 124 Stufen der Wendeltreppe im 26 m hohen, wuchtigen Bergfried aus dem Jahre 1369, wird man belohnt mit einem herrlichen Rundblick über die Alpilles, Arles, Tarascon und die Ebene von Crau. Von hier hügelabwärts stößt man auf die Einsiedelei **Ermitage St-Pierre** (11. Jahrhundert), in deren Felshöhlen einst St. Trophimus Zuflucht suchte.

✚ 194 C3
✉ Route de Fontvieille, Arles
☎ 04 90 54 64 17
🕐 April–Sept. tägl. 10–18.30 Uhr; Okt.–März Di–So 10–17 Uhr
🎟 mittel, unter 18 Eintritt frei

Die Place Louis Jou in Les Baux

turelles Zentrum, das vor allem durch seinen Minnesang im ganzen Süden bekannt war. Auch nachdem die Troubadoure verstummten und die Burg im Rahmen der Hugenottenkriege geschliffen wurde, blieb Les Baux Pilgerstätte für Dichter und Maler (darunter Dante, Mistral, van Gogh).

Eine Übersichtstafel weist den Weg in der Ville Morte, zum Bergfried aus dem 13. Jahrhundert,

Die Abbaye de Montmajour

🔢 Les Baux-de-Provence

Auf einer der höchsten Erhebungen der Chaîne des Alpilles, einem 200 m breiten Plateau von fast 1 km Länge, ragen die Ruinen der Burg von Les Baux-de-Provence. Die zugehörige Ville Morte (Totenstadt) klebt darunter verlassen am Felsen, weiter unterhalb liegt der freundliche Hauptort mit seinen Kopfsteinpflastergässchen und eleganten Renaissance-Bauten.

Im Mittelalter war die Burg Sitz der **Grafen von Les Baux**, einem der damals einflussreichsten Adelsgeschlechter Frankreichs. Als Cour d'Amour bildete sich hier ein kul-

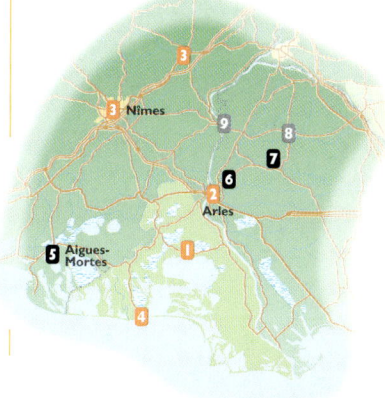

Schmale Pfade mäandern durch die Burgruinen von Les Baux-de-Provence

Taubenturm und anderen mittelalterlichen Türmen, einem Infofilm und Nachbauten alter Belagerungsmaschinen. Hauptattraktion ist jedoch der wunderbare Panoramablick über zerklüftete Berge und fruchtbare Talsenken mit Wäldern und Weingärten.

Das lebendige, vorwiegend im 16. und 17. Jahrhundert erbaute »moderne« **Dorf Les Baux** lockt mit schmucken Bürger- und Adelspalais, Läden und Kunstgalerien, einem Santon-Museum, schönen Kirchen und einem markanten Rathaus.

Nördlich des Ortes erstreckt sich das **Val d'Enfer** (Höllental), eine bizarre Schlucht, wo in der Felshöhle **Cathédrale des Images** interessante Ton- und Licht-Spektakel stattfinden.

✚ 190 A5

Touristeninformation

✉ Maison du Roy ☎ 04 90 54 34 39; www.lesbauxdeprovence.com

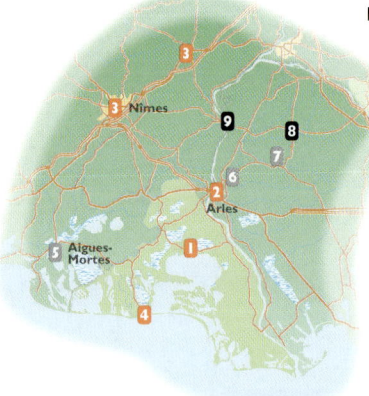

Les-Baux-de-Provence Citadelle
✉ Ville Morte ☎ 04 90 54 55 56
🕐 tägl., Frühjahr 9–18.30, Sommer 9–19.30, Herbst 9.30–18, Winter 9–17 Uhr
✋ mittel

🖐 St-Rémy-de-Provence & Glanum

Der Geburtsort des Astrologen Nostradamus (geb. 1503, ➤ 103) ist ein unaufgeregtes provenzalisches Bilderbuchstädtchen, mit pastellfarbenen Häusern, Palais des 16. bis 18. Jahrhunderts, schattigen kleinen Plätzen, plätschernden Brunnen und baumgrünen Alleen. Sehenswert ist in erster Linie dieses Ensemble, ergänzt durch einige Museen und Kunstgalerien.

Die roten Ziegeldächer von Tarascon

Kunstinteressierte verbinden mit St-Rémy natürlich den Namen van Goghs (➤ 13), der nach kurzem Klinikaufenthalt in Arles 1889 in das hiesige Sanatorium **St-Paul-de-Mausole** wechselte. Während eines enorm produktiven Jahres entstanden hier rund 100 Zeichnungen und 150 Gemälde, darunter so bekannte wie die *Sternennacht*, der *Sämann* und *Schwertlilien*. Von April bis Oktober bietet die Touristeninformation anderthalbstündige **Führungen** zu den Schauplätzen seiner Bilder an (Di, Do, Fr um 10 Uhr), deren Ticket auch ermäßigten Eintritt ins Sanatorium und das **Musée Estrine** gewährt. Wer lieber auf eigene Faust loszieht, kann in der Touristeninformation einen Übersichtsplan bekommen.

Nicht weit von St-Paul-de-Mausole liegen die Ruinen der antiken Stadt **Glanum**, älteste Zeugnisse des Altertums in ganz Frankreich. Das Areal wurde bereits früh von den Kelten, dann ab dem 3. Jahrhundert v. Chr. von Griechen besiedelt – die Römer übernahmen 200 Jahre später schon eine intakte Stadt mit Tempeln und Agora. Von Alemannen 260 n. Chr.

zerstört, wurde sie erst 1921 ausgegraben, wobei man den ältesten Triumphbogen (20 v. Chr.) Frankreichs und das besterhaltene Mausoleum der römischen Welt (sog. »Grabmal der Julier«) freilegte.
➕ 190 A5

Touristeninformation
✉ Place Jean-Jaurès ☎ 04 90 92 05 22; www.saintremy-de-provence.com

Glanum
✉ Avenue Vincent van Gogh, Route des Baux
☎ 04 90 92 23 79 ⏲ April–Aug. tägl.

10–18.30 Uhr; Sept.–März Di–So 10.30–17 Uhr. Geschl. 1. Jan, 1. Mai, 1. Nov, 11. Nov, 25. Dez. 🎫 teuer

❾ Tarascon

Hauptattraktion von Tarascon, einst westliche Grenzfeste der Grafschaft Provence, ist die **Burg** des Guten Königs René. Zwischen 1400 und 1449 erbaut am Ufer der Rhône, gehört sie mit zinnengekrönten Türmen, Wassergraben und exquisiter Innenausstattung zu den schönsten mittelalterlichen Burgen Frankreichs.

Der Name »Tarascon« leitet sich der Legende nach von der **Tarasque** ab, einem drachenartigen, menschenfressenden Untier, dem die Heilige Martha, Schutzpatronin der Stadt, schließlich den Garaus bereitete. Ende Juni feiert man das mit einem großen Umzug samt Drachen aus Pappmaché und vier Tage mit Feuerwerk, Sonnwendfeuern und Stierkampf. In Tarascon ist das ganze Jahr über etwas los, beginnend mit dem Orchideen-Fest im Februar, dem Mittelalter-Fest im August und dem Santon-Markt (Krippenfiguren) im November.

Im **Musée Souleïado** in der Altstadt (39, rue Proudhon) kann man sich über die traditionelle Textilindustrie der Provence und ihre typischen bunten Stoffe informieren (Di–Sa, Juli–Aug. 10–17, Sept.–Juni 10–13, 14–18 Uhr).
➕ 194 C3

Touristeninformation
✉ 16, boulevard Itam
☎ 04 90 91 03 52; www.tarascon.org

Château de Tarascon
✉ Boulevard de Roi-René ☎ 04 90 91 01 93
⏲ tägl., April–Aug. 10–18.30, Okt.–März 10.30–17 Uhr 🎫 mittel

Wohin zum ... Übernachten?

Preise
Die Preise gelten pro Nacht im Doppelzimmer:
€ unter 100 Euro   **€€** 100–200 Euro   **€€€** bis 200 Euro

ARLES

Arlatan €€–€€€

Das charmante Domizil in der Residenz der Grafen von Arles aus dem 16. Jahrhundert zählt zu den schönsten historischen Hotels der Region. Es gibt 30 individuell mit provenzalischen Antiquitäten eingerichtete Zimmer. Frühstück im ummauerten Garten. Hoteleigene Parkplätze.
+ 194 C3 ⊠ 26, rue Sauvage
☎ 04 90 93 56 66; www.hotel-arlatan.fr
Ⓒ geschl. Anfang Jan. bis Anfang Feb.

Hôtel Calendal €–€€

Netter 3-Sterner direkt an der Arena, komfortabel und recht

preisgünstig, 38 klimatisierte Zimmer im provenzalischen Stil, mit Blick auf die Arena oder den üppig begrünten Patio (manche mit direktem Zugang von dort). Frühstück und kleine Mahlzeiten in Garten oder Teesalon. Hier wohnt man ruhig (Hofseite) und doch zentral.
+ 194 C3 ⊠ 5, rue Porte-de-Laure
☎ 04 90 96 11 89; www.lecalendal.com

Nord-Pinus €€–€€€

Offizielles Baudenkmal im Herzen der Stadt, einst Treffpunkt der Félibres und anderer hochkarätiger Literaten, wie Stendhal, Frédéric Mistral, Jean Cocteau und Henry

James. Heute wohnt hier Christian Lacroix, wenn er in der Heimat weilt, außerdem prominente Stierkämpfer und reiche Aficionados. Deshalb findet man hier neben antikem Mobiliar und Kunstobjekten Stierkampf-Plakate und -Trophäen. Ideal für alle, die es echt »arlesianisch« haben wollen!
+ 194 C3 ⊠ Place du Forum
☎ 04 90 93 44 44; www.nord-pinus.com
Ⓒ geschl. im Jan.

Le Mas d'Aigret €–€€€

Wer den Sonnenaufgang über Les Baux erleben möchte, hat von diesem kühn in den Felsen gebauten Hotel einen phantastischen Blick. Die meisten der 16 Zimmer sind klimatisiert, manche unlängst renoviert, mit Terrasse und schöner Aussicht. Lounge, Bar und Outdoor-Pool vorhanden.
+ 190 A5 ⊠ 13520 Les Baux-de-Provence
☎ 04 90 54 20 00;
www.masdaigret.com
Ⓒ geschl. 2 Wochen im Nov.

Le Mas de Peint €€€

Ehemalige Residenz des Lyoner Tuchhändlers Antoine Peint aus dem 17. Jahrhundert, später umgewandelt in einen Bauernhof, wo heute noch Reis angebaut und Rinder gezüchtet werden. Acht Zimmer und drei Suiten, einige mit rustikalen Deckenbalken, andere mit Bädern aus dem 19. Jahrhundert. Zum Abendessen wird frische Farmkost serviert.
+ 190 A3 ⊠ Le Sambuc ☎ 04 90 97 20 62;
www.masdepeint.com Ⓒ geschl. Jan. bis Mitte März, Mitte Nov. bis Mitte Dez.

NÎMES

Hôtel Imperator Concorde €€€

Opulent ausgestattetes Hotel mit leicht angestaubtem Charme, traditionsgemäß Quartier auswärtiger Stierkämpfer. Gediegene, recht quirlige Umgebung mit dem Quai de la Fontaine und dem gleichnamigen Park. 60 klimatisierte,

Wohin zum ...
Essen und Trinken?

Preise

Die Preise gelten pro Person für ein Drei-Gänge-Menü ohne Getränke und Trinkgeld:

€ unter 25 Euro €€ 25–50 Euro €€€ über 50 Euro

ARLES

L'Escaladou €

Bodenständiges, authentisches arlésianisches Restaurant im Zentrum, meist gesteckt voll mit Einheimischen, die sich Wurstspezialitäten und *boeuf gardian* (herzhaften Rindfleischeintopf mit Oliven und Camargue-Reis) schmecken lassen.
☐ 194 C3 ⊠ 23, rue Porte-de-Laure
☎ 04 90 96 70 43
🕓 12–14.30, 18.30–23 Uhr. Mi geschl.

Corazon €€

Gediegenes Restaurant in einem alten Stadtpalais mit Innenhof und Brunnen. Mehrere kleine Räume mit intimer Atmosphäre und (käuflichen) Kunstwerken an der Wand. Kreativ erweiterte provenzalische Küche, vor allem gute Fischgerichte, wie *choucroute de la mer* (drei Sorten Fisch mit Crème de champagne) oder *brochette* von Garnelen und Muscheln mit pikantem Gemüse. Eine Flasche Wein kostet etwa 6 Euro, und es gibt auch einen Teesalon.
☐ 194 C3 ⊠ 1 bis, rue Réattu
☎ 04 90 96 32 53
🕓 Di–Sa 12–14.30, 19–22 Uhr. Geschl. So, Mo

---

schallisolierte Zimmer mit Mini-Bar und Satelliten-TV. Blumenmustern, grüner Garten hinter dem Haus.
☐ 194 B4 ⊠ Quai de la Fontaine
☎ 04 66 21 90 30;
www.nimes.concorde-hotels.com
🕓 ganzjährig

ST-RÉMY-DE-PROVENCE

Chateau des Alpilles €€–€€€

Herrenhaus aus dem 18. Jahrhundert, außerhalb von St-Rémy in einem Riesenpark mit Magnolien, Ginkos und Platanenallee gelegen. Gediegen im Stil, mit zeitgenössischen Akzenten. 14 Zimmer mit hohen Decken und drei Suiten plus Familien-Apartment im Anbau. Restaurant, Bar und Outdoor-Pool vorhanden.
☐ 190 A5 ⊠ Départmentale 31, 13210 St-Rémy de Provence
☎ 04 90 92 03 33;
www.chateaudesalpilles.com
🕓 geschl. Nov., Jan. bis Mitte März

Hotel Les Ateliers de L'Image €€–€€€

Dieses 4-Sterne-Hotel ist eine wahre Oase des raffinierten Minimalismus im Zentrum der Stadt. 25 Zimmer und sechs Suiten mit allem modernen Komfort. Garten, Outdoor-Pool, ein provenzalisches und ein japanisches Restaurant.
☐ 190 A5 ⊠ 36, boulevard Victor Hugo
☎ 04 90 92 51 50
🕓 geschl. Mitte Dez.–Feb.

STES-MARIES-DE-LA-MER

Hotel de Cacharel €€

Ehemalige Rinderranch in den Salzmarschen, mit 16 komfortablen Zimmern, alle mit Dusche oder Bad. Swimmingpool vorhanden. Reitausflüge in die Camargue oder zu den schwarzen Stieren dieser Region.
☐ 194 B1 ⊠ Route de Cacharel
☎ 04 90 97 95 44;
www.hotel-cacharel.com
🕓 ganzjährig

La Mamma €-€€

Italiener an der Arena, mit Fliesenboden, Rattanmöbeln und Pizza-Ofen. Regionale und italienische Küche, wie *saltimbocca à la romana* (Schnitzel mit Schinken und Salbeiblättern), dazu Pasta.

📍 194 C3 ⊠ 20, rue de l'Amphithéâtre
☎ 04 90 96 11 60;
www.lamammaarles.com
🕐 Di–Sa 12–2.30, 19–22.30,
So 12–14.30 Uhr. Mo geschl.

LES BAUX-DE-PROVENCE

La Reine Jeanne €€

An Panoramafenstern mit wunderbarem Blick ins Tal genießt man hier regionale Küche, etwa in Olivenöl marinierte Paprika, Lammkeule mit Knoblauch-Confit oder provenzalische Platte mit Tapenade. Freitags gibt es Dorsch mit gedünstetem Gemüse und Aïoli.

📍 190 A5 ⊠ Rue Porte Mage
☎ 04 90 54 32 06; www.la-reinejeanne.com
🕐 tägl. 12–15, 19–21.30 Uhr

NÎMES

Le Bouchon et l'Assiette €-€€

Schöne alte Adresse an den Jardins de la Fontaine mit sehr gutem Preis-Leistungs-Verhältnis. Einfaches Ambiente, kreative, schmackhafte Küche, freundlicher Service – probieren Sie doch einmal die Gänseleber mit gegrillten Paprika und karamellisierten Trauben.

📍 194 B4 ⊠ 5 bis, rue de Sauve
com ☎ 04 66 62 02 93; www.bouchonetlassiette.
🕐 Di–Mo 12–13.30, 19.45–21.15 Uhr.
Geschl. 1.–15. Jan, Mitte Juli bis Mitte Aug.

Le Vintage Restaurant €-€€

Zwischen Arena und Maison Carrée an einem winzigen Platz mit Brunnen liegt dieses charmante Bistro mit hübschem Innenhof, dessen Speiseraum gleichzeitig als Galerie für einheimische Künstler dient.

📍 194 B4 ⊠ 7, rue de Bernis
☎ 04 66 21 04 45 🕐 Di–Fr 11–14.30, 19–23,
Sa 19–23 Uhr. Geschl. 2 Wochen im Aug.

STES-MARIES-DE-LA-MER

Brûleur de Loups €€

Unter den Spezialitäten des schön am Wasser gelegenen Restaurants finden sich neben tagesfrischem Fisch etwa *bourride* (Fischcremesuppe mit Knoblauch) und *carpaccio* vom Stier.

📍 194 B1 ⊠ 1, avenue Gilbert-Leroy
☎ 04 90 97 83 31
🕐 12–13.45, 19–21.30 Uhr. Geschl.
Di abends, Mi und Mitte Nov.–Dez.

Les Embruns €€

Edel-rustikales Ambiente, beste einheimische Zutaten. Unter den Festpreis-Menüs wird auch ein *Menu Gourmand* (für besonders Hungrige) angeboten. Viele Fischgerichte in unterschiedlichsten Variationen, bis hin zur Paella. Die Flasche Hauswein schlägt mit 12,50 Euro zu Buche.

⊠ 11, avenue de la Plage
☎ 04 90 97 92 40
🕐 tägl. 12–15, in der Saison auch 19–22.30 Uhr. Geschl. Jan.

ST-RÉMY-DE-PROVENCE

Café des Arènes €

Kleines Bar-Restaurant mit schmackhafter einheimischer Küche, zum Beispiel Steak vom Stier und als Dessert Crème brûlée mit Thymian. Schattige Straßenterrasse.

📍 190 A5 ⊠ 9, boulevard Gambetta
☎ 04 32 60 13 43 🕐 geschl. So abends,
Mo Nov.–März

TARASCON

Abbaye St-Michel de Frigolet €-€€

Hier dient man mitten in einer Abtei aus dem 12. Jahrhundert, auf der Terrasse oder drinnen in provenzalischem Ambiente. Vorwiegend regionale Küche, wie Meerbarbe mit Basilikum-Mayonnaise oder Crème brûlée mit Frigolet-Likör.

📍 184 A2 ⊠ Communauté des Prémontrés, Abbaye St-Michel de Frigolet
☎ 04 90 90 52 70; www.frigolet.com
🕐 tägl. 12–13.30, 19–20.45 Uhr.
Mo, Di nur Hotelgäste

Wohin zum … Einkaufen?

SOUVENIRS UND GESCHENKE

Hochwertigen Schmuck im provenzalischen Stil gibt es bei **Bijoux Dumont** in Arles (3, rue du Palais, Tel. 04 90 96 05 66, Di–Sa 9–13, 14.30–19 Uhr), wo man 18-Karat-Gold, Silber und Halbedelsteine verwendet. Man hat die Wahl unter provenzalischen Kreuzen, Anhängern mit Stes-Maries-de-la-Mer-Kreuz und Broschen in Zikadenform.

Schön bunte provenzalische Stoffe, Textilien und Geschenke bekommt man bei **Les Olivades** (28, rue Lafayette, Tel. 04 90 92 00 80) in St-Rémy-de-Provence.

FASHION

Der aus Arles gebürtige Top-Designer **Christian Lacroix** verwendet in seinen Kollektionen gerne Anregungen der provenzalischen Tracht und betreibt in der Fußgängerzone einen chicen Laden für Mode und Accessoires, wie Schmuck, Hüte und Handtaschen (52, rue de la République, Tel. 04 90 96 11 16, Mo 14.30–19, Di–Sa 9–13, 14–19 Uhr). Bei **L'Arlésienne** (12, rue du Président-Wilson, Tel. 04 90 93 28 05) kann man sich à la *camarguais* ausstaffieren.

Die Boutique **Maria Maria** in Stes-Maries-de-la-Mer gibt sich spanisch, mit ockerfarbenen Wänden und Kacheln. Spezialist für Andalusisches, wie Blusen mit Goldstickerei und *gardian*-Kleidung. Neben prominenten internationalen Namen (Christian Lacroix, Tomar Artesania) finden Sie auch Modelle einheimischer Designer (7, place des Remparts, Tel. 04 90 97 71 60,

tägl. 10–12 und 14–19 Uhr, im Sommer und zu besonderen Anlässen durchgehend 9–21 Uhr).

Auch in der **Boutique Le Gardian** im selben Ort kann man sich als *gardian* einkleiden: Filzhut, breiter Gürtel, Schaftstiefel aus weichem Leder. Hier führt man auch bekannte Marken für Outdoor-Mode (9, rue Victor Hugo, Tel. 04 90 97 85 34, Sommer tägl. 9–22, Winter 9.30–12, 14–18 Uhr).

LEBENSMITTEL

Das Familienunternehmen **Conserverie Tomasella** (12, rue Jouvene, Tel. 04 90 93 17 95) in Arles produziert und verkauft exzellente Delikatessen, von der Gänseleberpastete bis zu Enten-Confit, Cassoulet und Wein, angeboten in oft sehr attraktiver Verpackung. Der Chocolatier **Joël Durand** in St-Rémy-de-Provence versieht seine Köstlichkeiten mit regionalen Akzenten, wie Lavendel-Schokolade (3, boulevard Victor Hugo, Tel. 04 90 92 38 25,

Mo–Sa 9.30–12.30, 14.30–19.30, Sc 10–13, 14.30–19.30 Uhr). Kandierte Früchte (auch *marrons glacés* und Marmelade) sind die Spezialität von **Lilamand**, seit 1866 gleichfalls in St-Remy ansässig (5, avenue Albert Schweitzer, Tel. 04 90 92 11 08, Di–Sa 10–12.30, 14.30–19 Uhr). Traditionelle Töpferware, wie handbemalte Teller, Karaffen und dergleichen, führt **Terre è Provence** (7, rue Lafayette, Tel. 04 90 92 28 52, 9.30–13, 14–19 Uhr, geschl. So, Mo und 15.–31. Jan.).

KUNST, BÜCHER, ANTIQUITÄTEN

Antiquités Maurin in Arles ist eine wahre Fundgrube für Möbel, Gemälde und Keramik vom 17. bis 20. Jahrhundert (4, rue de Grille, Tel. 04 90 96 51 57, geschl. So, Mo vormittags).

Gerahmte Ansichten und Ansichtskarten der Provence sind bei der **Galerie du Pharos** in St-Rémy-de-Provence (2, rue Jaume Roux, Tel. 04 90 90 63 42) erhältlich.

Wohin zum …
Ausgehen?

Das Nachtleben der Region konzentriert sich auf Arles und Umgebung. Das **Théâtre d'Arles** bringt neben zeitgenössischen Stücken auch Ballett auf die Bühne und bietet Sondervorstellungen für Kinder (Boulevard Georges Clemenceau, Tel. 04 90 52 51 55; www.theatre-arles.com; Ticket-Tel. 04 90 52 51 51, Vorverkauf Mo–Fri 11–13, 15–18.30 Uhr, an Tagen mit Vorstellung Mo–Fr 11–15 und ab 17 Uhr, Sa, So ab 15 Uhr).

Im **Café la Nuit** in Arles, Motiv des berühmten Gemäldes von van Gogh, ist immer etwas los (11, place du Forum, Tel. 04 90 96 44 56, 9–24 Uhr).

Im **Patio de Camargue** am Rhône-Ufer unterhalten Sie Chico und seine Gypsy Kings mit Fla-

menco- und Rumba-Rhythmen. Unbedingt reservieren (Tel. 04 90 49 51 76; www.patio.chico.fr, Sa ab 20 Uhr)!

Modern in Stahl und Pink mit blauem Neonlicht gibt sich **Le Krystal**, mit wechselndem Programm von Retro bis Latin und House. Außerhalb der Themennächte tanzt man So/Mo zu Orchester-Klängen (Hameau de Moulès, Tel. 04 90 98 32 40, Di 19–2, Fr–Sa 23–6 Uhr).

Die **Discothèque La Haute Galine** in St-Rémy-de-Provence ist eine der wenigen Late-Night-Optionen in diesem Teil der Provence, musikalisch in verschiedenen Stilrichtungen (Chemin Cante Perdrix et Galine, Tel. 04 90 92 00 03, Fr–Sa ab 23 Uhr).

SPORT UND FREIZEIT

Abseits ausgetretener Pfade kann man auf Safaris mit Vier-Rad-Antrieb die Natur erkunden. Mit **Camargue Safaris Gallon** in Arles geht es quer durch die Landschaft mit ihren weißen Pferden, schwarzen Stieren und rosa Flamingos. Auch Radtouren und Reitausflüge werden angeboten (36, avenue Edouard Herriot, Tel. 04 90 93 60 31, ganzjährig nach Voranmeldung).

Pferde und Stiere züchtet man auf der Arbeitsfarm **La Cabano dis Ego**, die verschiedenste Freizeitaktivitäten anbietet, vom Reitausflug bis hin zu provenzalischen Cowboy-Spielen und Heißluftballonfahrten (Le Sambuc, Tel. 04 90 97 20 62; www.manade-jacques-bon.com, ganzjährig).

Stes-Maries-de-la-Mer ist ein idealer Ausgangspunkt für die Erkundung der Region, zum Beispiel bei einer 90-minütigen Bootsfahrt mit **A.C.T. Tiki III** auf der Petit Rhône, wo man der Fauna

der Camargue ganz nahe kommt (Le Grau d'Orgon–D38, Tel. 04 90 97 81 68/04 90 97 81 22; www.tiki3.fr, März–Nov.). Reservierung empfohlen.

Etwas individueller geschieht dies bei einem Reitausflug (2 Stunden oder ganztägig) mit **Promenade des Rièges**. Dort stehen die berühmten weißen Pferde der Camargue im Stall (Route de Cacharel, Tel. 04 90 97 91 38; www.promenadedesrieges.com, nach Vereinbarung).

Totales Kontrastprogramm: Lassen Sie sich mit diversen Anwendungen bei **Thalacap Camargue** verwöhnen! Bei der Thalasso-Therapie genießt man die Segnungen des Meerwassers, inklusive Algen- und Schlammpackungen und Hydro-Massage. Fitness-Studio, Türkisches Bad und Sauna sind ebenfalls vorhanden (avenue Jacques-Yves Cousteau, Tel. 04 90 99 22 22; www.thalacap.fr; unregelmäßige Öffnungszeiten; geschl. Anfang bis Mitte Dez.).

Vaucluse

Erste Orientierung

Das kleine Département Vaucluse entpuppt
sich als wahres Schatzkästchen
an historischer Substanz und
landschaftlichen Reizen: Im
Nordwesten erheben sich die
filigranen Gipfel der Dentelles
de Montmirail, östlich davon
das majestätische Massiv des
Mont Ventoux und im Süden
die zerklüfteten und doch sanf-
ten grünen Hügel des Lubéron.
Im fruchtbaren Rhône-Tal trifft
man auf beeindruckende Zeugnisse
der Römerzeit sowie allerorten auf
schöne Bauten des Mittelalters, von
kleinen Bergfesten bis zum monumentalen Papstpalast in Avignon.

Durch die Bücher des Bestseller-Autors Peter Mayle
wurde der Lubéron für eine ganze Generation von
Lesern zum Inbegriff einer magischen Provence: alte
Dörfchen, die in einer paradiesischen Landschaft vor
sich hin träumen. Und die gibt es, trotz der Touristen-
horden, die nun dort einbrachen, durchaus noch –
samt kleiner Plätze, wo man geruhsam neben einem
plätschernden Brunnen eine Runde Boule spielt
und danach mit Einheimischen in der
Bar einen Pastis hebt, oder alten Burgruinen zwischen Olivenplantagen und
Weingärten.

Auf den bunten Märkten des Vaucluse
wartet ein verschwenderisches Angebot
vor allem an regionalen Spezialitäten:
Melonen aus Cavaillon, Trüffel aus
Carpentras, kandierte Früchte aus
Apt und natürlich Trauben in ihrer
schönsten Form, als Wein aus Châteauneuf-du-Pape, Gigondas und Beaumes-
de-Venise.

**Körbchen mit blühendem
Lavendel**

★ **Nicht verpassen!**

1 Avignon ➤ 140

2 Châteauneuf-du-Pape ➤ 144

3 Orange ➤ 146

4 Vaison-la-Romaine ➤ 148

5 Gordes & Abbaye de Sénanque ➤ 150

6 Der Lubéron ➤ 152

Nach Lust und Laune!

7 Cavaillon ➤ 155

8 Roussillon ➤ 155

9 Fontaine-de-Vaucluse ➤ 156

10 Mont Ventoux ➤ 157

11 Dentelles de Montmirail ➤ 158

Seite 135: Fassade in Brantes, am Fuß des Mont Ventoux

In vier Tagen

**Wer sich nicht schlüssig ist, auf welchen Wegen er die Region er-
kunden soll, findet hier Anregungen für eine entspannte viertägige
Tour durch das Département Vaucluse. Die einzelnen Stationen sind
auch auf der Karte auf der vorhergehenden Seite eingezeichnet, und
falls Sie mehr über ein bestimmtes Ziel wissen möchten, blättern
Sie einfach weiter zu den Seiten, wo es ausführlich beschrieben ist.**

Erster Tag

Vormittag
Ein guter Anfang wäre
ein Tag in den mittel-
alterlichen Mauern von
1 Avignon (➤ 140ff), mit
Papstpalast, der wuchtig
über dem Rhône-Ufer
thront – nicht weit
vom berühmten Pont
St-Bénézet (rechts,
➤ 141f), der hier den
Fluss überspannt.

Mittag
Zelebrieren Sie ein medi-
terranes Mittagsmahl im
Herzen der pittoresken Altstadt, im Restaurant No 75 (75, rue Guillaume
Puy, Tel. 04 90 27 16 00).

Nachmittag
Sehr lebendig geht es meist auf dem Hauptplatz zu, der von schönen Cafés
gesäumten Place de l'Horloge. Nicht weit davon erstreckt sich die Ein-
kaufsmeile der Rue Joseph Vernet, benannt nach dem bekanntesten
Maler Avignons (Seestücke im Musée Calvet, ➤ 141).

Abend
Beschließen Sie den Tag genüsslich mit einem Diner im Gourmet-
Tempel Hiély-Lucullus (5, rue de la République, Tel. 04 90 86 17 07).

Zweiter Tag

Vormittag
In der Altstadt von **3 Orange** sind zwei der schönsten und besterhaltenen
römischen Bauwerke zu besichtigen: ein dreitoriger Triumphbogen und der
Kolossalbau des an die Colline St-Eutrope geschmiegten Amphitheaters
(beide ➤ 146).

Mittag
Solide speist man im Restaurant des Princes (➤ 147).

Nachmittag
Verbinden Sie einen Besuch der alten Römerstadt Vasio Vocontiorum (sehr gut erhalten) mit einer Tour durch die hübschen Weinorte des Haut Vaucluse – über Beaumes-de-Venise, Vacqueyras und Gigondas an den Hängen der Dentelles de Montmirail, dann weiter nach **4 Vaison-la-Romaine** (links, ➤ 148f).

Abend
Genießen Sie vorzügliche provenzalische Küche und edle Tropfen im Restaurant La Fontaine (➤ 162).

Dritter Tag

Vormittag
Im Morgenschwung hinauf zum Bilderbuchbergdörfchen **5 Gordes** (➤ 150f), mit interessanten Relikten einer prähistorischen Siedlung, und weiter zur illustren, inmitten von Lavendelfeldern gelegenen **5 Abbaye de Sénanque** (rechts, ➤ 150f).

Mittag
Kleine Mittagspause draußen in der gemütlichen *hostellerie* Le Phébus (➤ 162).

Nachmittag
Ein Ausflug nach **8 Roussillon** (➤ 155f) zu den Ockerbrüchen (entlang des 1 km langen Sentier des Ocres, ➤ 156).

Abend
Die Farbenpracht des Ockers hat man wunderbar im Blick bei David (Place de la Poste, Tel. 04 90 05 60 13): Super-Panorama zum eleganten Diner.

Vierter Tag

Vormittag
Im Morgenlicht ein Schnuppertrip in den **6 Lubéron** (➤ 152ff) mit seinen putzigen Dörfchen: von Oppède-le-Vieux (mit Burgruine) nach Ménerbes, Lacoste und Bonnieux.

Mittag
Herzhafte regionale Küche gibt es bei Le Galoubet (➤ 162) in Ménerbes oder Le Pont Julien (➤ 161) in Bonnieux.

Nachmittag
Wandern Sie durch die Lavendelfelder, Pinienwälder und Weingärten des herrlichen Parc Naturel Régional du Lubéron (➤ 152ff).

Abend
In Lourmarin gibt es viele gute Adressen fürs Abendbrot, angeführt von Le Moulin de Lourmarin (➤ 162).

0 Avignon

Avignons Altstadt, von trutzigen Mauern umschlossen im Schatten des wuchtigen Papstpalastes, ist durchaus heiter und lebendig – beinahe wie das Kinderlied über seine berühmte, gleichfalls sehenswerte Rhône-Brücke.

Seit römischer Zeit war Avignon Schauplatz unzähliger Konflikte, vor allem politisch-religiöser Machtkämpfe. Auf deren Höhepunkt verlegte der (französische) Papst Clemens V. 1309 seinen Amtssitz vom Vatikan hierher. Während des folgenden Jahrhunderts erblühte die Stadt unter Päpsten und Gegenpäpsten als wehrhaftes Zentrum von Kultur und Wissenschaft rings um den gewaltigen **Papstpalast** (*Palais des Papes*) – eine regelrechte Stadt in der Stadt, deren Besichtigung gut einen halben Tag in Anspruch nimmt. Bei der Rückkehr nach Rom im Jahre 1403 nahmen die Kirchenfürsten zwar viele

Ruhepause vor den mächtigen Mauern des Papstpalasts

Blick über die Rhône vom Jardin du Rocher des Doms

der einst hier gehorteten Schätze mit, doch ein Rundgang durch die imposanten Audienzsäle, den mit Fresken geschmückten Musiksaal, die St-Martial-Kapelle, das Konsistorium und das päpstliche Schlafgemach ist trotzdem noch ein Erlebnis.

Von der **Stadtmauer** am Flussufer sieht man deutlich beide Seiten des heutigen Avignon – einerseits die verwinkelte Altstadt mit ihren Kirchtürmen, daneben die modernen, industrialisierten Vorstädte, Lebensraum von rund 100 000 Einwohnern. Besonders lebhaft geht es im Zentrum während des Festivals im Juli (➤ 143) zu, mit Gauklern, Straßentheater und Kleinkunst in den Cafés.

Die besten Einkaufsmöglichkeiten gibt es entlang der Rue de la République, die meisten Cafés an der **Place de l'Horloge**. Unter den zahlreichen Museen ist das schönste wohl das **Petit Palais**, dessen siebenhundertjährige Mauern eine umfangreiche Sammlung mittelalterlicher Kunstwerke beherbergen, darunter romanische und gotische Skulpturen und Fresken. Das bedeutendste Museum der Stadt ist das **Musée Calvet**, mit einer reichen Kollektion französischer, italienischer, flämischer und niederländischer Gemälde vom 14. bis 19. Jahrhundert sowie Porzellan und Kunstgewerbe.

Unbedingt ansehen sollte man sich natürlich die aus dem Kinderlied bekannte Brücke von Avignon, den **Pont St-Bénézet** (➤ 142). Angeblich 1177 von dem jungen Schäfer gleichen Namens als reine Holzkonstruktion erbaut, wurde sie während der Belagerung durch Ludwig VIII. im Jahre 1226 schwer beschädigt und anschließend durch einen Steinbau ersetzt. Dieser hielt jedoch der

Fassadengemälde am Place de l'Horloge

SUR LE PONT D'AVIGNON

Die zum **Kinderlied** über den Tanz auf der Brücke verharmloste ursprüngliche Spottversion auf das Rotlichtviertel unter der Brücke aus der Feder eines unbekannten Komponisten (»*Sous* [Unter] le pont ...«) geht auf das 15. Jahrhundert zurück und wurde einem breiten Publikum ein Begriff, als Adolphe Adam (Schöpfer des Balletts *Giselle*) es 1853 in seiner Operette *Le Sourd ou l'Auberge Pleine* verwandte. Das Lied war schnell so populär, dass es schließlich 1876 Stoff einer eigenen Operette wurde. Im Laufe der Zeit erfuhr es Hunderte unterschiedlicher Interpretationen (dt. »Auf der Brück von Avignon ...«), sogar eine Swing-Version (Jean Sablon, 1939) und zählt heute zum obligatorischen Stoff des Französisch-Unterrichts.

starken Strömung der Rhône nicht stand und versank Mitte des 17. Jahrhunderts weitgehend in den Fluten. Von den einst 22 Steinbögen blieben nur vier erhalten

Einen herrlichen Blick auf das Silhouette der Stadt genießt man vom **Fort St-André** in **Villeneuve-lès-Avignon** aus dem 13. Jahrhundert auf dem gegenüber liegenden Ufer, vor allem im goldenen Abendlicht und nachts, wenn die Kulisse angestrahlt wird.

Die verbliebenen Bögen des Pont St-Bénézet

KLEINE PAUSE

Zum Tee oder einem kleinen Mittagsmahl empfiehlt sich **Le Simple Simon**, ein ausgefallenes Tearoom-Restaurant im englischen Stil im Herzen der Altstadt (26, rue Petite-Fusterie, Tel. 04 90 86 62 70, Di–Sa 12–19 Uhr).

✚ 184 B3

Touristeninformation
✚ 195 B1 ✉ 41, cours Jean-Jaurès
☎ 04 32 74 32 74;
www.avignon-tourisme.com
🕐 April–Okt. Mo–Sa 9–18 (Juli bis 19), So 10–17 Uhr; Nov.–März Mo–Fr 9–18, Sa 9–17, So 10–12 Uhr

Palais des Papes (Papstpalast)
✚ 195 bei C3 ✉ Place du Palais
☎ 04 90 27 50 00;
www.palais-des-papes.com
🕐 Mitte März–Okt. tägl. 9–19, 20/21, Nov. bis Mitte März 9.30–17.45 Uhr 💶 teuer Mitte März–Okt.; mittel Nov. bis Mitte März

Musée Calvet
✚ 195 B3   ✉ 65 rue Joseph Vernet
☎ 04 90 86 33 84 🕐 Juni–Sept. Mi–Mo 10–18,
Okt.–Mai 10–13, 14–18 Uhr ✋ mittel

Petit Palais
✚ 195 bei C3 ☎ 04 90 86 44 58
🕐 Juni–Sept. Mi–Mo 10–13, 14–18,
Okt.–Mai 9.30–13, 14–17.30 Uhr ✋ mittel

AVIGNON: INSIDER-INFO

Top-Tipps: Die **Avignon Passion-Karte** gewährt 20–50% Ermäßigung auf den Eintritt zu Hauptsehenswürdigkeiten der Stadt (erhältlich dort oder bei der Touristeninformation).
- Im **Papstpalast** gibt es Audioguides und Führungen auf Englisch (für Gruppen auf Anfrage).
- Entspannt erkunden lässt sich die Stadt mit den **Petits Trains**, die an der Place du Palais abfahren (www.petittrainavignon.com; Mitte März–Okt.).
- Drei Wochen im Juli bietet das **Festival d'Avignon** ein anspruchsvolles Programm (www.festival-avignon.com).

Geheimtipp: Der elegante Bau der **Fondation Angladon Dubrujeaud** (Rue Laboureur) birgt eine Gemäldesammlung mit Werken Cézannes, Manets, Sisleys, Picassos sowie dem einzigen Van Gogh der Provence (Tel. 04 90 82 29 03; www.angladon.com; Mi–So 13–18 Uhr; Mai–Nov. auch Di).

2 Châteauneuf-du-Pape

Zwischen den sonnenüberglänzten Felsen des südlichen Rhône-Tals liegt malerisch das Festungsstädtchen Châteauneuf-du-Pape, umgeben von Weingärten, auf deren von der Sonne verwöhnten rötlich braunen Böden ein weltberühmter roter Tropfen gedeiht.

Endlose Ströme von Besuchern fallen hier jedes Jahr ein, um den hübschen Ort zu besichtigen und von dem legendären Wein zu kosten. Unten im Dorf hat man gleich Gelegenheit dazu im **Musée Père Anselme**, wo man sich auch über die Geschichte des hiesigen Weinbaus orientieren und

Weingärten um Châteauneuf-du-Pape

CHÂTEAUNEUF-DU-PAPE: INSIDER-INFO

Top-Tipp: Verkostung von **Schokolade** gratis und in bester Qualität bietet der Familienbetrieb von Chocolatier Bernard Castelain (Tel. 04 90 83 54 71; Mo–Sa 9–12, 14–18 Uhr).

WEINSTRASSEN

Wie an einer Perlenkette reihen sich hier entlang der *Routes du Vin* schmucke Dörfer, deren alte Ziegeldächer über den Rebhügeln schimmern. An schattigen Plätzen warten Restaurants und Weinkeller, wo man kostenlos einen guten Tropfen verkosten kann.

ein paar Flaschen kaufen kann. Zu den bekanntesten Weingütern hier gehören Château Le Nerthe, Château Rayas, Château de la Gardine, Château de Beaucastel und Château des Fines Roches. Beim Fest der Traubenreife **(Fête de la Véraison)**, begangen mit viel mittelalterlichem Spektakel Anfang August, sind die umliegenden Châteaux mit Verkostungsständen vertreten.

Séguret, eines der hübschen Wein-Dörfchen

Die Weinproduktion nahm hier bereits im 14. Jahrhundert ihren Anfang, vorwiegend auf Initiative von Papst Johannes XXII., der auch das heute in Trümmern liegende **Schloss** als Sommerresidenz erbaute. Von der Ruine genießt man einen herrlichen Ausblick über das Rhône-Tal und die Weinberge.

✚ 184 B3

Touristeninformation
✉ Place du Portail
☎ 04 90 83 71 08
🕐 Juli–Aug Mo–Sa 9.30–19,
Okt.–Mai Mo–Sa 9.30–12.30, 14–18 Uhr

Musée Père Anselme
✉ Cave Brotte ☎ 04 90 83 70 07
🕐 April–Sept. tägl. 9–13, 14–19,
Okt.–März 9–12, 14–18 Uhr
🎫 frei

WEINPRODUKTION

Während Côtes du Rhône oft aus einer einzigen Rebsorte gewonnen wird, verwenden die Winzer hier bis zu 13 verschiedene für ihre Cuvées. Die Böden der weitläufigen Weingärten sind mit Kieseln bedeckt, die tagsüber die Sonnenwärme absorbieren und nachts wieder abstrahlen. So entstehen Weine von hohem Alkoholgehalt (ab 12,5%). Den Großteil der Jahresproduktion von 13 Mio. Flaschen stellen die körperreichen Roten, aber auch die Weißweine (um 700 000 Flaschen) können sich sehen lassen. Achten Sie beim Einkauf auf die gekreuzten Schlüssel im Flaschenglas (oben), das Emblem des echten Châteauneuf-du-Pape.

3 Orange

In der fruchtbaren Ebene des Rhône-Tals liegt, als westliches »Einfallstor zur Provence«, die alte Römerstadt Orange mit ihrem außergewöhnlichen Amphitheater und einem stolzen Triumphbogen. Auch von der mittelalterlichen Bausubstanz hat sich viel erhalten in dem malerischen Ort, der heute bekannt ist durch Wein, Oliven, Trüffel und Honig sowie sein Theaterfestival. Ein charmantes Kleinod, das sich leicht zu Fuß erkunden lässst.

Théâtre Antique

Das zur Zeit des Kaisers Augustus erbaute Antike Theater von Orange bot 10 000 Zuschauern Platz, und noch seine Ruinen vermitteln einen Eindruck einstiger Prachtentfaltung. Die 37 m hohe Bühnenwand (*frons scenae*, rechte Seite) aus fast 2 m dickem roten Sandstein (als einzige der Antike vollständig erhalten) misst 103 m in der Länge und war Kulisse für Versammlungen und Lesungen, aber auch für Aufführungen antiker Tragödien und Zirkusspiele aller Art. Die exzellente Akustik des Amphitheaters kommt vor allem während des Musikfestivals **Chorégies d'Orange** im Juli und August zur Entfaltung, das seit 1869 Oper, Drama und Ballett auf höchstem Niveau bietet (www.choregies.asso.fr/de). Außerdem finden hier jeden Sommer Konzerte mit klassischer Musik, Jazz und Pop statt.

Arc de Triomphe

Der 22 m hohe Triumphbogen wurde um die Zeitenwende errichtet, wohl zu Ehren der Siege Cäsars über die Gallier oder der Seeschlacht bei Aktium. Kunstvolle Steinmetzarbeiten und nautische Symbole verherrlichen die Vorherrschaft Roms zur

Unten: Blick auf Orange von der Colline St-Eutrope

Links: Mitten im modernen Orange steht der römische Triumphbogen – im Ensemble mit den anderen Bauten der Römerzeit zählt er zum Unesco-Weltkulturerbe

See. Heute steht das Monument in einem Meer von Autos auf einer Verkehrsinsel der N7.

Das ausgezeichnete **Musée Municipal** (Stadtmuseum) gewährt detaillierte Einsicht in das Alltagsleben zur Römerzeit. Auffälligstes Exponat ist das auf Marmortafeln eingemeißelte einzige römische Kataster der Region, auf dem akribisch Grenzen, Landbesitzer und Steuersätze verzeichnet sind. Auch über die spätere Geschichte der Stadt gibt es vieles zu sehen, außerdem Porträts des Herrschaftshauses von Oranien. Vor einem Besuch der Arena sollte man erst einmal hier hereinschauen.

KLEINE PAUSE

Das **Restaurant des Princes** im Hotel Amarys (86, avenue de l'Arc de Triomphe, Tel. 04 90 51 87 87) ist eine gute Adresse für die Mittagspause: schöner moderner Speisesaal, Hors d'œuvres- und Dessert-Buffet zu zivilen Preisen.

🔖 184 A4

Touristeninformation
✉ 5 cours Aristide-Briand ☎ 04 90 34 70 88; www.otorange.fr
🕐 April–Juni, Sept. Mo–Sa 9–18.30, So 10–13, 14–18.30 Uhr; Juli–Aug. Mo–Sa 9–19.30, So 10–13, 14–19 Uhr; Okt.–März Mo–Sa 10–13, 14–17 Uhr

Unten: Das Antike Theater besitzt eine vollständig erhaltene Bühnenwand

Théâtre Antique
✉ Place des Frères-Mounet ☎ 04 90 51 17 60 🕐 Juni–Aug. tägl. 9–19, April–Mai, Sept. 9–18 Uhr; März, Okt. tägl. 9.30–17.30 Uhr; Nov.–Feb. tägl. 9.30–16.30 Uhr 💶 mittel, Ticket gilt auch für das Musée Municipal

Arc de Triomphe
✉ Avenue de l'Arc-de-Triomphe/N7

Musée Municipal
✉ Rue Madeleine-Roch
☎ 04 90 51 17 60
🕐 Juni–Aug. tägl. 9.15–19, April–Mai, Sept. 9.15–18, März, Okt. 9.45–12.30, 13.30–17.30, Nov.–Feb. 9.45–12.30, 13.30–16.30 Uhr
💶 teuer

ORANGE: INSIDER-INFO

Top-Tipps: Am besten **parken** kann man am Cours Aristide-Briand und dem Cours Pourtoules beim Amphitheater.
■ Erkundigen Sie sich telefonisch beim **Théâtre Antique** nach Führungen (für Gruppen), Konzerten und Theatervorstellungen.
■ Auf der westlich des Amphitheaters gelegenen **Colline St-Eutrope** lockt ein schattiger Park mit wunderbarem Blick über Orange, Arena und das Rhône-Tal.

4 Vaison-la-Romaine

Vaison, das insbesondere durch sein Zusammenspiel von Mittelalter und Moderne besticht, hat zudem die best-erhaltene Römerstadt der ganzen Provence zu bieten: das antike Vasio Vocontiorum.

Antike Ausgrabungsstätten

Die Ausgrabungsfelder Villasse und Puymin erstrecken sich links und rechts einer modernen Straße. Im höher gelegenen und weitläufigeren **Puymin** lässt sich noch der Verlauf der Straßen erkennen, dazu Mauerreste mit Fresken und Mosaik-böden. Am eindrucksvollsten ist das wohl aus dem 1. Jahr-hundert n. Chr. stammende **Theater**, das seit seiner Renovie-rung wieder bespielbar ist. Es fasste auf soliden Sitzreihen rund 6000 Zuschauer. Weitere interessante Gebäude sind das sog. Sanctuarium, das opulente Haus des Lorbeergekrönten Apollo (*Maison à l'Apollon lauré*) und das noch größere Haus mit der Laube (*Maison à la Tonnelle*).

In **Villasse** sind vor allem Straßen mit Geschäften, Werk-stätten und Villen mit Mosaikfußböden erhalten, darunter die größte von Vaison, das Haus mit der Silberbüste (*Maison du Buste en Argent*, 5000 m²). Der Eintritt ins Musée Archéo-logique Théo Desplans ist inklusive.

Mittelalterliche Stadt

Flaniert man nun die Grande Rue herab, gelangt man über eine alte römische Bogenbrücke (*Pont Romain*) zum mittel-alterlichen Kern von Vaison jenseits des Flusses. Die an den

Auf den Rängen des restau-rierten Amphi-theaters wird die Antike lebendig

Fels geschmiegte, liebevoll restaurierte Oberstadt wird überragt von der Ruine der **Burg** aus dem 13. Jahrhundert – und der mühsame Anstieg belohnt durch herrliche Ausblicke auf das Tal der Ouvèze, die Weingärten an der Rhône und sogar die schneebedeckten Gipfel der Seealpen.

KLEINE PAUSE

Auf der Terrasse des **Vieux Vaison** im mittelalterlichen Viertel (8, place du Poids, Tel. 04 90 36 19 45) kann man sich Pizza aus dem Holzofen, Pasta und Grillspezialitäten schmecken lassen.

Oben:
Römische
Bogenbrücke
über die
Ouvèze

Rechts:
Historisches
Gebäude in
der Oberstadt

🚩 184 C5

Touristeninformation
✉ Place du Chanoine-Sautel
☎ 04 90 36 02 11;
www.vaison-la-romaine.com

Ausgrabungsstätten
✉ Avenue Général-de-Gaulle
☎ 04 90 36 02 11
🕐 Puymin & Museum: Juni–Sept. tägl. 9.30–18.30, April–Mai 9.30–18 Uhr. La Villasse: Juni–Sept. tägl. 10–12.30, 14.30–18.30, April–Mai 10–12.30, 14.30–18 Uhr. Museum und beide Stätten: Okt.–März tägl. 10–12.30, 14–17/17.30 Uhr. Geschl. Jan. bis 5. Feb.
💶 mittel, Kombikarte

VAISON-LA-ROMAINE: INSIDER-INFO

Top-Tipps: Für Ausgrabungsstätten, Archäologisches Museum und weitere Sehenswürdigkeiten gibt es den günstigen **Billet Pass** (erhältlich beim Kartenverkauf an den Ausgrabungsstätten).
■ Nahe den Ausgrabungsstätten liegen geräumige **Parkplätze**.
■ Dienstags findet in Vaison ein großer, lebendiger **Straßenmarkt** statt.
■ Im Juli wird im Amphitheater ein **Sommer-Festival** für Theater, Musik und Tanz ausgerichtet, alle drei Jahre im August auch ein **Festival der Chor-Musik**.

Geheimtipp: Sehenswert sind auch die romanische Kirche **Notre-Dame de Nazareth** und das zugehörige **Kloster** aus dem 12. Jahrhundert (Avenue Général-de-Gaulle, 10 Minuten zu Fuß von Villasse).

5 Gordes & Abbaye de Sénanque

Uralte Schäfersiedlung, mittelalterliche Zisterzienser-Abtei, moderne Künstlerkolonie: Gordes ist eine kleine Zeitreise (und idealer Ausgangspunkt zur Erkundung des Lubéron).

Gordes gilt zu Recht als eines der schönsten Dörfer Frankreichs: Malerisch an einem Ausläufer des Mont Ventoux liegt dieses Sandsteinhäuschen-Ensemble mit engen Kopfsteinpflastergassen im Schatten einer herrlichen Kirche und eines Schlosses aus der Renaissance. Nachdem es im Zweiten Weltkrieg fast verfallen war, wurde es in den 1960er-Jahren von Künstlern wiederentdeckt und restauriert. Nun zog neues Leben in die alten Mauern ein, mit Kunstgalerien und Ateliers. Mittlerweile ist es eine chice Adresse für Zweitwohnungen und gut ausstaffiert mit Boutiquen und Restaurants. Die Touristeninformation residiert zurzeit auf der Bel Étage des **Château**, gemeinsam mit dem **Musée Pol Mara** (zeitgenössischer flämischer Künstler und Ehrenbürger von Gordes).

Oben: Friedlich im Grün des Talgrunds liegt die Abbaye de Sénanque

Rechts: Durch die Kopfsteinpflastergassen von Gordes

Abbaye de Sénanque

In einem abgelegenen Tal nördlich von Gordes schlummert, umgeben von einem Meer aus Lavendel, eines der Symbole der Provence: die Zisterzienser-Abtei von Sénanque. Sie entstand als letztes der drei großen Klöster dieses Ordens in der Region (»Drei Zisterzienser-Schwestern der Provence«, mit Silvacane, ▶ 103f, und Thoronet, ▶ 80). Streng geheim gehalten wird von den Mönchen das noch aus dem Mittelalter stammende Rezept ihres herben gelben Kräuterlikörs, des Sénancole. Schilder bitten den Besucher um Verständnis, dass Sénanque kein Ort für Touristen ist, sondern ein Platz des klösterlichen Lebens, der Frömmigkeit und Stille – weshalb man die Abtei auch nur im Rahmen einer Führung (auf Französisch) besichtigen kann.

BORIES

Im Buschland südwestlich von Gordes trifft man auf das berühmteste Ensemble von *bories* – wie Bienenstöcke geformten, ohne Mörtel geschichteten Feldsteinhütten, wie sie Bauern und halbnomadische Hirten ab dem 3. Jh. v. Chr. bewohnten.

**Oben: Stein-
hütten im
Village des
Bories**

KLEINE PAUSE

Im *La Pause*, einem winzigen Kaffee- und Teeladen im
Ortszentrum, bekommt man auch kleine Mahlzeiten
und Snacks (Route Neuve, Tel. 04 90 72 11 53; So abends
geschl.).

✚ 184 C3

Touristeninformation
✉ Le Château, Gordes ☎ 04 90 72 02 75; www.gordes-
village.com 🕐 Mo–Sa 9–12, 14–18, So 10–12, 14–18 Uhr

Château de Gordes
☎ 04 90 72 02 75 🕐 tägl. 10–12, 14–18 Uhr.
Geschl. 25. Dez., 1. Jan. 🎟 preiswert

Village des Bories
✉ D2 von Gordes ☎ 04 90 72 03 48 🕐 tägl. 9 Uhr bis
Sonnenuntergang 🎟 mittel

Abbaye de Sénanque
✉ Gordes ☎ 04 90 72 05 72; www.senanque.fr
🕐 Führungen: Juli–Aug. ab 10 Uhr bis 11-mal tägl., im
Winter 2-mal tägl. Geschl. So/feiertags. Gruppen nur nach
Voranmeldung 🎟 mittel

GORDES & ABBAYE DE SÉNANQUE: INSIDER-INFO

Top-Tipps: Zwei Wochen im August findet in Gordes ein munteres **Musik-
Festival** statt.
■ Zutritt zur **Abtei** nur im Rahmen einer Führung (auf Französisch) in ange-
messener Kleidung. Pünktliche Schließzeiten um 12 bzw. 17/18 Uhr.
■ Im Laden der Abtei werden von den Mönchen handgemachte **Lavendelöle
und Seifen** verkauft.

6 Der Lubéron

Auf dem Höhenzug zwischen Cavaillon und Manosque erstreckt sich der Parc Naturel du Lubéron, wo Zedern- und Pinienhaine mit Lavendelfeldern, Mandel- und Olivenplantagen, Buschland, duftenden Kräutern und Weingärten ein unverwechselbares, anmutiges Ensemble bilden.

Die wilde Waldschlucht des Combe de Lourmarin (D943) markiert die Zäsur zwischen dem Grand Lubéron im Osten und dem Petit Lubéron mit seinen schmucken Bergdörfern im Westen – seine hübsch restaurierten Häuser sind heute beliebte Zweitwohnsitze. Wanderer und Bergsteiger zieht es eher in den östlichen Teil, wo man von Auribeau aus in steilem Anstieg den höchsten Gipfel des Bergzugs erklimmen kann, den Mourre Nègre (1100m). Belohnt wird man dabei durch eine überwältigende Aussicht, von den Basse-Alpes bis zum Mittelmeer.

Ideal als Ausgangspunkt für Touren durch die Region ist das nördlich des Kalkgebirges gelegene alte Marktstädtchen **Apt**, bekannt für seine köstlichen kandierten Früchte und Marmeladen (Kostproben auf dem Samstagsmarkt), Lavendel-Essenzen und Töpferwaren sowie im Winter die Trüffel. In der **Maison du Parc Naturel Régional du Lubéron** (mit kleinem naturgeschichtlichem Museum) erfährt man alles über die Wanderwege und sonstiges Wissenswertes.

**Oben: Altes
Stadthaus in
Lourmarin,
am Fuße der
Montagne
du Lubéron**

**Links: Weine
aus dem
Lubéron**

Die Dörfer des Lubéron

Die benachbarten Orte Bonnieux, Lacoste, Ménerbes und
Oppède-le-Vieux wetteifern miteinander um den Titel des
schönsten Dorfes im Lubéron.

Bonnieux liegt inmitten von Wein- und Kirschgärten und
Lavendelfeldern im Coulon-Tal und hat an Sehenswürdigkeiten
das Rathaus, ein Bäckereimuseum und zwei Kirchen mit
Altarbildern aus der Renaissance zu bieten.

Der Nobelort **Lacoste** wird bekrönt von einem Fort aus dem
11. Jahrhundert, dem einst bedeutendsten der Region.

Prominentestes Mitglied im Quartett ist sicherlich **Ménerbes**,
wo schon Picassos zeitweilige Lebensgefährtin Dora Maar
wohnte, später François Mitterand und der britische Erfolgs-
autor Peter Mayle. Mit dem Bestseller *Mein Jahr in der Provence*
(1989) machte dieser den mittelalterlichen Ort mit seinem quirligen Wochenmarkt, Festung aus dem 13. und Kirche aus dem
14. Jahrhundert einem Millionenpublikum bekannt.

Oppède-le-Vieux erscheint auf den ersten Blick als normales
Bergdorf, bei näherem Hinsehen bemerkt man allerdings den
allgegenwärtigen Verfall. Inzwischen wurden jedoch die romanische Kirche und mehrere Häuser renoviert, es tut sich also
etwas, auch auf Initiative einheimischer Künstler.

Ab in den Süden

Über den malerischen Gassen, winzigen Plätzen mit Brunnen
und Häusern von **Lourmarin** am Südhang des Lubéron thront
ein imposantes Renaissance-Schloss mit Sechskantturm, auf
dem Friedhof liegt der Schriftsteller Albert Camus (1913–60)
begraben, der hier nach dem Gewinn des Literaturnobelpreises
1957 ein Haus erwarb

Ursprünglich aus dem 12. Jahrhundert stammt das in
der Renaissance umgebaute Schloss auf dem Fels hoch
über dem hübschen Dörfchen **Ansouis**. Es wirkt heute
eher wie ein Wohnhaus als wie eine Burg, trotz der ganzen
Waffen und Rüstungen, die einen hier gleich beim Eintritt
empfangen. Im oberen Stock kann man dann flämische
Tapisserien und elegante Möbel der italienischen Renaissance
bewundern.

**Links:
Bonnieux,
eines der
schönsten
Dörfer des
Lubéron**

KLEINE PAUSE

In **Lacoste** kann man im **Café de
France** preiswert und angenehm
speisen, beispielsweise *salade niçoise*
oder Omelette mit Bratkartoffeln (Le
Village, außer Juli/Aug. nur mittags).

✚ 185 D2

**Maison du Parc Naturel Régional
du Lubéron**
✉ 60, place Jean Jaurès, Apt ☎ 04 90 04 42
00; www.parcduluberon.com 🕐 April–Sept.
Mo–Sa 8.30–12, 13.30–19 Uhr; Okt.–März
Mo–Fr 8.30–12, 13.30–18 Uhr 🎟 frei

Touristeninformation Apt
✉ 20, avenue Philippe-de-Girard, Apt
☎ 04 90 74 03 18; www.ot-apt.fr
🕐 Juli–Aug. Mo–Sa 9–19, So 9.30–12.30 Uhr;
Mai–Juni, Sept. Mo–Sa 9–12, 14–18, So 9.30–
12.30 Uhr; Okt.–April Mo–Fr 9–12, 14–18 Uhr

Touristeninformation Bonnieux
✉ 7, place Carnot ☎ 04 90 75 91 90;
www.tourisme-en-luberon.com 🕐 Mo–Fr
9.30–12.30, 14–18.30, Sa 14–18.30 Uhr

Oben: Weingärten auf den Hügeln
des Lubéron

Darunter: Torbogen über einem
Gässchen in Apt

Touristeninformation Ansouis
✚ 185 E2
✉ Place du Château
☎ 04 90 09 86 98; www.tourisme-ansouis.com
🕐 tägl. 10–12, 14–18 Uhr

DER LUBÉRON: INSIDER-INFO

Top-Tipps: Informieren Sie sich in der **Maison du Parc Naturel Régional du
Lubéron** über Wanderwege und mehr.
■ Genießen Sie auf der Terrasse nahe der Kirche von **Bonnieux** den atem-
beraubenden Blick auf das Tal und die umliegenden Bergdörfer.
■ Oben in **Oppède-le-Vieux** führen romantisch überwucherte Pfade zum Gipfel
der Anhöhe – allerdings oft halsbrecherisch am Abgrund!

Muss nicht sein! Erwarten Sie nicht, in Ménerbes den Schriftsteller Pete
Mayle zu treffen – er ist längst vor zudringlichen Fans nach Long Island in
die USA geflohen.

Nach Lust und Laune!

7 Cavaillon

Bei Cavaillon denkt man natürlich gleich an die köstlich aromatischen, orangefleischigen Melonen! Ort und Umgebung sind tatsächlich einer der Nutzgärten Südfrankreichs, mit einem der wichtigsten Großmärkte Europas für Obst und Gemüse. Auch der Montagmorgen-**Markt** für die Allgemeinheit ist der opulenteste im ganzen Vaucluse.

Kein Wunder, liegt die Stadt doch privilegiert im fruchtbaren Tal der Durance, überragt vom Colline St-Jacques, wo sich bereits im Neolithikum eine Siedlung befand. Von dort hat man einen herrlichen Blick über das Tal und auf die fernen Höhen des Lubéron und der Alpilles.

Das **Musée Archéologique** im Zentrum beherbergt eine Sammlung römischer Ausgrabungsstücke, und auch die ehemalige Kathedrale ist einen Besuch wert, nicht anders als die sehr gut erhaltene Synagoge aus dem 18. Jahrhundert (mit kleinem Museum zur Geschichte der jüdischen Gemeinde).

✚ 184 C2

Touristeninformation

✉ Place François-Tourel
☎ 04 90 71 32 01; www.cavaillon-luberon.com
🕐 Mitte März bis Mitte Okt. Mo–Sa 9–12.30, 14–18.30, Juli–Aug. auch So 9–12.30 Uhr; Mitte Okt. bis Mitte März Mo–Fr 9–12, 14–18, Sa 9–12 Uhr

8 Roussillon

Einst weltberühmt für seine Ockerbrüche, gilt Roussillon heute als eines der schönsten Dörfer Frankreichs, schon wegen seiner Lage: auf dem Plateau des Mont Rouge,

Oben: Blick auf die Melonen-Metropole Cavaillon vom Colline St-Jaques

Die Häuser Roussillons leuchten in allen Ockertönen

für Trittsichere, das Terrain ist schwierig!

Die malerischen Häuser der ehemaligen Minenarbeiter erstrahlen in allen Ocker-Nuancen, was dem Straßenbild ein heiteres Gepräge verleiht. Zentrum des Ortes ist der lebendige Hauptplatz am Rathaus, wo die Einheimischen sich auf den Café-terrassen versammeln. Schmale Gassen und Treppen winden sich hinauf zur romanischen Kirche, mit schönen Ausblicken auf die Täler, Hügel und fernen Gipfel des Vaucluse.

✚ 185 D3

Touristeninformation
✉ Place de la Poste ☎ 04 90 05 60 25; www.roussillon-provence.com
🕐 Di–Fr 9.30–12, 13.30–18, Mo, Sa 9.30–12, 13.30–17.30 Uhr

versteckt in Pinienhainen und Busch-wald, umgeben von zerklüfteten Felsen und Schluchten in allen Schattierungen des Ockers – von Blutrot, Gold und Orange bis zu fahlem Gelb, Weiß, Rosa und Violett. Noch immer findet man hier die größten Ocker-Ressourcen des Landes.

Obwohl der schon in der Römerzeit begonnene, ab dem 18. Jahrhundert florierende Ocker-Abbau seit 1958 kaum noch betrieben wird, feiert Roussillon immer noch jährlich um Christi Himmelfahrt ein fröhliches Ocker-Fest. Entlang dem 1 km langen **Sentier des Ocres** (Ocker-Pfad, Juli–Aug. tägl. 9–19.30, Sept.–Juni 9–17 Uhr; preiswert) kann man alte Ockerbrüche besichtigen, flankiert von Informationstafeln am Wegrand. Nur etwas

9 Fontaine-de-Vaucluse

Am Ende eines engen Tals »eingeschlossen« (*vallis clausa* = abgeschlossenes Tal) liegt Fontaine-de-Vaucluse mit seiner berühmten smaragdfarbenen **Quelle** (*fontaine*), erreichbar in einem viertelstündigen Spaziergang auf dem Chemin de la Fontaine entlang des Sorgue-Flusses.

Wildwasser der Fontaine-de-Vaucluse

Die Quelle entspringt unter einer steilen Wand in einer höhlenartigen Klamm und ergießt sich Wasser sprühend durch Baum und Fels in einen stillen, tiefen Tümpel – ein beinahe verwunschener Ort, und eine der größten und ergiebigsten natürlichen Quellen der Welt. Unterirdisch erstreckt sich ein ganzes Labyrinth von Wasserläufen, dem jährlich bis zu 630 Millionen Kubikmeter entfließen, das enge Tälchen entlang bis zur Mündung in die Sorgue. Am gewaltigsten tosen die Wellen im März und April.

Weitere Touristenattraktionen von Fontaine sind eine alte **Papiermühle** und das kleine Museum zu Ehren des italienischen Dichters Francesco **Petrarca** (1304–74), der hier den Großteil seiner Sonette verfasste, unter dem Eindruck der einsamen Wildnis des Tales.
✚ 184 C3

Touristeninformation
✉ Chemin de la Fontaine
☎ 04 90 20 32 22
🕐 Di–Sa 9.30–12.30, 13.30–17.30 Uhr

Moulin à Papier Vallis Clausa
✉ Chemin de Gouffre
☎ 04 90 20 34 14
🕐 unregelmäßig. Geschl. 25. Dez., 1. Jan.

Musée Pétrarque
✉ Linkes Ufer der Sorgue
☎ 04 90 20 37 20
🕐 April–Okt. Mi–Mo 10–12, 14–18 Uhr
💶 preiswert

🔟 Mont Ventoux

Über der Ebene des Vaucluse erhebt sich fast zweitausend Meter hoch der markante Solitär des Mont Ventoux –

Oben: Das Dörfchen Bedoin nahe dem Mont Ventoux

FÜR KINDER

■ **Roussillon** Ältere Kinder kraxeln gern auf dem Gelände der Ockerbrüche herum, für Kleinere empfiehlt sich das eher nicht. Die jungen Helden der Berge sollten so gekleidet sein, dass ein paar Ockerflecken nichts ausmachen!

■ **Fontaine-de-Vaucluse** Auf dem Weg zur Quelle liegt das *Ecomusée du Gouffre* (Tel. 04 90 20 34 13, unregelmäßig geöffnet) mit Stein- und Mineraliensammlungen und lebendiger Dokumentation zur Erforschung des Quellwassers.

des »Giganten der Provence«, als höchster Gipfel zwischen Alpen und Pyrenäen. Angeblich war Petrarca der erste, der 1336 seinen Gipfel bezwang.

Wer den fünfstündigen Aufstieg angehen möchte, erkundigt sich am besten bei den Touristeninformationen von **Bedoin** (Tel. 04 90 65 63 95) oder **Malaucène** (Tel. 04 90 65 22 59), die sogar Nachtexkursionen anbieten. Dann hat man allerdings erst nach Sonnenaufgang den wunderbaren Rundblick auf Alpen, Rhône-Tal, Vaucluse-Hochebene, Cévennen und Mittelmeer. Warme Kleidung ist selbst im Sommer unerlässlich. Der Gipfel aus nacktem Kalkstein ist von aller Vegetation entblößt durch den Jahrtausende währenden, eisigen Hauch des Mistral, der bis zu 160 km/h stark bläst. Den größten Teil des Jahres ist er schneebedeckt und ein beliebtes Skigebiet.

✚ 185 D4

Mont Ventoux Information
✉ Chalet d'Accueil du Mont Ventoux
☎ 04 90 63 42 02

🔟 Dentelles de Montmirail

Zu Füßen der waldigen Gipfel dieses kleinen Gebirgszuges im Norden des Vaucluse wachsen die berühmten Rotweine der Côtes du Rhône, in schönen Ortschaften mit klingenden Namen wie **Gigondas**. Dort werden einige der besten Tropfen der ganzen Gegend gekeltert, vor allem aus der tiefroten Grenache-Traube.

Andere bedeutende Weinorte hier sind Vacqueyras und **Beaumes-de-Venise**, wo, von majestätischen Felsen umschlossen, süße, goldfarbene Elixiere aus Muskattrauben entstehen. Probieren kann man sie auf dem alljährlichen Weinfest oder in der Cave des Vignerons (Winzerkeller) – dazu ein Häppchen Ziegenkäse, eine Portion Gänseleber und Melonenfilets in Muskatwein.

Séguret, ein anderes hübsches Dorf der Region, ist nicht für seinen Wein bekannt, sondern für Trockenblumen und Krippenfiguren (*santons*).

✚ 184 C4

Touristeninformation Gigondas
✉ Rue du Portail ☎ 04 90 65 85 46

Touristeninformation Beaume-de-Venise
✉ Maison des Dentelles,
place du Marché ☎ 04 90 62 94 39;
www.ot-beaumesdevenise.com
🕐 Mo–Sa 9–12, 14–18/19 Uhr

Wohin zum ... Übernachten?

Preise
Die Preise gelten pro Nacht im Doppelzimmer:
€ unter 100 Euro   €€ 100–200 Euro   €€€ bis 200 Euro

Le Couvent €–€€

Hübsche *maison d'hôtes* in einem ehemaligen Konvent des 17. Jhs, mit Sonnenterrasse und Pool in einer ruhigen Ecke der Altstadt gelegen. Geräumige, elegante moderne Zimmer mit hohen Decken und komfortablen Bädern (außerdem riesiges Drei-Bett-Zimmer unterm Dach und eines mit vier Betten für Familien). Ideales Refugium für Touren in den Lubéron.

✚ 185 D2
✉ 36, rue Louis Rousset
☎ 04 90 04 55 36; www.loucouvent.com
⊕ ganzjährig

Auberge de Cassagne €€€

Reizendes 4-Sterne-Hotel nur fünf Autominuten außerhalb von Avignon, geschmackvoll gestaltet und mit allem Komfort. Großzügige Zimmer im provenzalischen Stil mit luxuriösen Bädern, Satelliten-TV und Mini-Bar. In einem schönen Park gelegen mit Outdoor- und Indoor-Pool. International renommiertes Restaurant mit Terrasse.

✚ 184 B3   ✉ 450, allée de Cassagne, le Pontet   ☎ 04 90 31 04 18; www.aubergedecassagne.com
⊕ geschl. im Jan.

Camping de Bagatelle €

Schön im Grünen gelegener großer Campingplatz auf der mit Avignon durch eine Brücke verbundenen Rhône-Insel Île de la Barthelasse, mit Zulassung für Zelte und Caravans. Lebensmittelladen, Bars, Restaurant, Pool, Fahrradverleih und Kinderspielplatz. Jugendherberge nebenan. Gebühren pro Zwei-Mann-Zelt ca. 15 Euro, pro Caravan ca. 20 Euro.

✚ 184 B3   Île de la Barthelasse
☎ 04 90 86 30 39;
www.campingbagatelle.com
⊕ ganzjährig

La Ferme €

Altes Bauernhaus auf der Île de la Barthelasse, die einst Jagdrevier war und nun ein angesagter Platz für Spaziergänge und Picknick ist.

✚ 184 B3   Chemin des Bois, Île de la Barthelasse   ☎ 04 90 82 57 53;
www.hotel-laferme.com
⊕ geschl. Nov. bis Mitte März

Hôtel d'Europe €€–€€€

De ehemalige Residenz des Marquis von Graveson aus dem Jahre 1580 wurde 1799 umgewidmet in ein luxuriöses Hotel, wo schon Napoléon Bonaparte, Pablo Picasso und Salvador Dalí abstiegen. Stilvolles Ambiente mit Antiquitäten, Kandelabern und Perserteppichen. Die 41 Zimmer und 3 Suiten haben Schallschutzfenster und teilweise Terrassen mit wundervollem Blick über Avignon. Restaurant und Parkplatz vorhanden.

✚ 184 B3   12, place Crillon
☎ 04 90 14 76 76; www.heurope.com
⊕ ganzjährig

La Mirande €€€

Eleganter 4-Sterner im mittelalterlichen Kardinalspalais, an einem ruhigen Platz im Schatten des Papstpalastes innerhalb der ehemaligen Stadtmauern gelegen. Sorgsam renoviert, eingerichtet mit Antiquitäten und Gemälden. Luxuriöse Zimmer mit schönen

Marmorbädern, die meisten mit Blick über Platz oder Park mit dem Palast als Kulisse. Exzellentes Restaurant (mit Terrasse), Candlelight-Bar, Teesalon und Garten.

📍 184 B3 ⌂ 4, place de la Mirande
☎ 04 90 14 20 20; www.la-mirande.fr
🕓 ganzjährig

BONNIEUX

De l'Aiguebrun €€

Schönes altes Bauernhaus aus Naturstein, wenige Kilometer von Bonnieux im friedvollen Herzen des Lubéron-Nationalparks gelegen. Sieben Zimmer im provenzalischen Stil. Restaurant vorhanden.

📍 185 D2 ⌂ RD 493 ☎ 04 90 04 47 00
🕓 geschl. Jan.–Feb.

GORDES

Le Mas de la Beaume €€

Altes Bauernhaus (*mas*) oberhalb des Ortes, liebevoll ausgestattet mit Blumenkörben, verzierten Lampenschirmen und viel poliertem Holz.

Fünf sehr geschmackvoll in altem Stil eingerichtete Zimmer. Malerischer Garten mit Pool und Terrasse, wo man herrlich und opulent frühstückt, mit hausgemachter Marmelade.

📍 184 C3 ⌂ 84220 Gordes Village
☎ 04 90 72 02 96; www.labeaume.com

LOURMARIN

Hostellerie le Paradou €€

Verträumtes Hotel unterhalb der Schlucht von Lourmarin an der Straße nach Apt, durch dessen Garten ein Bächlein mäandert. Friedliches Plätzchen in zeitgenössischem Thai-Stil, Restaurant mit thailändischer und französischer Küche.

📍 185 D2 ⌂ Combe de Lourmarin (0943)
☎ 04 90 68 04 05;
www.hostellerieleparadou.com

ORANGE

Arène Klum €–€€

Kleiner 3-Sterner auf einem verkehrsfreien Platz in der Altstadt von Orange. 30 ordentliche Zimmer mit Safe, Klimaanlage und Mini-Bar. Kleiner Frühstücksraum, separates Restaurant. Parkmöglichkeit (gegen Gebühr) in der Garage des Hotels.

📍 184 A4 ⌂ 8, place de Langes
☎ 04 90 11 40 40;
www.bestwestern-hotel-arene.com

ROUSSILLON

Le Clos de la Glycine €€

Pastellfarben, gekalkte Balken und provenzalische Möbel schaffen eine distinguiert elegante, sommerliche Atmosphäre in diesem kleinen Hotel im Zentrum von Roussillon. Herrlicher Blick auf die Ockerbrüche vom exquisiten Restaurant (Michelin-Stern). Von den Zimmern Ausblick ins Tal, Dorf oder auf die Felsen. Ein Appartement mit Terrasse und Panoramablick.

📍 185 D3 ⌂ Place de la Poste
☎ 04 90 05 60 13;
www.luberon-hotel.com

VAISON-LA-ROMAINE

Hostellerie Le Beffroi €–€€

3-Sterne-Hotel in einem Herrenhaus aus dem 16. und Erweiterungsbau aus dem 18. Jh. mit viel Lokalkolorit: Deckenbalken, Fliesenböden, schönes Mobiliar. Die 22 komfortablen Zimmer verfügen über Bad/Dusche, Satelliten-TV und Mini-Bar. Einige haben einen herrlichen Blick über das Städtchen, andere in den Garten, auf dessen Terrasse man auch frühstücken kann. Im Restaurant (▲ 162) zaubert man Originelles aus saisonalen einheimischen Produkten, zu denen die Weine der Côtes du Ventoux und Côtes du Rhône ausgezeichnet passen. Swimmingpool und Parkmöglichkeit (gegen Gebühr).

📍 184 C5 ⌂ Rue de l'Evêché, Cité Médiévale
☎ 04 90 36 04 71;
www.le-beffroi.com
🕓 Feb.–März geschl.

Wohin zum ...
Essen und Trinken?

Preise

Die Preise gelten pro Person für ein Drei-Gänge-Menü ohne Getränke und Trinkgeld:

€ bis zu 25 Euro   €€ 25–50 Euro   €€€ über 50 Euro

APT

Les Délices de Léa €–€€

Hübsches, unprätentiöses kleines Restaurant mit einer Küchenchefin, die sich mit phantasievollen Kombinationen herzhafter und süßer Zutaten einen Namen machte, etwa Gänseleber mit *crème glacée* von Feigen oder gedünstete Entenbrust mit gelben Früchten, Vanille, Honig und Sesam. Kleine Weinkarte, vorwiegend Lubéron und Ventoux.

🗺 185 D2   ⌖ 87, rue de la République
☎ 04 90 74 32 77   🕐 12–13.30, 19–21 Uhr.
Geschl. So, Mo mittags

AVIGNON

Christian Étienne €€€

Hier ist es nicht gerade billig, doch das Essen von exzellenter Qualität, im superben Ambiente eines Palais aus dem 14. Jh. mit schönen Fresken. Von der Terrasse wunderbarer Blick auf den Papstpalast. Zahlreich auf der Speisekarte vertreten sind Gerichte mit Trüffeln, und auch Hummer steht auf dem Programm.

🗺 184 B3
⌖ 10, rue de Mons
☎ 04 90 86 16 50;
www.christian-etienne.fr
🕐 Di–Sa 12–13.15, 19.30–21.15 Uhr

D'Ici et d'Ailleurs €€

Ungezwungenes Restaurant mit provenzalischer, asiatischer und mexikanisch beeinflusster Küche, serviert in großen Portionen. Das Interieur ist einfach, doch geschmackvoll, mit markantem Mauerwerk und Vitrinenschränken. Freundlicher Service, gesundes Essen.

🗺 185 D2   ⌖ 4, rue Galante
☎ 04 90 14 63 65; www.dicietdailleurs.com
🕐 Di–Sa 11–14, 18–24 Uhr

BONNIEUX

Le Pont Julien €€

Traditionelles provenzalisches Haus im Herzen des Lubéron-Nationalparks, unprätentiös und hübsch mit Lampen und Gemälden ausgestattet. In den beiden Speiseraumen oder auf der Terrasse genießt man z. B. Schnecken am Spieß in Knoblauchbutter, Entenconfit auf Apfelsauerkraut oder *pot au feu* vom Lamm mit Ravioli – alles weitgehend aus regionaler Quelle. Besser mindestens zwei Tage im Voraus reservieren!.

🗺 185 D2   ⌖ N100
☎ 04 90 74 48 44; www.lepontjulien.com
🕐 12–13.45, 19.45–20.45 Uhr. Geschl.
Mo abends, Di.

CAVAILLON

Prévot €€€

In seinem aparten Speisezimmer serviert Chefkoch Jean-Jacques Prevot ebensolche Köstlichkeiten, wie Hase in Rotwein mit Gänselebersauce, ein Menü aus Spezialitäten des Lubéron und leckere Desserts mit Cavaillon-Melone.

🗺 184 C2   ⌖ 353, avenue Verdun
☎ 04 90 71 32 43;
www.restaurant-prevot.com
🚫 geschl. So, Mo

CHÂTEAUNEUF-DU-PAPE

La Mère Germaine €–€€

Eines der beliebtesten Restaurants am Ort, Speisezimmer mit Blick über die Weingärten. Auf der

Weinkarte sind die besten Crus der umliegenden Appellationen vertreten.

184 B3 ⊠ Avenue du Commandant-Lemaître ☎ 04 90 83 54 37; www.lameregermaine.com Ⓒ tägl. mittags und abends

GORDES

Hostellerie Le Phébus €€€

Im Restaurant des 4-Sterne-Hotels von Chef Xavier Mathieu genießt man anspruchsvolle Spezialitäten wie Seezungenfilet aus der Pfanne in Salzbutter mit Jasmin und Vanille oder Gänseleber nach Bauernart. Je nach Wetter empfiehlt sich der gediegene Speiseraum mit rustikalen Deckenbalken oder die große Terrasse mit herrlichem Blick. Die Flasche Hauswein kostet rund 28 Euro.

185 D3 ⊠ Route de Murs, 84220 Joucas-Gordes ☎ 04 90 05 78 83; www.lephebus.com Ⓒ geschl. Di–Do mittags und Mitte Okt. bis Ende April

Le Mas Tourteron €€

Südwestlich von Gordes, in einem hübschen Garten, liegt das entzückende Restaurant von Elisabeth Bourgeois. Sie kocht mit provenzalischer Note, wobei die Kochbuchautorin etwa Lamm und Kaninchen mit Zutaten wie Honig und Tapenade zubereitet und mit selbst gezogenem Gemüse garniert: frische, schmackhafte saisonale Küche.

184 C3 ⊠ Chemin de Sainte-Blaise-les-Imberts, 84220 Gordes ☎ 04 90 72 00 16; www.mastourteron.com Ⓒ geschl. mittags Mo–Sa und Jan.–Feb.

LOURMARIN

Le Moulin de Lourmarin €€€

Im Ambiente einer ehemaligen Ölmühle des 18. Jhs. mit eindrucksvollem Gewölbe speist man bei Kerzenlicht an blau und gelb eingedeckten Tischen. Das Gemüse zieht Kuchenchef Edouard Loubet im eigenen Garten. Die Gerichte sind zubereitet mit den typischen Kräutern des Lubéron: Weizen-Risotto mit Venusmuscheln oder Alpillen-Täubchen mit Rucola-Reduktion. Die Menüs sind ein wahres Fest für die Sinne.

185 D2 ⊠ Rue du Temple, 84160 Lourmarin ☎ 04 90 68 06 69; www.moulindelourmarin.com Ⓒ Ostern bis Ende Sept. tägl.; Okt.–März Do–Mo

MÉNERBES

Le Galoubet €€

Exquisite regionale Küche, im hübschen kleinen Speisezimmer oder unter Olivenbäumen im Garten.

185 D2 ⊠ 104, avenue Marcellin Poncet ☎ 04 90 72 36 08 Ⓒ geschl. Mi

ORANGE

Le Yaca €

In diesem lebhafte, lustige Restaurant strömen die Einheimischen, um hier unter rustikalen Deckenbalken und Steinbögen auf kleinem Raum Leberpastete mit Zwiebel-Confit, sole meunière (Seezunge Müllerin-Art) oder Schnecken à la Provençale zu verspeisen. Im Angebot sind auch mehrere Menüs zu zivilen Festpreisen.

184 A4 ⊠ 24, place Sylvain ☎ 04 90 34 70 03 Ⓒ geschl. Di, Mi

VAISON-LA-ROMAINE

La Fontaine €€

Restaurant des Hotels Le Beffroi (▶ 160) in der Altstadt, in einem Haus aus dem 16. Jh. Im niedlichen Speisezimmer kann man sich provenzalisch verwöhnen lassen, auch aus dem Weinkeller, der weitgehend mit den besten Jahrgängen der hiesigen Côtes du Rhône und Côtes du Ventoux bestückt ist.

184 C5 ⊠ Le Beffroi, rue de l'Evêché, Cité Médiévale ☎ 04 90 36 04 71; www.le-beffroi.com Ⓒ Ostern–Okt. Mi–Mo 12–14, 19.30–21 Uhr

Wohin zum ... Einkaufen?

MÄRKTE

Fürs Picknick kann man bestens auf den Märkten von Avignon einkaufen, z. B. in der Markthalle (**Marché des Halles**), wo man alles an lokalen Produkten (Place Pie, Di–So 6–13.30 Uhr) oder auf dem Sonntagsmarkt **Marché Forain** (Boulevard Limbert, Place des Maraîchers, St-Chamand): Hier gibt es nordafrikanische Gewürze, Gemüse und Früchte.

Antiquitäten und Trödel finden Sie auf dem **Marché aux Puces** (Place des Carmes, So 7–13 Uhr) in Avignon. Wer früh kommt, hat die beste Auswahl auf diesem Flohmarkt.

SOUVENIRS UND GESCHENKE

Geschäfte mit bunten provenzalischen Stoffen, Tischwäsche und Kleidung gibt es viele, empfehlenswert in Vaison-la-Romaine etwa **Souleiado** (2, cours Henri Fabre, Tel. 04 90 36 38 33, Di–Sa 10–12, 13–19 Uhr).

Einen ganzen Bazar an Geschenken, regionalen Produkten (Olivenöl, Alkoholika), Wein und Parfüm bietet **Cannelle** in Roussillon (Place de la Poste, Tel. 04 90 05 71 27).

Interessant für Inneneinrichtung und Geschenke ist auch **Scènes Intérieures** in Avignon (41, rue d'Amphoux, Tel. 04 90 86 46 31).

ESSEN UND TRINKEN

Süßschnäbel decken sich in Apt mit kandierten Früchten ein, z. B. bei **Apt Union** (Quartier Salignan, BP 137, Tel. 04 90 76 31 31, Mo–Sa 9–12, 14–18 Uhr). Bei **La Bonbonnière** (57, rue de la Sous-Préfecture, Tel. 04 90 74 12 92, 8.30–12.30, 14.30–19.30 Uhr) läuft einem das Wasser im Mund zusammen angesichts der Geleefrüchte, Florentiner und *calissons* (auch Marmelade und Honig).

Herzhafter geht es in Avignon bei **Les Délices du Lubéron** zu (20, place du Change, Tel. 04 90 84 03 58, Mo–Sa 10–13, 14–19 Uhr), mit breiter Auswahl an Olivenöl, Tapenade, Oliven und provenzalischer Rouille. **La Tropézienne** (22, rue St-Agricole, Tel. 04 90 86 24 72; www.la-tropezienne.fr; Di–So, im Juli täglich) ist Spezialist für *papalines* (dunkle Schokolade mit flüssigem Kräuterlikör gefüllt), kandierte Früchte, Marmeladen und natürlich *tropéziennes* (Gebäck mit Vanillecreme).

Au Goût du Jour in Roussillon führt neben Honig, Öl, Wein und Käse aus der Gegend auch Tee und Champagner (5, rue Richard Casteau, Tel. 06 70 10 31 84).

Und der beste Käseladen in Vaison-la-Romaine ist **Lou Canestéou**, wo man Ziegen-Spezialitäten wie *banon* (in Kastanienblätter gewickelt), *picadon* und *cachat* bekommt (10, rue Raspail, Tel. 04 90 36 31 30).

KUNST, BÜCHER & ANTIQUITÄTEN

In Avignon bekommt man in der **Shakespeare Librairie**, einem Teeladen und Discounter für englische Bücher, zum Blättern auch eine Tasse Tee (155, rue Carreterie, Tel. 04 90 27 38 50, Di–Sa 9.30–12.30, 14–18.30 Uhr). Alles für Heim und Garten ist erhältlich bei **Hervé Baum** (19, rue Petite Fusterie, Tel. 04 90 86 37 66).

Im »antiques village« **L'Isle aux Brocantes** im Ort Isle-sur-la-Sorgue bieten 35 Antiquitätenhändler ihre Waren an (Passage du Pont, 7, avenue des 4-Otages, Tel. 04 90 20 69 93).

Geschenke und Farben in sämtlichen Ockertönen gibt es in der **Galerie des Ocres** in Roussillon (Le Castrum, Tel. 04 90 05 62 99).

Wohin zum ... Ausgehen?

BARS, CLUBS UND CASINOS

Absolut hip ist in Avignon das **Opéra Café**, ein chices modernes Bar-Restaurant am belebtesten Platz der Stadt. Jeden Abend mit DJ (24, place de l'Horloge, Tel. 04 90 86 17 43, 10–1.30, im Juli bis 3 Uhr).

Karaoke, Disko, Livekonzerte bietet in zwei Bars und Dance Floors **Le Blues** (25, rue Carnot, Tel. 04 90 85 79 71, 23–4.30/5 Uhr).

Im **Cadillac Café** lebt das Amerika der 1950er-Jahre wieder auf, mit Marilyn und Elvis an der Wand, Pool Billard, Videospielen, Themennächten und Sommer-Barbecues (11 bis, route de Lyon, Tel. 04 90 86 99 57, tägl. 14–1 Uhr).

Vor dem Riesenwandgemälde eines tropischen Strandes kann man jeden Abend um 21 Uhr kostenlos Salsa lernen in **Cubanito's Café** (51, rue Carnot, Tel. 04 90 86 98 04, Mo–Fr 11–1, Sa–So 17–1 Uhr).

THEATER UND MUSIK

Spektakuläre Konzerte, Opern- und Theateraufführungen erlebt man im **Théâtre Antique** von Orange (Rue Madeleine Roch, Tel. 04 90 51 17 60; www.theatre-antique.com/fr/orange).

Konzerte des Orchestre Lyrique de Région Avignon-Provence und Ballett-Abende finden statt im **Opéra Théâtre d'Avignon** (Place de l'Horloge; www.operatheatre davignon.fr; Auskunft 11–18 Uhr, Tel. 04 90 82 42 42; Karten Tel. 04 90 82 81 40).

Rings um das offizielle **Festival von Avignon** (an verschiedenen Orten) treten im Off-Programm bei rund 100 Veranstaltungen etwa 700 verschiedene Gruppen und Künstler auf (www.avignonfestival etcompagnies.com).

Ab Mitte Juli findet in Orange das berühmte **Chorégies**-Festival statt, mit beeindruckenden Opernaufführungen im **Théâtre Antique** (Tel. 04 90 34 24 24; www.choregies.com).

Im **Le Grenier à Sons** in Cavaillon (Konzerthalle mit 350 Plätzen) hört man Jazz, Rock, Blues, Reggae und mehr von etablierten Musikern und ambitioniertem Nachwuchs (157, avenue du Général-de-Gaulle, Tel. 04 90 06 44 20; www.grenier-a-sons.org).

SPORT UND FREIZEIT

Auf der Île de la Barthelasse in Avignon kann man im Freischwimmbad **Piscine des Arènes** (Mitte Juni bis Mitte Sept.; www.piscinedes arenes.com) olympiareif seine Runden drehen.

16 computergesteuerte Bahnen findet man im **Bowling** vor (Avenue Paul-Claudel, Tel. 04 90 88 50 11, 15–2, Fr–Sa bis 4 Uhr, kleine Snacks). Schlittschuhe leihen kann man im Stadion des hiesigen Eishockey-Teams Castors (Biber), dem **Patinoire d'Avignon** (2483, chemin de l'Amandier, Tel. 04 90 88 54 32; www.patinoire-avignon.com; Anfang Sept. bis Mitte Mai Mo–Fr 9.30–12, 14.30–17.30, Fr auch 21–23.30, Sa 14.30–17.30, 21–23.30. So 15–18 Uhr).

40- bis 80-minütige Ballonfahrten unternimmt **Montgolfières Provence** in Gordes (Le Mas Fourniguière Joucas, Tel. 04 90 05 79 21; www.montgolfiere-provence-ballooning.com).

Der Fahrrad-Club **Vélo Loisir en Lubéron** in Robion organisiert Touren in den Parc Naturel Régional du Lubéron (203, rue Oscar Roulet, Tel. 04 90 76 48 05; www.veloloisir luberon.com).

Spaziergänge & Touren

IM HERZEN DER PROVENCE

Tour

Von Aix-en-Provence geht es zur Montagne Ste-Victoire, dann südwärts zum Massif de la Ste-Baume. Trotz zuweilen enger und steiler Straßen eine eher interessante als anstrengende Tour.

1–2

Verlassen Sie **Aix-en-Provence** auf der **D10** Richtung St-Marc-Jaumegarde und Vauvenargues, wo Sie nach rund 7 km auf den **Barrage de Bimont** stoßen. Dieser Stausee versorgt die umliegenden Gemeinden mit Trinkwasser.

2–3

Weiter geht es auf der **D10** zum hübschen Dorf **Vauvenargues** mit seinem berühmten Renaissance-**Château**, das 1958 Pablo Picasso erwarb. Dort lebte er bis zu seinem Tod im Jahre 1973 und ist auch auf dem Gelände begraben. Park und Schloss sind der Öffentlichkeit nicht zugänglich. Folgen Sie weiter

LÄNGE: 135 km **DAUER:** Nehmen Sie sich einen ganzen Tag Zeit
START/ZIEL Aix-en-Provence 🗺 A191 E3

der **D10** durchs Dorf (einzige Straße). Danach führt sie, nun **Jouques/Rians** beschildert, am Nordhang der Montagne Ste-Victoire entlang, die Cézanne besonders anzog.

3–4

Kurz rechts halten auf der **D10** Richtung Rians. Die Straße wird nun schmaler und führt aufwärts, mit schönen Ausblicken. Fahren Sie an der nächsten Kreuzung links, wo Sie auf die **D23** Richtung Rians kommen. Folgen Sie ihr bis zur Gabelung mit der D3 und nehmen Sie dort die rechte Abzweigung nach **Ollières** und **St-Maximin-la-Ste-Baume**. Bei der Anfahrt nach **St-Maximin** an der Ampel links halten, dann rechts und wieder links zur Ortsdurchfahrt. Die hiesige **Basilika** ist einer der schönsten romanischen Bauten der Provence.

4–5

Biegen Sie am Kreisel ab auf die **N560** Richtung **Nans-les-Pins**, dann nach 100 m an der Ampel links. Über die nächsten Kreuzungen geht es geradewegs auf die **D64**

Richtung **Mazaugues**. Fahren Sie dort weiter bis zur **D1** und biegen Sie rechts ab nach **Rougiers**. Dann links Richtung *Rougiers centre* und wieder links beim Café/Tabac an der Rue Ste-Anne. So kommen Sie hinauf zu **Burgruine** und **Kirche**. Scharf links halten und durch die Schranke (manchmal geschlossen wegen Waldbrandgefahr) weiter ins Tal. An der Kreuzung nach der Hügelkuppe rechts abbiegen auf die **D95**. (Das Schild ist nur von hinten zu sehen – sicherheitshalber checken, dass es auf der »falschen« Seite nach Plan-d'Aups geht.)

An der nächsten Gabelung links auf die **D80** (Richtung Plan d'Aups) bis zur **Hôtellerie** in **La Ste-Baume**, einer ehemaligen im 19. Jh. restaurierten Pilgerherberge der Dominikaner aus dem Mittelalter (heute geistliches Studienzentrum). Weiter geht es auf der D80 durch **Plan-d'Aups**. Folgen Sie nach dem Ortsausgang der nun breiteren Straße bis zur Kreuzung, wo Sie sich rechts Richtung Auriol abbiegen. So kommen Sie auf die **D45**, die in langen, teils engen Kurven abwärts führt. Am Kreisel und nach Fuveau. Dort erst links, dann rechts zum Hauptplatz und direkt danach die erste links Richtung **Aix-en-Provence/Gardanne**. Am Kreisverkehr mit dem Brunnen auf die **D46** Richtung **Aix**, rechts halten und später auf der **N7** nach Aix.

Kleine Pause
In **St-Maximin-la-Ste-Baume** stehen zahlreiche Restaurants und Brasserien zur Wahl.

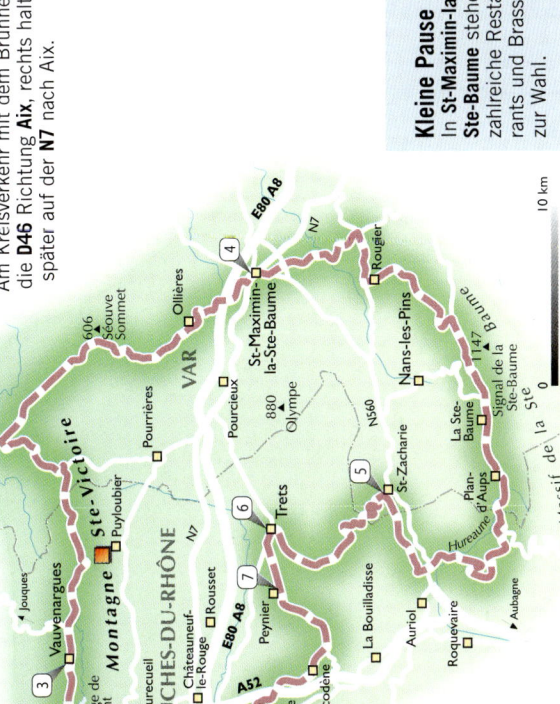

5–6
Biegen Sie im Ort links ab auf die **D85** Richtung **Trets/Col du Petit Galibier**. Als D12 führt sie später hoch zu schönen Ausblicken und nach **Trets**, wo man Reste der mittelalterlichen Stadtmauern sowie Turm, Burg und Kirche aus dem 14./15. Jh. bewundern kann.

6–7
Bei der Anfahrt nach **Trets** am Kreisel links halten und gerade weg über den nächsten kleinen Kreisverkehr. Danach an der nächsten Kreuzung links und zu einem Kreisel mit Olivenbäumen. Dort links auf der **D908** Richtung **Peynier** mit seiner schönen romanischen Kirche.

7–8
Verlassen Sie Peynier Richtung Süden hinauf auf die bewaldeten Hügel. Nach 4 km rechts auf die **D46C** nach **Belcodène**, wo Sie sich an den Schildern nach **Fuveau** orientieren. An der nächsten Gabelung rechts auf die Autoroute

dann auf die D560 und an der ersten Abfahrt raus nach **St-Zacharie**.

2 CAMARGUE
Tour

LÄNGE: 95 km **DAUER:** Nehmen Sie sich einen ganzen Tag Zeit
START/ZIEL: Arles ✚ 194 C3

Die Camargue, eines der wichtigsten Feuchtgebiete Europas, ist zugleich das bedeutendste Reservat für Wildtiere in der Provence: weiße Pferde, schwarze Stiere, rosa Flamingos und viele seltene Vogelarten.

1–2

Fahren Sie von **Arles** in Richtung Grand Rhône. Folgen Sie der **D570** Richtung Stes-Maries-de-la-Mer bis **Albaron**. Einst stolze Festung, muss es sich heute eher des Meeres als bewaffneter Angreifer erwehren. Von hier geht es auf der **D37** nach Méjanes.

2–3

Méjanes ist ein kleines Seebad mit Schmalspurbahn, Stier-

kampfarena, Pony- und Pferdevermietung. Die **D37** führt von hier hinter den Étang de Vaccarès.

KLEINE PAUSE
Restaurant de Méjanes
⊠ Domaine de Méjanes, auf der D37, 4 km südlich von Albaron ☎ 04 90 97 10 51 ⏰ tägl. mittags, abends nach Reservierung

3–4

Der **Étang de Vaccarès** (➤ 117), größte Lagune der Camargue, ist Teil des Naturparks **Parc Naturel Régional de Camargue**, mit Besucherzentrum in La Capelière. Halten Sie hier unterwegs an den Ausweichstellen an, wo Ihnen der typische Moorgeruch nach Salz, Pflanzen und Fäulnis in die Nase steigt. Halten Sie sich dann in Villeneuve südwärts Richtung

Golfe de Beauduc

de-Giraud

④

Étang de
Faraman

10 km

Platanenallee bei Arles

TIERE DER CAMARGUE

Die Camargue ist Heimat unzähliger Vogelarten, darunter Enten, Watvögel und Gänse. Die seichten Lagunen sind ein idealer Futterplatz für Schwäne, Säbelschnäbler und Silberreiher, während die Süßwassersümpfe mit ihren Schilfgürteln Fischreihern, Wildenten, Moor- und Blesshühnern als Nistplatz dienen. Am eindrucksvollsten aber ist der Anblick ganzer Scharen von rosa Flamingos.

La Capelière. Dort verpasst man leicht die Zufahrt zum **Besucherzentrum:** Auf die Schilder achten und dann links ab. Hier gibt es gekennzeichnete Wanderwege, und der 1,5 km-Rundweg um das Zentrum ist als Lehrpfad zu Flora und Fauna angelegt. Fahren Sie dann weiter über **Salin-de-Badon** (Vögel-Paradies) nach Salin-de-Giraud.

4–5
Salin-de-Giraud ist die bekannteste Salinenstadt der Region, deren Alleen von der Silhouette der Solvay-Raffinerie beherrscht werden. Durch den Zaun erspäht man glitzernde Haufen von Salz. Nun durchquert man auf der **D36** Richtung Norden das Marschland bis zum Westufer der trägen Grand Rhône. Schließlich geht es auf der **D570** nordöstlich zurück nach Arles.

3 VAISON-LA-ROMAINE

Spaziergang

In Vaison-la-Romaine (➤ 148f) an der Ouvèze begegnet man Antike, Mittelalter und Moderne. Bei dieser kleinen Zeitreise führt Ihr Weg, über manches steile Stück, von der römischen Brücke durch den Torbogen der Oberstadt zur Kathedrale aus dem 12. Jh.

LÄNGE: 3,5 km **ZEIT:** 1½ Stunden
SART/ZIEL: Zentraler Parkplatz an der Avenue Général-de-Gaulle ✚ 184 C5

1–2
Parken Sie auf dem zentralen Parkplatz bei den Ausgrabungsstätten an der **Avenue Général-de-Gaulle.** Von hier geht es durch den modernen Ortsteil zur alten römischen Bogenbrücke (**Pont Romain**) über die Ouvèze, die häufig Hochwasser führt und 1992 sogar diese 17 m lange Brücke überflutete.

2–3
Die Straße jenseits der Brücke führt hinauf in die **Oberstadt** (**Haute Ville**), ein schmuckes, nahezu unversehrtes mittelalterliches Architekturensemble, das man durch einen **Torbogen**

(Relikt der Stadtmauer) betritt. Biegen Sie hier scharf links in die schmale **Rue de l'Horloge** und folgen Sie ihr hinauf zum namengebenden **Uhrturm.**

Wenn Sie sich nun nach rechts wenden und dann links um den Turm herumgehen,

kommen Sie an einer Einmündung auf die **Rue de l'Église** mit Beschilderung Richtung Burg (**Château**). Links bei der Kirche liegt ein

Die mittelalterliche Oberstadt von Vaison erhebt sich auf einem Hügel über der Ouvèze

Kleine Pause

Cafés und Restaurants finden Sie reichlich auf und rings um **Grande Rue** und **Place Chanoine-Sautel** nahe den Ausgrabungsstätten.

Aussichtspunkt. Gehen Sie an der Kirche vorbei hinauf zum Plan Pascal und dort noch ein paar Stufen hoch zur **Rue de la Charité**, die in einen Fußpfad mündet. Halten Sie sich jetzt am Ende der Mauer links, dann haben Sie nur noch einen kurzen Aufstieg zur Burgruine.

3–4

Von der **Burg** (nicht öffentlich zugänglich) hat man einen herrlichen Blick auf Unterstadt und Ausgrabungsstätten. Begeben Sie sich nun wieder zur Mauer und durchqueren Sie (nach zwei Schlenkern rechts und links) den Torbogen.

Roh behauene Stufen hinab gelangen Sie zu einem schönen Platz mit Brunnen und dem **Hôtel de Prévôt**.

Linker Hand kommen Sie nun auf die **Rue des Fours**, eine der hübschesten Straßen hier. Gehen Sie geradeaus, bis rechts die Rue Soubeiranne abzweigt, und dort später links und wieder rechts auf die Promenade des Consuls. Von hier links die Stufen herab zur **Rue du Château**. Folgen Sie der Straße links bis zur Einmündung in die Hauptstraße. Dort rechts halten und auf dem **Pont Neuf** zurück über die Ouvèze. Dann die erste rechts auf die Avenue Jules Ferry und links zur Kathedrale.

4–5

In der **Cathédrale Notre-Dame de Nazareth** aus dem 12. Jh. finden Sie hinter dem Altar einen alten Bischofsthron und an der Nordseite des Gebäudes eine schöne Klosteranlage. Kehren Sie nun zur **Avenue Jules Ferry** zurück, wo Sie nach 500 m wieder auf die **Avenue Général-de-Gaulle** und den Eingang der Ausgrabungsstätte **Puymin** kommen.

5–6

Unter den **römischen Ruinen** sind hier besonders faszinierend die Villen und ein Theater mit rund 6000 Sitzplätzen, im **Quartier de la Villasse** auf der anderen Straßenseite die Relikte der Badeanlage. Und damit sind Sie eigentlich schon fast wieder am Parkplatz!

TOP-TIPP:
Dieser Spaziergang ist zu jeder Jahreszeit möglich. Ar klaren Tagen schaut man von der Burgruine bis zum Mont Ventoux (▶ 157f).

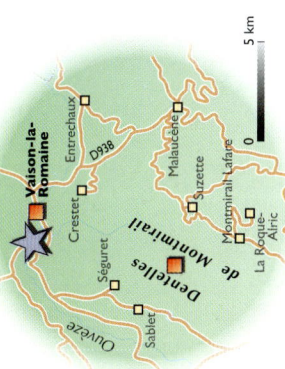

Statue der Kaiserin Sabina, Gattin Hadrians, Archäologisches Museum von Vaison

GORGES DU VERDON

Tour mit Spaziergängen

Eine phantastische Sicht auf die Gorges du Verdon (▶ 74ff) erwartet Sie bei der Fahrt von Castellane zum Lac de Ste-Croix. Nach einer Pause in Moustiers-Ste-Marie fahren Sie am Südufer der Schlucht zurück, weniger abenteuerlich, doch ebenso spektakulär vom Panorama.

1–2

Verlassen Sie **Castellane** (Treffpunkt für Wanderer und Bergsteiger) vom Kreisverkehr am

VORSICHT

Wer eine Wanderung plant, sollte sich zuvor bei den Touristeninformationen in Castellane oder Moustiers-Ste-Marie nach **Weg** und **Wetter** erkundigen. Ratsam ist ferner die Mitnahme von Taschenlampe, Wasser und Proviant.

LÄNGE: 137 km **ZEIT:** Ein ganzer Tag (ohne Spaziergänge)
START/ZIEL: Castellane ✚ 187 E2

Grand Hôtel du Levant Richtung **Moustiers-Ste-Marie** auf der **D952**. Die Straße gabelt sich am **Pont de Soleils**, wo Sie auf der Rückfahrt wieder nach Castellane zurückkommen. Halten Sie sich weiterhin rechts auf der **D952** Richtung **Moustiers**, wo Sie bald einen kurzen Tunnel passieren. Unmittelbar danach geht es links ab auf die **D23B** zum **Belvédère du Couloir Samson**. Den Parkplatz dieses Aussichtspunkts am unteren Teil des Tals erreichen Sie über eine kurze Stichstraße.

2–3

Von hier können Sie ein Stück der siebenstündigen **Wanderung** auf den Gipfel **La Maline** (1460 m) zurücklegen, wofür allerdings (wie auf Schildern vermerkt) entsprechende Ausrüstung erforderlich ist sowie Wachsamkeit wegen des mitunter blitzschnell steigenden Wasserspegels. Fahren Sie nun wieder zurück auf die **D952**, der Sie nach links folgen bis **Rougon**, wo Sie sich

wieder links halten und nach 1 km **La Palud-sur-Verdon** erreichen. Dort finden Sie linker Hand den Wegweiser zur **Route des Crêtes**.

3–4

Von dieser **Panoramastraße**, die nördlich teils hoch an der Schlucht entlang führt, genießt man, vor allem an den Belvédères, atemberaubende Ausblicke. Sollte die Straße im Winter wegen Schnees geschlossen sein, wird sie ausgeschildert mit *fermé*. Fahren Sie in diesem Fall weiter zu Punkt 4–5.

Sonst geht es nun zum **Pas de la Baou** (1285 m), 715 m über dem Fluss. Von hier windet sich die Straße herab, mit schöner Sicht nach Westen und markanten Haarnadelkurven. Fahren Sie auf dem Rückweg nach **La Palud-sur-Verdon** vorsichtig: Die Straße ist nur gelegentlich gesichert mit Leitplanken oder Mauern, und Sie müssen immer wieder mit Gruppen von Wanderern rechnen.

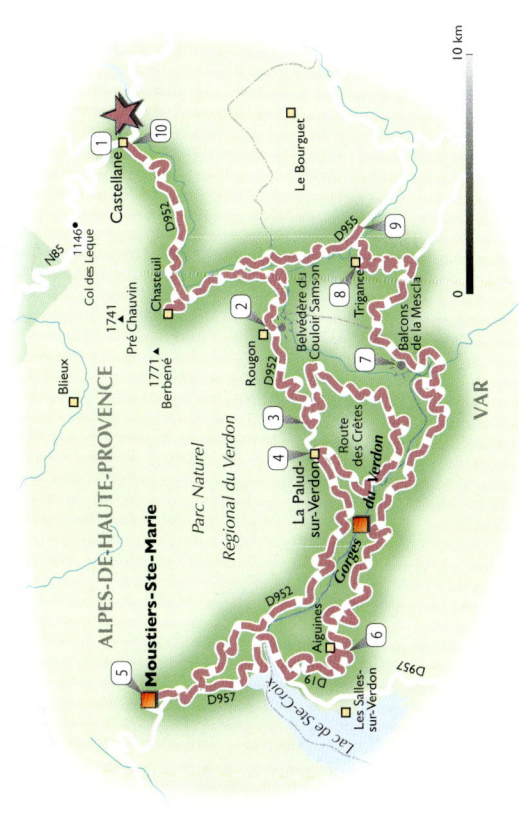

4–5

In La Palud kann man **Mountainbikes** leihen oder **Wanderungen** und **Bergtouren** mit Führer buchen. Im Ausstellungsbereich des in einem Schlösschen untergebrachten Rathauses erfährt man viel über Geologie, Flora und Fauna der Gegend. Zur Weiterfahrt nehmen Sie die **D952** Richtung Moustiers bis zum Ende des Canyons, wo man einen Blick auf den **Lac de Ste-Croix** hat. An einem Kreisel geht es nun rechts weiter zum Mittagessen nach Moustiers.

5–6

Moustiers-Ste-Marie (▶ 80f) ist ein Zentrum der **Fayence**-Herstellung. Was dort sofort ins Auge fällt, ist ein silberner Stern, der an einer Kette hoch über der Schlucht hängt – der Legende nach Dankesgabe eines hiesigen Ritters für die Errettung aus sarazenischer Gefangenschaft. Aus Moustiers heraus kommen Sie auf demselben Weg zurück zum Kreisverkehr, den Sie geradeaus auf der **D957** passieren und Richtung Aiguines fahren. Auf einer Brücke überqueren Sie die Mündung des Verdon in den See; dort kann man Kajaks und Elektroboote mieten. Kurz danach zweigt die **D19** nach **Aiguines** ab.

ner **Orientierungstafel** (nach 1 km). Schlucht und Aussichtspunkte liegen nun vorwiegend zu Ihrer Linken, und trotz des schönen Blicks sollten Sie vor allem in den engen Kurven und kleinen Tunneln (wie dem **Tunnel de Fayet**) vorsichtig fahren. Abschließender Höhepunkt ist der Fernblick von den **Balcons de la Mescla.**

7–8
Dort kann man im **Bar-Restaurant** etwas zu sich nehmen und die wunderbare Aussicht genießen.

Danach geht es weiter nach **Trigance** (mit Maison de l'Information). Folgen Sie nach einigen Kilometern der Straße links ins Ortszentrum.

8–9
Dort gibt es nette Lädchen, eine Kunstgalerie und die letzte mit Wasserkraft angetriebene **Kornmühle** der Provence, die noch in Betrieb ist. Die über dem Ort thronende Burg ist nicht

öffentlich zugänglich. Die Touristeninformation finden Sie 5 km weiter auf der Straße, die südwärts aus dem Ort führt. Halten Sie sich an der Abzweigung der **D955** rechts, dann sind Sie nach etwa 500 m am Ziel.

9–10
Die **Touristeninformation** wartet mit ausgezeichneten Erklärungstafeln zur Geologie der Gegend auf. Außerdem kann man hier einheimische Produkte erwerben, wie hervorragende provenzalische Seifen. Auf der **D955** fahren Sie bis Pont de Soleils, dann rechts auf die **D952** zurück nach Castellane.

Kleine Pause
Ma Petite Auberge
⊠ Boulevard de la République, Castellane
☎ 04 92 83 62 06 ⊗ Sa–Mi 12–14,
tägl. 19–21.30 Uhr.

La Treille Muscate
⊠ Place de l'Église, Moustiers-Ste-Marie
☎ 04 92 74 64 31 ⊗ Mitte Feb. bis Mitte Nov. Geschl. Mi nachmittags und Do, Juli–Aug., Mi ganztägig.

Das hübsche Bergstädtchen Trigance

6–7
Parken Sie im Zentrum des Ortes, wo Sie über ein Treppchen hinab zu einer kleinen Arkade mit Kunstgewerbelädchen gelangen. Eines ist spezialisiert auf Drechselarbeiten, einst Haupterwerbsquelle der Einheimischen. Aus Aiguines heraus nehmen Sie die **D71** hinauf bis zu ei-

Praktisches

REISEVORBEREITUNGEN

WICHTIGE PAPIERE

● Erforderlich ○ Empfohlen ▲ Nicht erforderlich	Bei einigen Ländern muss der Pass über das Einreisedatum hinaus noch eine bestimmte Zeit gültig sein (i.d.R. mind. 6 Monate). Prüfen Sie Ihren Pass vor der Abreise.	Deutschland	Österreich	Schweiz
Pass/Personalausweis		●	●	●
Visum (Bestimmungen können sich ändern – vor Abreise prüfen!)		▲	▲	▲
Weiter- oder Rückflugticket		▲	▲	▲
Impfungen (Tetanus und Polio)		▲	▲	▲
Krankenversicherung (▶ 180, Gesundheit)		●	●	●
Reiseversicherung		○	○	○
Führerschein (national)		●	●	●
Kfz-Haftpflichtversicherung (Internationale Grüne Versicherungskarte)		○	○	○

REISEZEIT

Hauptsaison   Nebensaison

JAN	FEB	MÄRZ	APRIL	MAI	JUNI	JULI	AUG	SEPT	OKT	NOV	DEZ
12°C	12°C	14°C	18°C	21°C	27°C	28°C	28°C	25°C	22°C	17°C	14°C

Nass   Regnerisch   Bedeckt   Sonnig   Wechsel-haft

Die angegebenen Temperaturen sind das **mittlere Tagesmaximum**. Im Juli und August werden mitunter über 35°C erreicht. Im März beginnt an der Küste mit der Mandel- und Mimosenblüte der Frühling. Ab April kann man in den Straßencafes und auf den Terrassen bei angenehmen Temperaturen draußen sitzen. Im Rhônetal kommt es durch die Schneeschmelze öfters zu Überschwemmungen. Die Sommer sind heiß und trocken und die Küsten dann oft überlaufen. Im Herbst, vor allem im September und Oktober, herrscht meist freundliches Wetter, es kann jedoch hin und wieder Gewitter geben. Ab November wird es kalt. Im Dezember kann es in den Hochlagen schneien. Den Winter über bläst von Norden der Mistral durchs Rhône-Tal. Sein Einfluss nimmt nach Osten entlang der Côte d'Azur merklich ab.

INFORMATION VORAB
Websites
- Maison de la France (Französisches Fremdenverkehrsamt): www.franceguide.com
- Alpes-Maritimes: www.guideriviera.com
- Marseille und Carmargue (Bouches du Rhône): www.visitprovence.com
- Var: www.tourismevar.com
- Haute Provence: www.alpes-haute-provence.com
- Vaucluse: www.provence-guide.com

ANREISE

Mit dem Flugzeug
Nice-Côte d'Azur und Marseille-Provence sind die größten Flughäfen der Region;
Maschinen aus europäischen Nachbarländern landen auch in Toulon-Hyères, Nîmes-
Arles-Camargue und Montpellier.

Von Deutschland: Ab Hamburg, Stuttgart, München, Düsseldorf, Frankfurt und Berlin gibt
es regelmäßig direkte Charter- oder Linienflüge in die Provence, dazu kommen Verbindungen über Paris. Von Frankfurt am Main nach Nizza fliegt man in knapp 1½ Stunden.

Von Österreich und der Schweiz: Auch von Basel, Genf, Zürich und Wien starten regelmäßig Maschinen nach Südfrankreich.

Mit dem Zug
Die nationale Eisenbahngesellschaft SNCF verkehrt mit Hochgeschwindigkeitszügen
(TGV) zwischen Paris (Gare de Lyon) und Marseille (3 Std.) bzw. Nizza (5½ Std.).
Eine weitere TGV-Verbindung besteht zwischen Genf über Lyon nach Marseille/Nizza.
Autoreisezüge fahren von Hamburg, Düsseldorf und Neu-Isenburg (Hessen) nach
Avignon (www.dbautozug.de).

Mit dem Auto
Ein durchgehendes, mautpflichtiges Autobahnsystem verbindet die Provence mit den
wichtigsten Grenzübergängen nach Deutschland, Österreich und in die Schweiz.

ZEIT

In Frankreich gilt die Mitteleuropäische Zeit. Von Ende März bis Ende Oktober
werden die Uhren auf die Sommerzeit umgestellt, was einer Stunde vor der
natürlichen (Sonnen-) Zeit entspricht.

WÄHRUNG

Währung: Auch in Frankreich hat der Euro den Franc als Landeswährung abgelöst;
Besucher aus Deutschland oder Österreich brauchen also kein Geld umzutauschen.

Geldwechsel Banken und Wechselstuben (bureaux de change) tauschen **Reiseschecks** ein.
Letztere gibt es z. B. an Flughäfen, großen Bahnhöfen und in manchen Kaufhäusern.
Bei jedem Tausch müssen Sie allerdings mit saftigen Gebühren rechnen. Um das zu
vermeiden, sind der Gebrauch von **EC- und Kreditkarten** zu empfehlen (an manchen fran-
zösischen Kartenautomaten werden nicht alle Kreditkarten akzeptiert). Reiseschecks von
American Express und Visa können auch bei vielen Postämtern eingetauscht werden.

Kreditkarten (American Express, Mastercard, Visa u. a.) genießen breite Akzeptanz in
Geschäften, Restaurants und Hotels. Mit ihrem vierstelligen PIN-Code können z. B.
Visa, Mastercard und Diners Club diese auch an Geldautomaten eingesetzt werden
(beachten Sie aber die teils sehr hohen Gebühren).

In Deutschland:	**In Österreich:**	**In der Schweiz:**
Französisches	Französisches	Französisches
Fremdenverkehrsamt	Fremdenverkehrsamt	Fremdenverkehrsamt
Zeppelinallee 37	Lugeck 1–2	Rennweg 42
60325 Frankfurt	A – 1010 Wien	CH – 8023 Zürich
☎ 0900/1 57 00 25	☎ 0900/25 00 15	☎ +41 044 217 46 00

DAS WICHTIGSTE VOR ORT

KONFEKTIONSGRÖSSEN

Deutschland	Frankreich	
46	46	
48	48	
50	50	**Anzüge**
52	52	
54	54	
56	56	
41	41	
42	42	
43	43	**Schuhe**
44	44	
45	45	
46	46	
37	37	
38	38	
39	39	**Hemden**
41	41	
42	42	
43	43	
32	34	
34	36	
36	38	
38	40	**Kleider**
40	42	
42	44	
36	36	
38	38	
39	39	**Schuhe**
39	39	
40	40	
41	41	

FEIERTAGE

1. Januar	Neujahr
März/April	Ostersonntag/Ostermontag
1. Mai	Maifeiertag
8. Mai	Ende Zweiter Weltkrieg
6. Do nach Ostern	Himmelfahrt
Mai/Juni	Pfingstsonntag/
	Pfingstmontag
14. Juli	Nationalfeiertag
15. August	Mariä Himmelfahrt
1. November	Allerheiligen
11. November	Volkstrauertag
25. Dezember	Weihnachten

An allen oder manchen dieser Tage sind Banken, Museen und viele Läden (außer Bäckereien) geschlossen.

ÖFFNUNGSZEITEN

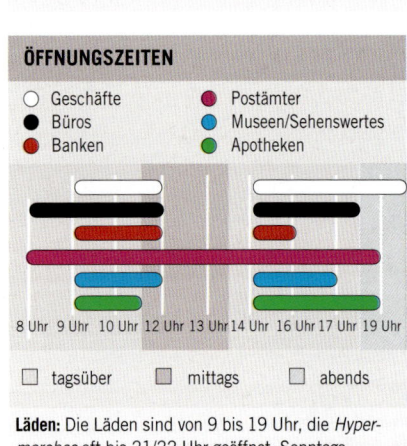

○ Geschäfte ● Postämter
● Büros ● Museen/Sehenswertes
● Banken ● Apotheken

8 Uhr 9 Uhr 10 Uhr 12 Uhr 13 Uhr 14 Uhr 16 Uhr 17 Uhr 19 Uhr

☐ tagsüber ☐ mittags ☐ abends

Läden: Die Läden sind von 9 bis 19 Uhr, die *Hypermarches* oft bis 21/22 Uhr geöffnet. Sonntags und Montags sind die meisten geschlossen, viele Supermärkte am Montag vormittag. Kleine Lebensmittelgeschäfte öffnen oft auch am Sonntagvormittag.
Banken: Manche Banken öffnen am Samstagvormittag. Sonntags haben alle geschlossen.
Museen: Museen und Gedenkstätten haben im Sommer längere Öffnungszeiten. Die städtischen Museen haben meist Montags, die staatlichen Dienstags geschlossen.

ZEITUNTERSCHIED

Marseille (MEZ)
12 Uhr

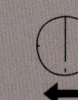
Berlin (MEZ)
12 Uhr

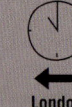
← **New York**
6 Uhr

London
11 Uhr

→ **Bukarest**
13 Uhr

→ **Sydney**
20 Uhr

SICHERHEIT

In den Städten ist die *Police Municipale* (blaue Uniformen), auf dem Land und in kleineren Gemeinden die Gendarmerie (schwarze Jacken mit einem weißen Gürtel) bzw. die Nationalpolizei zuständig. Monaco hat eine eigene Polizei

- Übernachten Sie nicht auf unbewachten Rastplätzen neben den Straßen.
- Fahrzeuge, vor allem ausländische, sollten immer abgesperrt werden.
- Schützen Sie sich im Gedränge vor Taschendieben.

Polizei:
☎ **17 von jedem Telefon**

TELEFONIEREN

Alle Telefonnummern in Frankreich haben zehn Ziffern (in Monaco nur acht). Es gibt – außer für Monaco (377) – keine Ortsvorwahlen.

Zusätzlich zu Münztelefonen gibt es zunehmend öffentliche Telefone, die mit Telefonkarten funktionieren (*télécarte*). Die Karten kosten zwischen 8 und 15 Euro, je nach Anzahl der darauf enthaltenen Einheiten (zwischen 50 und 120). Telefonkarten sind in den Läden der France Telecom, in Postämtern, Tabakläden und Bahnhöfen erhältlich. Verbilligte Tarife gelten gewöhnlich Mo–Fr 19–8 Uhr, Sa, So ganztägig.

Internationale Vorwahlen von Frankreich ins Ausland:

Deutschland	00 49
Österreich	00 43
Schweiz	00 41

POST

Postämter sind am gelben oder braunen Schild *La Poste* zu erkennen. Außerhalb der Zentren schließen viele schon gegen 12 oder 14 Uhr. In den meisten Postämtern gibt es Geldautomaten.

ELEKTRIZITÄT

Alle Steckdosen in Frankreich bieten 220 Volt Wechselstrom wie in den meisten kontinentaleuropäischen Ländern. Die meisten sind für die üblichen runden Schukostecker ausgestattet. Vereinzelt gibt es auch noch ältere mit drei Eingängen.

TRINKGELD

Alle Restaurant-, Café- und Hotelrechnungen enthalten den gesetzlichen Anteil an Trinkgeld. Dennoch hat niemand etwas gegen eine kleine zusätzliche Summe.

Taxi	0,50–1,50 €
Fremdenführer	0,50–1,50 €
Gepäckträger	0,50–1,50 €
Platzanweiserin	nach Ermessen
Friseur	0,50–1,50 €
Toiletten	nach Ermessen

POLIZEI 17

FEUERWEHR 18

KRANKENWAGEN 15

NOTARZT (24 Stunden) 01 47 07 77 77

GESUNDHEIT

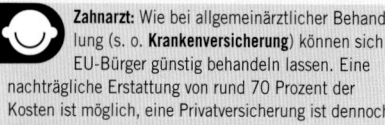

Krankenversicherung: Mit einer europäischen Krankenversicherungskarte bezahlen Sie für Notfallbehandlungen nichts oder nur geringe Beträge. Eine private Reiseversicherung wird jedoch empfohlen und ist für Nicht-EU-Bürger erforderlich.

Zahnarzt: Wie bei allgemeinärztlicher Behandlung (s. o. **Krankenversicherung**) können sich EU-Bürger günstig behandeln lassen. Eine nachträgliche Erstattung von rund 70 Prozent der Kosten ist möglich, eine Privatversicherung ist dennoch allen anzuraten.

Wetter: Im Juli und August ist es sonnig und heiß. Achten Sie auf schützende Bekleidung, Sonnencreme, Sonnenbrille, und trinken Sie viel.

Medikamente: Apotheken *(pharmacie)* erkennen Sie an ihrem grünen Kreuz. Das gut ausgebildete Personal bietet neben medizinischen Ratschlägen auch Erste Hilfe. Manche Arzneimittel gibt es nur auf Rezept *(ordonnance)*.

Trinkwasser: Leitungswasser ist unbedenklich und kommt auch in Restaurants oft in Karaffen auf den Tisch. Trinken Sie niemals Wasser aus Hähnen mit der Aufschrift *eau non potable* (kein Trinkwasser).

ERMÄSSIGUNGEN

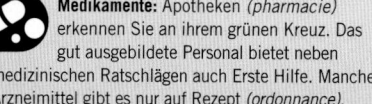

Studenten und Schüler: Mit einem Internationalen Studentenausweis (ISIC) bekommen Sie in vielen Einrichtungen, Museen, bei Flugtickets und in manchen Studentenrestaurants Ermäßigungen. Jugendliche sollten sich die *International Youth Travel Card* besorgen, die ähnliche Vergünstigungen verschafft.

Senioren: Reisende über 60 können bis zu 50 Prozent Ermäßigung in Museen, bei öffentlichen Verkehrsmitteln und Veranstaltungen erhalten. Dafür benötigen Sie eine *carte vermeil*, die Sie im *Abonnement*-Büro jedes großen Bahnhofs beantragen können. Oft reicht auch einfach das Vorzeigen des Ausweises oder Reisepasses.

EINRICHTUNGEN FÜR BEHINDERTE

Viele ältere Gebäude haben keine behindertengerechten Einrichtungen. Hotels mit zwei oder mehr Sternen haben fast immer Aufzüge. Metrostationen mit Lifts sind dagegen selten. RATP und SNCF bieten einen Begleitservice für Gehbehinderte an (Tel. 01 53 11 11 12). Der Service ist allerdings nicht kostenlos, und Sie müssen ihn vor der Reise buchen. Informationen gibt es bei der Association des Paralysés de France (17, boulevard Auguste Blanqui, 75013, Paris, Tel. 01 40 78 69 00; www.apf.asso.fr).

KINDER

In den meisten Restaurants und Hotels sind Kinder willkommen. In neueren Museen und Sehenswürdigkeiten gibt es Wickelräume, in älteren nur begrenzt.

TOILETTEN

In den meisten Großstädten gibt es moderne, nicht nachGeschlecht getrennte, selbstreinigende Münztoiletten. In Kleinstädten und Dörfer findet man öffentliche Toiletten meist an Marktplätzen oder unweit der Touristeninformationen. Der hygienische Zustand kann sehr unterschiedlich sein, und ganz selten findet man noch die alten Hocktoiletten.

BOTSCHAFTEN UND KONSULATE

Deutschland
☎ (0033) 1 53 83 45 00
Fax (0033) 1 53 83 46 50

Österreich
☎ (0033) 1 40 63 30 63
Fax 0033 1 45 55 63 65

Schweiz
☎ (0033) 1 49 55 67 00
Fax 0033 1 49 55 67 67

IMMER ZU GEBRAUCHEN

Ja/Nein **Oui/Non**
Guten Tag **Bonjour**
Auf Wiedersehen **Au revoir**
Wie geht es Ihnen? **Comment allez-vous?**
Bitte **S'il vous plaît**
Danke **Merci**
Entschuldigung **Excusez-moi**
Tut mir leid **Pardon**
Bitte (nach »danke«) **De rien/Avec plaisir**
Haben Sie …? **Avez–vous …?**
Was kostet das? **C'est combien?**
Ich hätte gern … **Je voudrais …**

NACH DEM WEG FRAGEN

Gibt es in der Nähe eine Telefonzelle?
Y a-t-il une cabine téléphonique dans le coin?
Wo ist …? **Où se trouve …?**
– die nächste Metro **le métro le plus proche**
– das Telefon **le téléphone**
– die Bank **la banque**
– die Toilette **les toilettes**
Gehen Sie nach rechts/links **tournez à gauche/droite**
Gehen Sie geradeaus **allez tout droit**
die erste/zweite (rechts) **le premier/ le deuxième (à droite)**
an der Kreuzung **au carrefour**

IM NOTFALL

Könnten Sie mir bitte helfen?
Pouvez-vous m'aider?
Sprechen Sie Deutsch/Englisch?
Parlez-vous allemand/anglais?
Könnten Sie schnell einen Arzt rufen?
Voulez-vous appeler un médecin d'urgence, s'il vous plaît?
Ich verstehe nicht **Je ne comprends pas.**

IM RESTAURANT

Ich würde gerne einen Tisch bestellen.
Puis-je réserver une table?
Einen Tisch für zwei Personen, bitte.
Une table pour deux personnes, s'il vous plaît.
Haben Sie ein Menü zu festen Preisen? **Vous avez un menu?**
Könnten wir die Speisekarte haben?
Nous pouvons voir la carte?
Kann ich bitte zahlen?
L'addition, s'il vous plaît.
Eine Flasche/ein Glas … **Une bouteille/un verre de …**

SPEISEKARTE

apéritifs Aperitif
boissons alcoolisées alkoholische Getränke
boissons chaudes heiße Getränke
boissons froides kalte Getränke
carte des vins Weinkarte
coquillages Muscheln
fromage Käse
gibier Wild
hors d'œuvres Vorspeisen
légumes Gemüse
plats chauds warmes Essen
plats froids kalte Platten
plat du jour Tagesgericht
pâtisserie Kuchen
plat principal Hauptgang
potages Suppen
service compris Service inklusive
service non compris Service exklusive
spécialités régionales regionale Spezialitäten
viandes Fleischgerichte
volaille Geflügel

ZAHLEN

0	zéro	12	douze	31	trente et un	200	**deux cents**
1	un	13	treize	32	trente-deux	300	**trois cents**
2	deux	14	quatorze	40	quarante	400	**quatre cents**
3	trois	15	quinze	50	cinquante	500	**cinq cents**
4	quatre	16	seize	60	soixante	600	**six cents**
5	cinq	17	dix-sept	70	soixante-dix	700	**sept cents**
6	six	18	dix-huit	80	quatre-vingts	800	**huit cents**
7	sept	19	dix-neuf	90	quatre-vingt-dix	900	**neuf cents**
8	huit	20	vingt	100	cent		
9	neuf	21	vingt et un	101	cent un	1 000	**mille**
10	dix	22	vingt-deux	110	cent dix		
11	onze	30	trente	120	cent vingt		

SPEISEKARTE A–Z

agneau Lamm
ail Knoblauch
anguille Aal
banane Banane
beurre Butter
bifteck Steak
**bière (bière
    pression)** Bier
    (Bier vom Fass)
boeuf Rindfleisch
boudin noir/blanc
    Blut-/Weißwurst
brochet Hecht
cabillaud Kabeljau
calmar Tintenfisch
canard Ente
champignons Pilze
chou Kohl
choucroute
    Sauerkraut
chou-fleur
    Blumenkohl
choux de Bruxelles
    Rosenkohl
citron Zitrone
civet de lièvre
    Hasenpfeffer
concombre Gurke
confiture Konfitüre
**coquilles Saint-
    Jacques** Jakobs-
    muscheln
cornichon Essig-
    gurke
côte/côtelette
    Kotelett
**côtelettes dans
    l'échine**
    Rippchen
couvert Besteck
crevettes grises
    Shrimps
crevettes roses
    Krabben
croque monsieur
    getoastetes
    Schinken- und
    Käsesandwich
cru roh
crustacés
    Meeresfrüchte
**cuisses de
    grenouilles**
    Froschschenkel

cuit (à l'eau)
    gekocht
eau minerale
    Mineralwasser
**gazeuse/non
    gazeuse**
    mit/ohne
    Kohlensäure
ecrevisse Krebs
entrecôte Filetsteak
entrées erster Gang
éspices Gewürze
épinards Spinat
épis de maïs
    Maiskolben
escargots
    Schnecken
farine Mehl
fenouil Fenchel
fèves dicke
    Bohnen
figues Feigen
filet de bœuf
    Rinderfilet
filet mignon
    Filetsteak
filet de porc
    Schweinefilet
fines herbes Kräuter
foie gras Gänse-/
    Entenleber-
    pastete
fraises Erdbeeren
framboise ·
    Himbeere
frit gebraten
fruits de saison
    Früchte der
    Jahreszeit
gaufres Waffeln
gigot d'agneau
    Lammkeule
glace Eiscreme
glaçons Eiswürfel
grillé gegrillt
groseilles
    Johannisbeeren
hareng Hering
**haricots blancs/
    verts** weiße/
    grüne Bohnen
homard Hummer
huîtres Austern
jambon blanc
    gekochter
    Schinken

jambon fumé/cru
    geräucherter/
    luftgetrockneter
    Schinken
jus de citron
    Zitronensaft
jus de fruits
    Fruchtsaft
jus d'orange
    Orangensaft
**lait demi-écrémé/
    entier** fettarme/
    Vollmilch
langoustine
    Scampi
langue Zunge
lapin Kaninchen
lentilles Linsen
lotte Seeteufel
loup de mer Barsch
macaron Makrone
maïs Mais
marron Ess-
    kastanie
menu du jour
    Tagesmenü
morilles Morcheln
moules Mies-
    muscheln
moutarde Senf
myrtilles
    Heidelbeeren
noisette Haselnuss
noix Walnuss
noix de veau
    Kalbsfilet
**œuf à la coque/
    dur/au plat**
    weiches/hartes
    Ei/Spiegelei
oignon Zwiebel
origan Oregano
pain au chocolat
    Schokocroissant
part Portion
pêche Pfirsich
petite friture
    Bratfische
**petits (biscuits)
    salés** Knabber-
    kekse
petit pain
    Brötchen
petits pois grüne
    Erbsen
pintade Perlhuhn

poire Birne
pois chiches
    Kichererbsen
poisson Fisch
poivre Pfeffer
poivron rote/grüne
    Paprika
pomme Apfel
pommes de terre
    Kartoffeln
poulet Hähnchen/
    Hühnchen
poulet blanc
    Hühnchenbrust
prune Pflaume
pruneaux
    Backpflaumen
queue de bœuf
    Ochsenschwanz
ragoût Ragout
ris de veau
    Kalbsbries
riz Reis
rôti de bœuf (rosbif)
    Roastbeef
rouget Knurrhahn
saignant englisch
    gebraten
salade verte grüner
    Salat
salé/sucré gesal-
    zen, gesüßt
saumon Lachs
saucisses
    Würstchen
sel Salz
soupe à l'oignon
    Zwiebelsuppe
sucre Zucker
thon Thunfisch
thym Thymian
tripes Kutteln
truffes Trüffeln
truite Forelle
truite saumonée
    Lachsforelle
vapeur (à la)
    gedämpft
venaison Wildbret
viande hachée
    Gehacktes
vin blanc Weißwein
vin rosé Roséwein
vin rouge Rotwein
vinaigre Essig
xérès Sherry

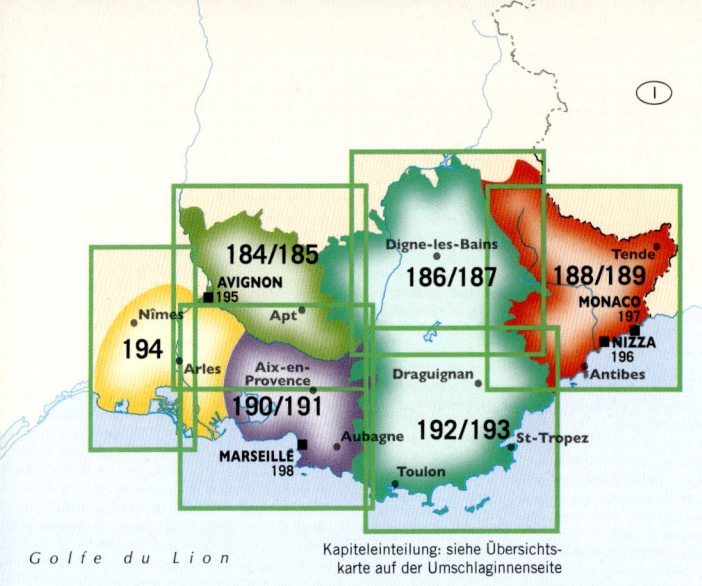

I

184/185

AVIGNON
195

Apt

Digne-les-Bains

186/187

Tende

188/189

MONACO
197

NIZZA
196

Antibes

Nîmes

194

Arles

Aix-en-
Provence

Draguignan

190/191

Aubagne

192/193

St-Tropez

MARSEILLE
198

Toulon

Golfe du Lion

Kapiteleinteilung: siehe Übersichts-
karte auf der Umschlaginnenseite

Reiseatlas

Hauptstrecke	Großstadt
Autobahn/Hauptstraße	Stadt/Dorf
Fernverkehrstraße	Flughafen
Hauptstraße	Sehenswürdigkeit (im Text)
Nebenstraße	
Staatsgrenze	
Sonstige Grenze	

184 – 194   0   10 km

Cityplan

Haupt-/Nebenstraße	Park
Gasse/Pfad	Metro-Station
Bahnlinie	Tram-Station
Stadtmauer	Kirche
Wichtiges Gebäude	Touristeninformation

195   0   200 Meter

197   0   300 Meter

196   0   400 Meter

198   0   400 Meter

Reiseatlas

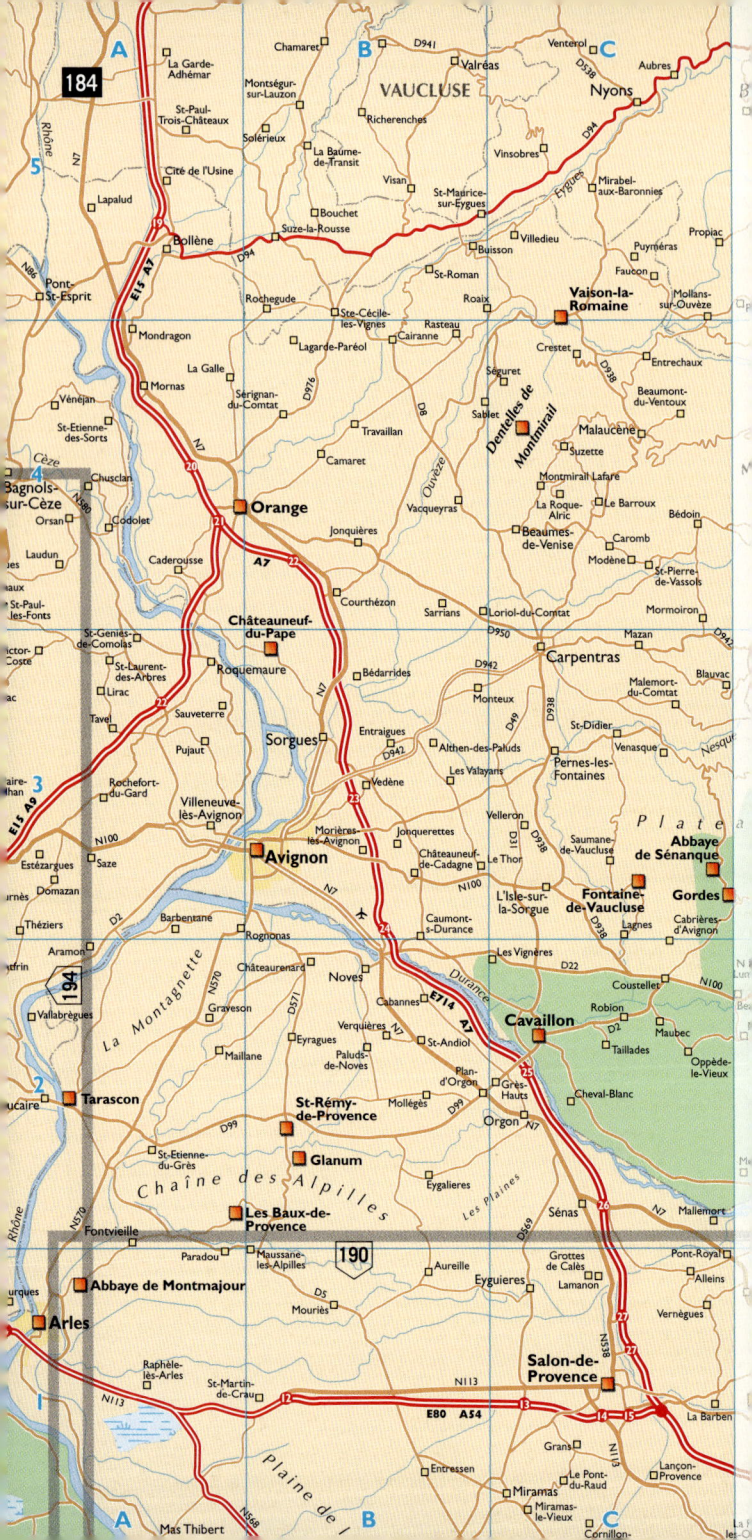

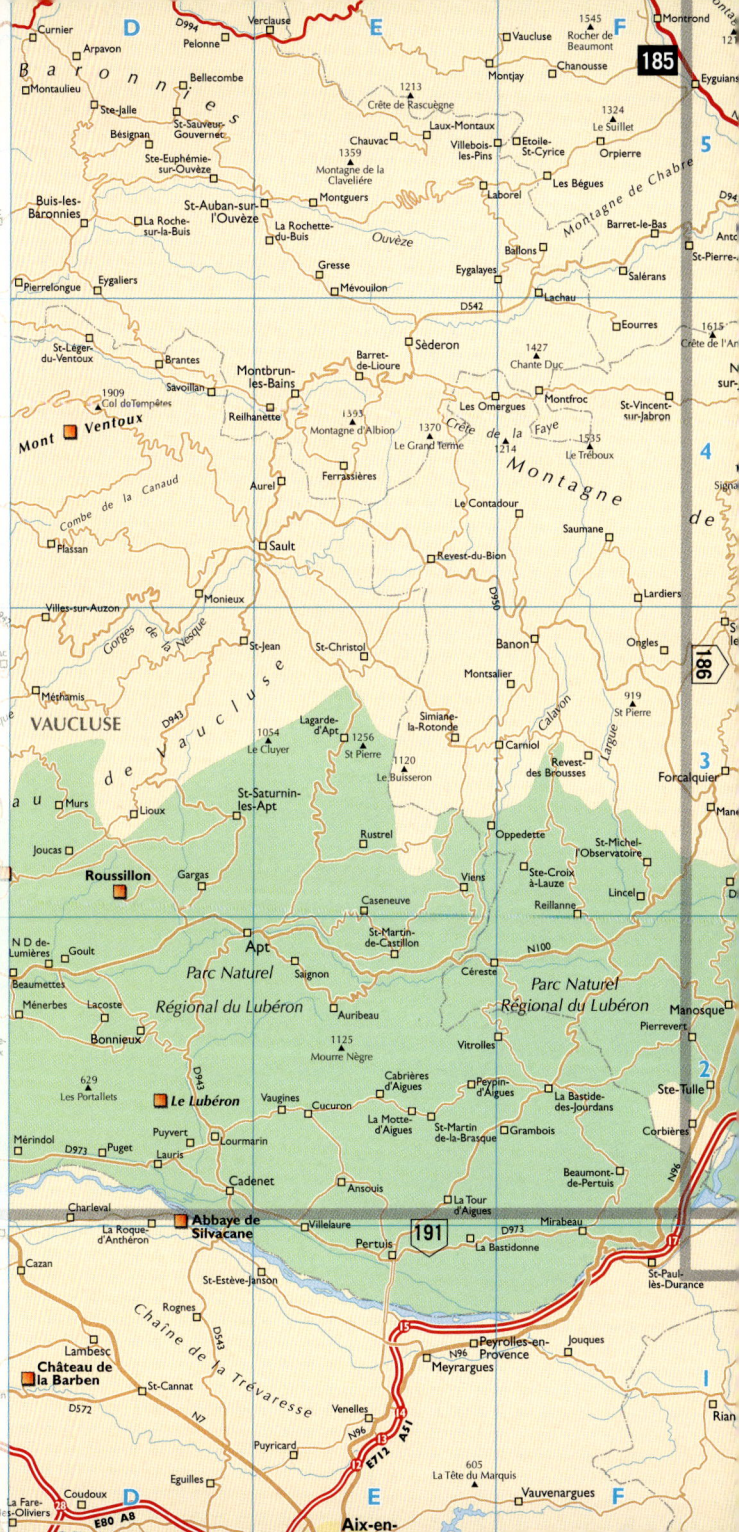

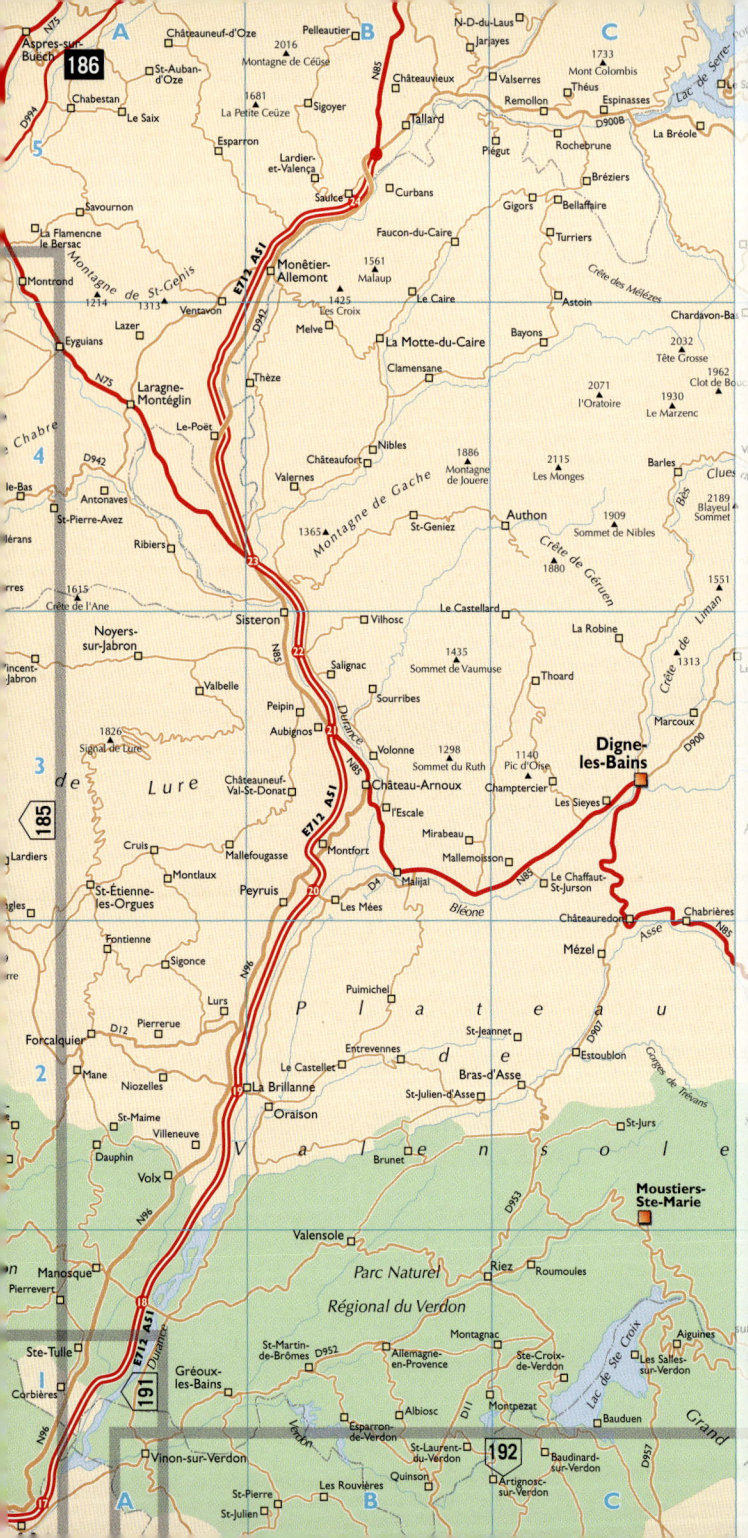

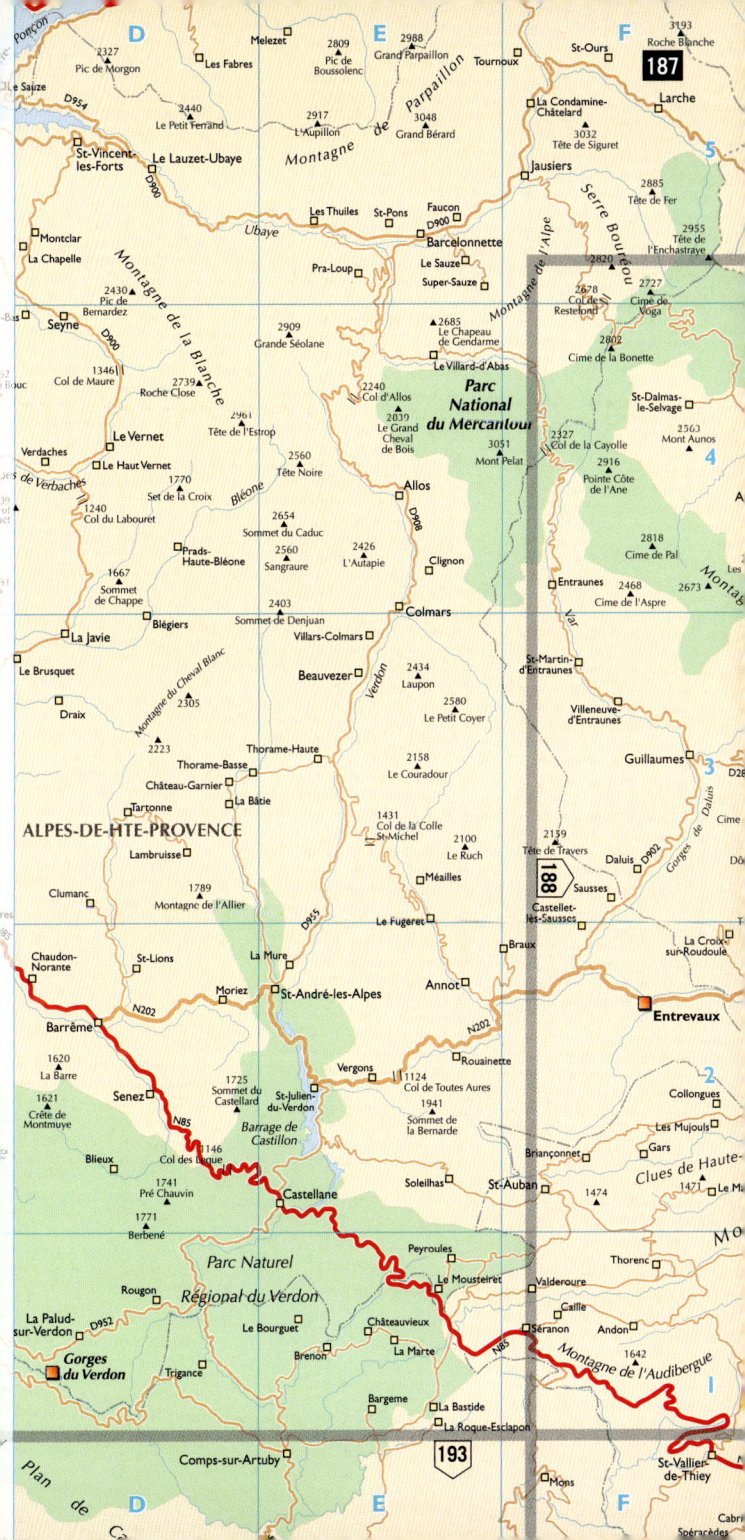

D · E · F

5

Gaiola
Moiola
Andonno
Roccavione
Robilante
Borgo S Dalmazzo
Bôves
Peveragno
Vigna
Prea
SS21
Demonte
Aisone
Vinadio
Valdieri
Roàschia
Vernante
Monte Besimáuda
S Bartolomeo
2231
Becco Costa Rossa
2404
Pico Miràuda
2157
Limone
Piemonte
1768
Cima
della
Pigna
Parco Regionale
Alta Valle Pésio
e Tánaro
2650
Pointe Marguareis

2450 Monte Bourel
2718 Tenuta di Caccia
3088 Monte Matto
2687 Cima del Lausetto
S Anna di Valdieri
Entràcque
1867 Monte Sapè
2451 Monte Bussáia
2306 Monte Garbella
3297 Cima d'Argentera
Terme di Valdieri
2938 Mt Malinvern
Parco Regionale delle Alpi Marittime
1871 Col de Tende
2241 Cime de l'Evêque

4

Parc National du Mercantour
Le Boréon
3143 Cime du Gélas
2606 Mont Giraud
2250 Baus de la Frema
1500 Col St-Martin
St-Martin-Vésubie
2786 Mont Neillier
2496 Cime de la Valette
2873 Mont Bégo
2685 Cime du Diable
2414 Pointe de la Corne de Bouc
E74 N204
Tende
2200 Monte Saccarello
La Brigue
La Bolline
St-Dalmas
Venanson
Roquebillière-Vieux
Belvédère
1677 Cima de Coss
Fontan
2136 Cime de Marte
Marie
2085 Mont Tournairet
Roquebillière
1889 L'Authion
1607 Col de Turini
Ft de Cayrons
Saorge
2038 Mont Peyrevieille
1971 Mont Torrage

3

Clans
La Bollène-Vésubie
Lantosque
1610 L'Arpette
1587 Tête d'Alpe
Pigna
D205
La Tour
1606 Brec d'Utelle
Moulinet
Breil-sur-Roya
1026 Mont Colombin
Isolabona
Apricale
Perinaldo
Rocchetta Nervina
Castel Vittório
Tournefort
Utelle
Pierre Plate
Peira-Cava
879 Col de Brous
D2565
1481
D2565
St-Jean-la-Rivière
1504 Cime de Rocca Seira
Duranus
Lucéram
1002 Col de Braus
Sospel
Piene
Olivetta San Michele
Collabassa
Dolceacqua
1549 Mont Vial
Tourrette-du-Château
1413 Mont Férion
Coaraze
D2566
1281 Mt Razet
1378 Mont Grammont
Seborga
San Biagio d'Cima
Bonson
Levens
Castillon
SS20
Gilette
Bendejun
Berre-des-Alpes
L'Escarène
Camporosso
E80
A8

2

Bouyon
St-Martin-du-Var
St-Antoine
La Garde
1264 Pic de Baudon
Ste-Agnès
Ventimiglia
Bordighera
SS1
Le Broc
St-Blaise
Contes
Peille
Gorbio
59
Garavan
Mortola
Riviera di Ponente
Carros
Castagniers
Châteauneuf-de-Contes
Peillon
Menton
Roquebrune
58
N202
Aspremont
Tourrette-Levens
Laghet
Drap
Cap Martin
Gattières
Colomars
Falicon
A8
La Turbie
Monte-Carlo
MONACO
Èze
Cap d'Ail
56-57
St-Jeannet
La Gaude
55
E80
Les Corniches
Villefranche-sur-Mer
Beaulieu-sur-Mer
Cap Ferrat
Fondation Maeght
57
N7
NICE
Plage de la Ville
Villa Ephrussi de Rothschild
St-Jean-Cap Ferrat
Cagnes-sur-Mer
49
Nice (Côte d'Azur)
Cap Ferrat
48
N202
47
Fondation Maeght
La Brague

1

46
Antibes
Juan-les-Pins
Cap d'Antibes
de Lérins

D · E · F

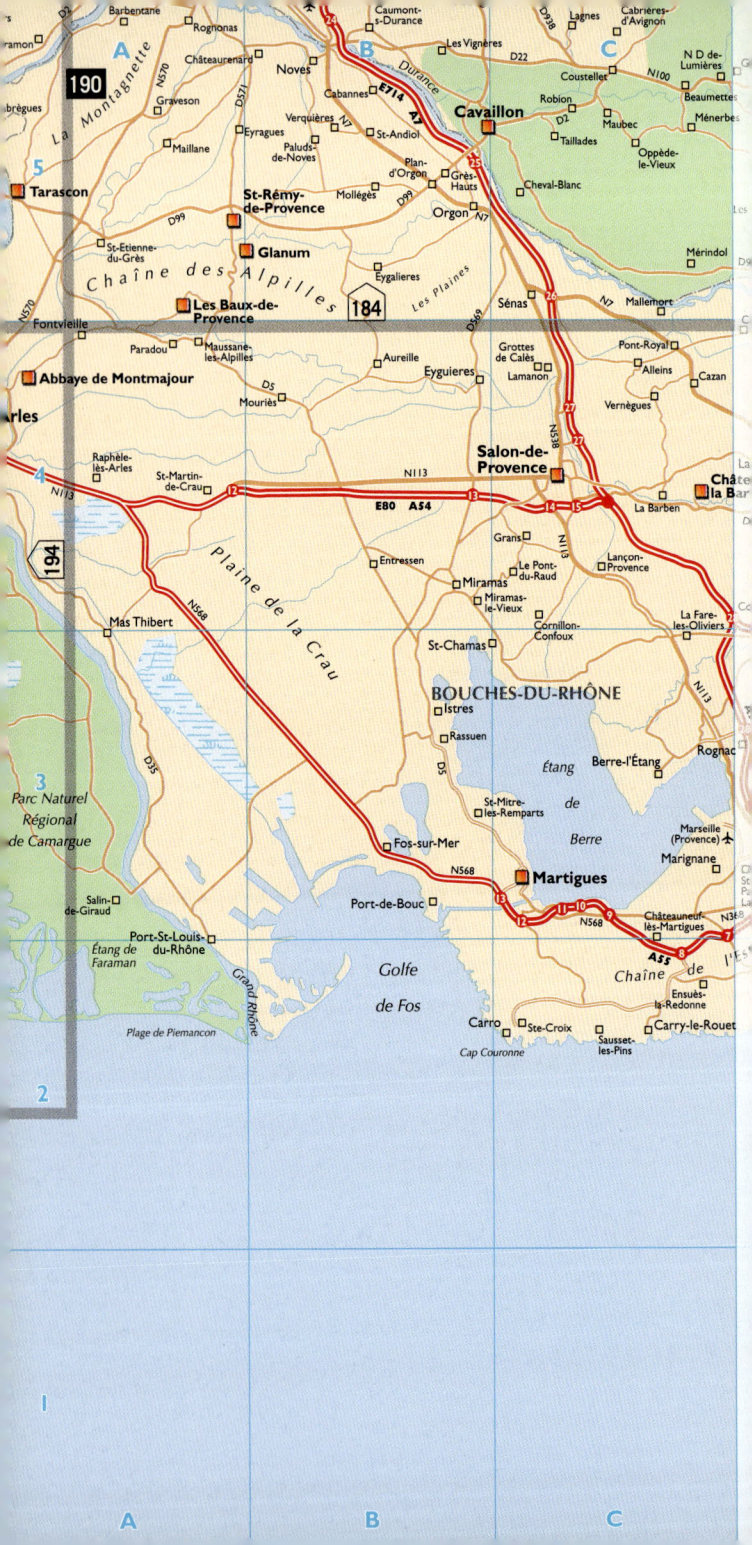

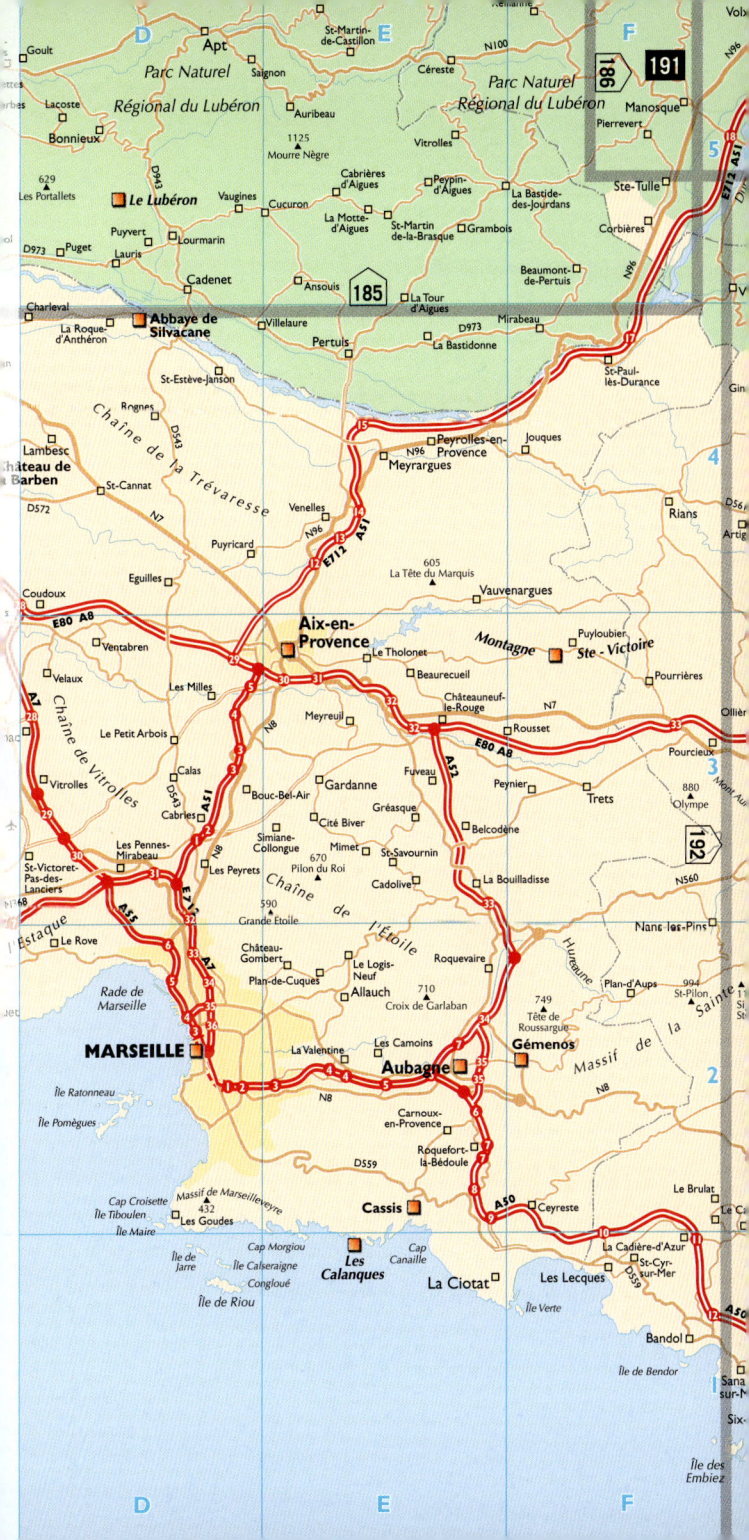

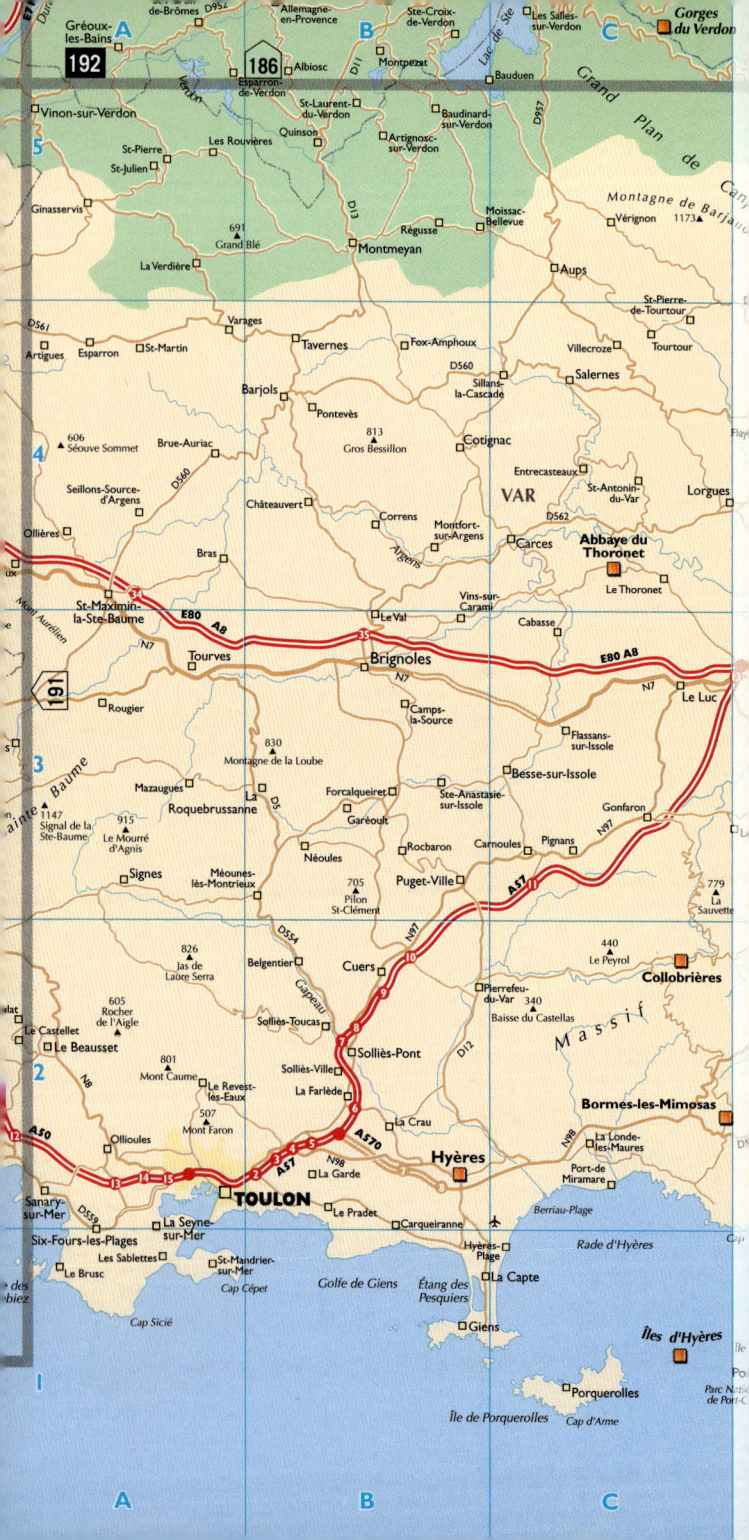

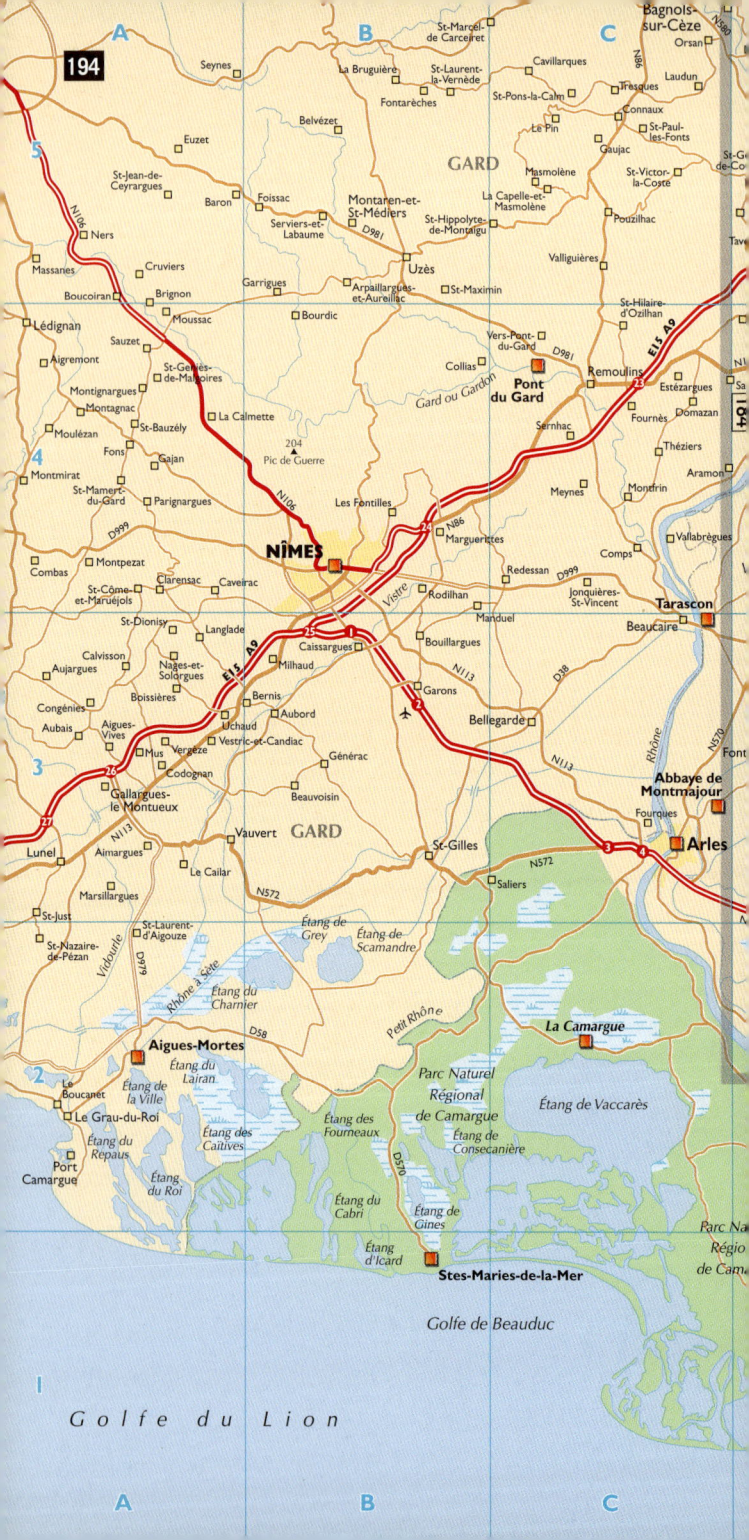

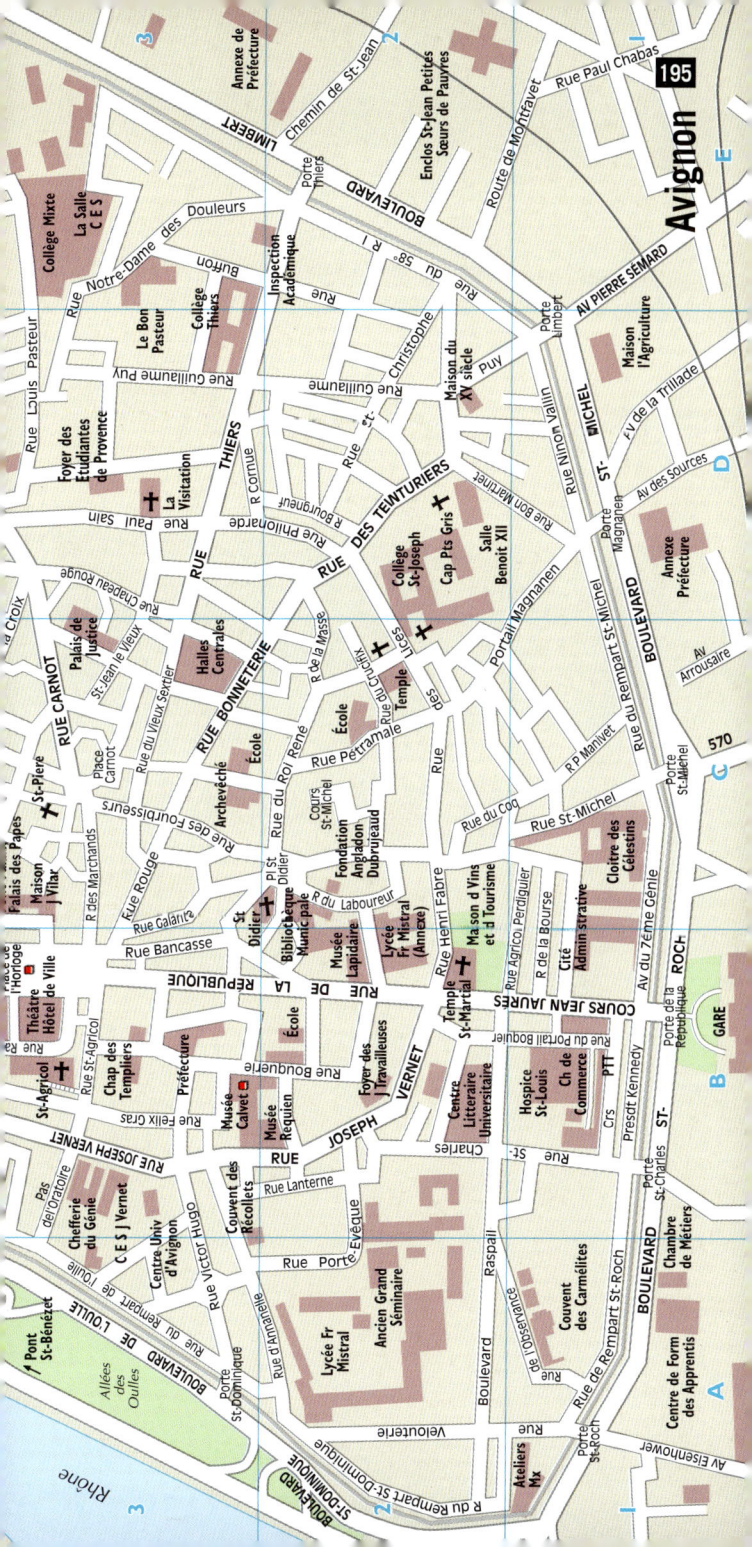

Monaco

Sporting Club d'Été

Jardins Larvotto

Grace

Forum Grimaldi

Jardin Japonais

Princesse Grace

BOULEVARD DU LARVOTTO

Avenue Princesse Grace

Complexe des Spélugues

Centre de Congrès Auditorium

N

Sanremo

Av. de la Grande Bretagne

Avenue de la Madone des Spélugues

Avenue des Citronniers

St. Charles

Casino

MONTE-CARLO

Jardins du Casino

C.C le Métropole

Salle Garnier

BOULEVARD DES MOULINS

AV. ST-MICHEL BOULEVARD

CHARLOTTE

BOULEVARD

PRINCESSE

Avenue St-Michel

C C les A Lumières

Radio Monte-Carlo

Rue Bel Respiro

Rue Bellevue

Place du Casino

Sporting Club d'Hiver

AV des Boulingrins

AV. PRINCESSE ALICE

Av Costa

Dunant

Théâtre Princesse Grace

Nice, Antibes, Cannes

Avenue de l'Hermitage

AVENUE D'OSTENDE

Boulevard de Suisse

Douanes Capitainerie

Quai J. F. Kennedy

Théâtre du Port Antoine

Pointe de la Poudrière

BOULEVARD

Église Ste-Dévote

PLACE STE-DÉVOTE

Avenue de

Automobile Club

Quai des États-Unis

Stade Nautique Rainier III

Yacht Club

Port de Monaco

LA CONDAMINE

Quai Albert 1er

Quai Antoine 1er

Pointe St-Martin

AURÉGLIA

BRETELLE

Grimaldi

Centre Admin

Bibliothèque

S S Fermond

Square Gastaud

BOULEVARD ALBERT 1ER

Théâtre des Variétés

Avenue de la Quarantaine

Avenue de la Porte Neuve

MONACO-VILLE

Ministère d'État

Place de la Visitation

Chapelle de la Visitation

Musée Océanographique

Square Lamarck

Pompiers

Boulevard de Belgique

Rue Aug Bosio

Rue Princesse Florestine

Rue Princesse Caroline

Rue de Millo

Place d'Armes

AVENUE DU PORT

Rue Émile de Loth

Marie

Lycée St-Martin

Rue des Remparts

Musée

Cathédrale

Avenue St-Martin

Jardins St-Martin

JARDIN

EXOTIQUE

Rue P Curie

Rue Plati

RUE

Rue d'I l'Turbie

Place du Palais

Palais Princier

Jardin Animalier

Palais de Justice

Centre d'Acclim

Av des Papalins

Pointe Sainte-Barbe

Port de Fontvieille

Sanbanbani

Stade des Moneghetti

BOULEVARD RAINIER III

BOULEVARD CHARLES III

GARE SNCF

DU

AV. PRINCE P D

BOULEVARD DE BELGIQUE

Rue D Castillon

Rue Hector Otto

Avenue

Avenue Prince Héréditaire Albert

Centre d'Acclim

Parc Paysager de Fontvieille

Place du Campanin

FONTVIEILLE

École Primaire Jean Jaurès

Rue des Jeunes

Rue P Bouin

Boulevard du Jardin Exotique

H Lazaret

Rue Bosio

BOULEVARD RAINIER III

PLACE CHARLES III

AV. PRINCE P D MONACO

Rue Grimaldi

Rue des Roses

Église St-Martin

Quai JF Kennedy

C C de Fontvieille

Quai

Parc Zoologique

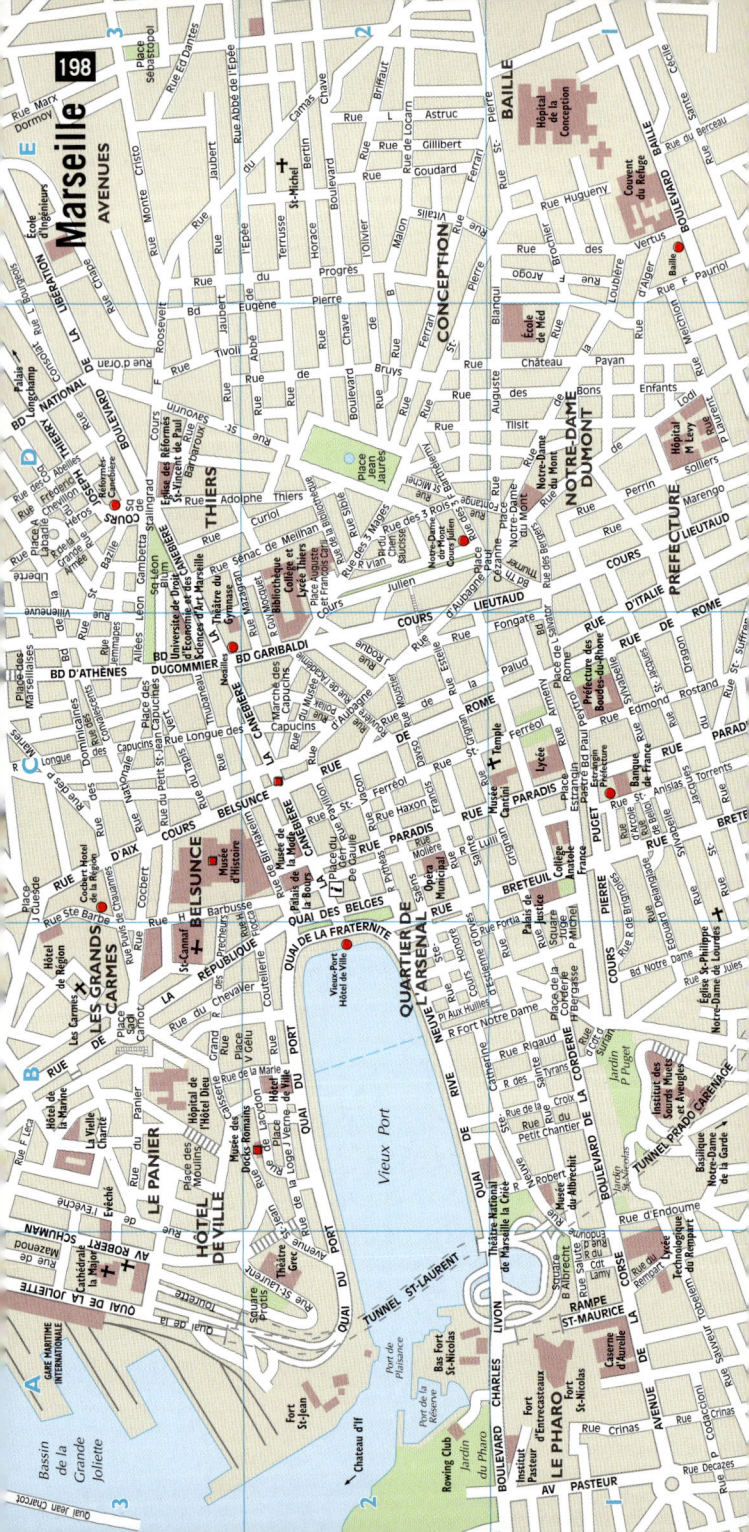

Monaco

Lucioles, Rue des 182 C5
Madone, Avenue de la 183 D4
Maréchal Foch, Avenue du 182
  C4
Martys de la Rèsistance, Rue
  des 182 B4
Millo, Rue de 182 A2
Monte Carlo, Avenue de 183 D3
Moulins, Boulevard des 183 D4
Moulins, Place des 183 E4
Moyenne Corniche, Route de la
  182 C5
Orchidèes, Rue des 183 F5
Ostende, Avenue d' 182 C3
Palais, Place du 182 A2
Pasteur, Rue 182 B4
Paul Doumer, Avenue 182 A4
P Curie, Rue 182 A4
Port, Avenue du 182 A2
Porte Neuve, Avenue de la 182
  B2
Prince P D Monaco, Avenue 182
  A3
Princesse Alice, Avenue 183 D3
Princesse Caroline, Rue 182 A2
Princesse Charlotte, Boulevard
  182 C4
Princesse Florestine, Rue 182
  A2
Princesse Grace, Avenue 183
  E3
Prof, Avenue de 182 C4
Quarantaine, Avenue de la 182
  B2
Rainier III, Boulevard 182 A3
Raynal, Place Rue 183 E5
Remparts, Rue des 182 B2
République, Boulevard de la
  183 D4
Saige, Rue 182 B2
Ste-Cecile, Avenue 182 C4
Ste Dévote, Place 182 B3
St-Martin, Avenue 182 B1
St-Michel, Avenue 182 C4St-
  Michel, Avenue 183 D4
Sanbarbani, Quai des 182 A1
Serres, Route des 183 E5
Source, Place de la 182 C4
Spélugues, Avenue des 183 D3
S Reymond, Rue 182 B3
Suisse Dunant, Boulevard de
  182 C3
Turbie, Boulevard de la 183 E5
Verdun, Avenue de 183 E5
Victor Hugo, Rue 182 A4
Villaine, Avenue de 182 C4
Visitation, Place de la 182 B1

Nice (Nizza)

A Blanqui, Place 196 E3
Alph Karr, Rue 196 B2
André de Joly Moyenne 7, Cor-
  niche 196 E2

Anglais, Promenade des 196
  A1
Arson, Rue 196 E2
Auguste Gal, Rue 196 D2
Barberis, Rue 196 D3
Barel, Place 196 E2
Barla, Rue 196 D2
Beaute, Place Ile de 196 D2
Berlioz, Rue 196 B2
Binet, Rue a 196 B3
Biscarra, Rue 196 C2
Blacas Chauvain, Rue 196 C2
Bottero, Rue 196 A1
Buffa, Rue de la 196 B1
Caffarelli, Rue 196 A2
Cal Bouvier, Sq 196 A1
Carabacel, Boulevard 196 C3
Carnot 98, Boulevard 196 E1
Cassini, Rue 196 D2
Cdt Octobon, Rue 196 E1
Chem de Cimiez, Vieux 196 C3
Cimiez, Arenes de 196 C3
Cimiez, Boulevard de 196 C3
Clément Roassal, Rue 196 A3
Congrés, Rue de 196 B1
Cronstadt, Rue de 196 A1
C Segurane, Rue 196 D2
Dalpozzo, Rue 196 B1
Dante, Rue 196 A1
Defly, Rue 196 C2
Désambrois, Avenue 196 C3
Diables Bleus, Avenue des 196
  E3
Docks, Quai des 196 D1
Don Bosco, Place 196 D3
Droite, Rue 196 D1
Dr Richelmi, Rue 196 E3
Dubouchage, Boulevard 196
  C2
Durante, Avenue 196 B2
E Philibert, Rue 196 D2
Etats Unis, Quai des 196 C1
Félix Faure, Avenue196 C1
Fleurs, Avenue d' 196 A1
F Guizot, Rue 196 D2
Foresta, Rue de 196 D1
France, Rue de 196 A1
Franck Pilatte, Boulevard 196
  E1François Gosso, Boule-
  vard196 A1
Franklin, Place 196 A2
Fr Grosso, Boulevard 196 A2
Gallieni, Avenue 196 D3
Gambetta, Avenue 196 A2
Gambetta, Boulevard 196 A3
Garibaldi, Place 196 D2
Gén L Delfino, Boulevard 196
  D3
Georges Clemenceau, Avenue
  196 B2
Gioffredo, Rue 196 C2
Gubernatis, Rue 196 C2
Guynemer, Place 196 D1

Fr Passy, Rue 196 A2
Halévy, Rue 196 B1
Hancy, Rue 196 C2
Jean Jaurés, Boulevard 196 C1
Jean Médeci, Avenue 196 B2
J Moulin, Place 196 D2
Lépante, Rue 196 C3

L'Hôtel des Postes, Rue de 196
  C2
Liberté, Rue de la 196 B1
L'isle, Rue R de 196 B3
Lunel, Quai 196 D1
L Walesa, Boulevard 196 E2
Malaussena, Avenue 196 B3
Malraux, Voie 196 D3
Marceau, Rue 196 B3
Maréchal Joffre, Rue du 196 B1
Massena, Place 196 C1
Masséna, Rue 196 B1
Meyerbeer, Rue 196 B1
Mirabeau, Avenue 196 B3
Miron, Rue 196 B3
Mozart, Place 196 B2
Notre Dame, Avenue 196 B2
Paganini, Rue 196 B2
Papacino, Quai 196 D1
Pastorelli, Rue 196 C2
Paul Arene, Avenue 196 A3
Paul Dérouléde, Rue 196 B2
P Devoluy, Rue196 C2
Phocéens, Avenue d' 196 C1
Pierre Sola, Boulevard 196 D3
Raimbaldi, Boulevard 196 B3
Rapide Sud, Voie 196 A2
Rauba Capeu, Quai 196 D1
R Comboul, Avenue 196 B3
République, Avenue de la 196
  D2
Ribotti, Rue 196 D2
Riquier, Boulevard de 196 E2
Risso, Boulevard 196 D2
Rivoli, Rue de 196 B1
Robilante, Place 196 D1
Roquebilliere, Rue de 196 D3
Rossini, Rue 196 B2
St J Baptiste, Avenue 196 C2
St-Philippe, Place 196 A2
Saleya, Cours 196 C1
Sasserno, Place 196 C2
Scaliero, Rue 196 D2
Stalingrad, Boulevard 196 E1
Thiers, Avenue 196 B2
Ton de l'Escaréne, Rue 196 C2
Trachel, Rue 196 B3
Turin, Route de 196 D3
Tzarewitch, Boulevard du 196
  A2
Victor Hugo, Boulevard 196 B1
Verdi, Rue 196 B2
Verdun, Avenue de 196 B1
Vernier, Rue 196 B3
W Churchill, Boulevard 196 E1

Abbildungsnachweis

Die Automobile Association bedankt sich bei folgenden Fotografen und Agenturen für die freundliche Unterstützung bei der Realisierung dieses Buches:.

Abkürzungen: (o) oben; (u) unten; (l) links; (r) rechts; (m) Mitte; (AA) AA World Travel Library

Umschlag: (o) AA/C Sawyer; (u) AA/A Baker

2i AA/C Sawyer; **2ii** AA/J A Tims; **2iii** AA/J A Tims; **2iv** AA/R Moore; **2v** AA/C Sawyer; **3i** AA/BSmith; **3ii** AA/C Sawyer; **3iii** AA/P Bennett; **5l** AA/C Sawyer; **5m** AA/C Sawyer; **5r** AA/R Strange; **6** AA/A Baker; **7o** AA/A Baker; **7u** Bruno Morandi/Reportage/Getty Images; **8** Will Ragozzino/Stringer/Getty Images; **9o** AA/C Sawyer; **9m** AA/C Sawyer; **9u** AA/C Sawyer; **10/11** AA/A Baker; **12** AA/K Paterson; **13** The Night Cafe in Arles, 1888 (w/c on paper), Gogh, Vincent van (1853–90)/Professor Hans R. Hahnloser Collection, Bern, Switzerland/The Bridgeman Art Library; **14** AA/R Strange; **15** Sunflowers, 1888 (oil on canvas), Gogh, Vincent van (1853–90)/Neue Pinakothek, Munich, Germany/ The Bridgeman Art Library; **17** AA/J A Tims; **19** AA/C Sawyer; **20/21** AA/C Sawyer; **21m** Dave M. Benett/Getty Images; **21u** AA/C Sawyer; **22** AA/C Sawyer; **23l** AA/J A Tims; **23m** AA/C Sawyer; **23r** AA/C Sawyer; **35l** AA/J A Tims; **5m** AA/J A Tims; **35r** AA/J A Tims; **36** AA/N Ray; **38** AA/C Sawyer; **39o** AA/C Sawyer; **39u** AA/C Sawyer; **40** AA/C Sawyer; **41o** AA/C Sawyer; **41u** AA/R Moore; **42o** AA/C Sawyer; **42u** AA/C Sawyer; **43o** AA/C Sawyer; **43u** AA/C Sawyer; **44** AA/A Baker; **45o** AA/R Strange; **45u** AA/R Strange; **46/47** AA/R Moore; **48** AA/C Sawyer; **49o** AA/C Sawyer; **49u** AA/A Baker; **50** AA/A Baker; **51** AA/C Sawyer; **52** AA/C Sawyer; **54** AA/R Strange; **55ul** AA/C Sawyer; **55ur** AA/C Sawyer; **56/57** AA/C Sawyer; **63l** AA/R Moore; **63m** AA/C Sawyer; **63r** AA/C Sawyer; **64** AA/C Sawyer; **66** AA/T Oliver; **67o** AA/C Sawyer; **67u** AA/B Smith; **68** AA/C Sawyer; **69** AA/C Sawyer; **70/71** AA/C Sawyer; **71o** AA/R Strange; **71u** AA/C Sawyer; **72** AA/A Baker; **73** AA/A Baker; **74/75** AA/C Sawyer; **76** AA/C Sawyer; **77** AA/A Baker; **78** A/R Strange; **79** AA/C Sawyer; **80** AA/A Baker; **81o** AA/B Smith; **81u** AA/C Sawyer; **82/83** AA/B Smith; **83** AA/R Moore; **89l** AA/C Sawyer; **89m** AA/C Sawyer; **89r** AA/C Sawyer; **90** AA/C Sawyer; **92** AA/C Sawyer; **93o** AA/C Sawyer; **93u** AA/C Sawyer; **94** AA/C Sawyer; **95o** AA/C Sawyer; **95u** AA/C Sawyer; **96** AA/C Sawyer; **97** AA/C Sawyer; **98/99** AA/C Sawyer; **99** Mont Sainte-Victoire, 1904-05 (oil on canvas), Cezanne, Paul (1839–1906)/Pushkin Museum, Moscow, Russia, Giraudon/ The Bridgeman Art Library; **100/101** AA/C Sawyer; **100** AA/C Sawyer; **101** AA/T Souter; **102o** AA/A Baker; **102u** AA/R Strange; **103** AA/A Baker; **104** AA/C Sawyer; **104/105** AA/B Smith; **105** AA/C Sawyer; **111l** AA/B Smith; **111m** AA/C Sawyer; **111r** AA/C Sawyer; **112** AA/C Sawyer; **113** AA/C Sawyer; **114o** AA/A Baker; **114u** AA/C Sawyer; **115o** AA/R Strange; **115u** AA/C Sawyer; **116/117** AA/R Strange; **117** AA/C Sawyer; **118o** AA/C Sawyer; **118u** AA/C Sawyer; **119** AA/R Strange; **120o** AA/A Baker; **120u** AA/R Strange; **121** AA/C Sawyer; **122/123** AA/B Smith; **124/125** AA/R Moore; **125** AA/A Baker; **126** AA/R Strange; **127o** AA/R Moore; **127m** AA/A Baker; **128o** AA/R Strange; **128/129** AA/R Strange; **135l** AA/C Sawyer; **135m** AA/C Sawyer; **135r** AA/R Strange; **136** AA/C Sawyer; **138** AA/A Baker; **139o** AA/R Strange; **139m** AA/A Baker; **140** A/R Strange; **141o** AA/A Baker; **141u** AA/C Sawyer; **142/143** AA/A Baker; **144** AA/C Sawyer; **145o** AA/A Baker; **145u** AA/A Baker; **146m** AA/C Sawyer; **146u** AA/C Sawyer; **147** AA/A Baker; **148** AA/A Baker; **149o** AA/C Sawyer; **149u** AA/T Oliver; **150** AA/A Baker; **151o** AA/A Baker; **151u** AA/C Sawyer; **152m** AA/R Strange; **152u** AA/R Strange; **153** AA/A Baker; **154o** AA/C Sawyer; **154m** AA/C Sawyer; **155** AA/A Baker; **156o** AA/A Baker; **156u** AA/R Strange; **157** AA/A Baker; **165l** AA/P Bennett; **165m** AA/C Sawyer; **165r** AA/P Bennett; **169** AA/C Sawyer; **170** AA/R Strange; **171** AA/R Strange; **174** AA/R Strange; **175l** AA/J A Tims; **175m** AA/J A Tims; **175r** AA/C Sawyer

Der Verlag hat keine Mühen gescheut die Copyright-Inhaber zu ermitteln, dennoch möchte sich der Verlag für mögliche Fehler entschuldigen. Hinweise und Korrekturen sind jederzeit willkommen.

Leserbefragung

Ihre Ratschläge, Urteile und Empfehlungen sind für uns sehr wichtig. Wir bemühen uns, unsere Reiseführer ständig zu verbessern. Wenn Sie sich ein paar Minuten Zeit nehmen, diesen kleinen Fragebogen auszufüllen, könnten Sie uns sehr dabei helfen.

Wenn Sie diese Seite nicht herausreißen möchten, können Sie uns auch eine Kopie schicken, oder Sie notieren Ihre Hinweise einfach auf einem separaten Blatt.

Bitte senden Sie Ihre Antwort an:
NATIONAL GEOGRAPHIC SPIRALLO-REISEFÜHRER, MAIRDUMONT GmbH & Co. KG,
Postfach 31 51, D-73751 Ostfildern
E-Mail: spirallo@nationalgeographic.de

Über dieses Buch …
NATIONAL GEOGRAPHIC SPIRALLO-REISEFÜHRER PROVENCE

Wo haben Sie das Buch gekauft? _____

Wann? Monat / Jahr

Warum haben Sie sich für einen Titel dieser Reihe entschieden? _____

_____

_____

_____

_____

_____

_____

_____

Wie fanden Sie das Buch ?

Hervorragend ☐   Genau richtig ☐   Weitgehend gelungen ☐   Enttäuschend ☐

Können Sie uns Gründe angeben?

_____

_____

_____

_____

_____

_____

_____

Bitte umblättern …

Hat Ihnen etwas an diesem Führer ganz besonders gut gefallen?

_____

_____

_____

_____

Was hätten wir besser machen können?

_____

_____

_____

_____

_____

Persönliche Angaben

Name _____

Adresse _____

_____

_____

Zu welcher Altersgruppe gehören Sie?
Unter 25 ☐   25–34 ☐   35–44 ☐   45–54 ☐   55–64 ☐   Über 65 ☐

Wie oft im Jahr fahren Sie in Urlaub?
Seltener als einmal ☐   Einmal ☐   Zweimal ☐   Dreimal oder öfter ☐

Wie sind Sie verreist?
Allein ☐   Mit Partner ☐   Mit Freunden ☐   Mit Familie ☐

Wie alt sind Ihre Kinder? _____

Über Ihre Reise ...

Wann haben Sie die Reise gebucht? Monat / Jahr

Wann sind Sie verreist? Monat / Jahr

Wie lange waren Sie verreist? _____

War es eine Urlaubsreise oder ein beruflicher Aufenthalt? _____

Haben Sie noch weitere Reiseführer gekauft? ☐ Ja ☐ Nein

Wenn ja, welche? _____

_____

Herzlichen Dank dafür, dass Sie sich die Zeit genommen haben, diesen Fragebogen auszufüllen.